Bildungsnotstand

und

Erziehungsdefizite

in Deutschland

Das Zeitalter des Digitalisierungswahns

Psychologischer Berater (SGD-Dipl.) & Lerncoach
DV-Kfm. & EDV-Dozent
Aribert Böhme

Inhaltsverzeichnis

Impressum

Alle Rechte liegen beim Autor
Düsseldorf, im Frühjahr 2019, 1. Auflage
Herstellung und Verlag: BoD- Books on Demand, Norderstedt
ISBN- 9783749451661

***Bibliografische Information der Deutschen Nationalbibliothek
Die Deutsche Nationalbibliothek verzeichnet diese Publikation in
der Deutschen Nationalbibliografie; detaillierte bibliografische
Daten sind im Internet über http://dnb.d-nb.de abrufbar.***

01. *Vorwort*

In einem Land wie der Bundesrepublik Deutschland, das entscheidend auf die Ressource Bildung angewiesen ist, einem Land, dem nicht zuletzt durch die PISA-Studie dokumentiert worden ist, dass es empfindliche Defizite im Bildungsbereich hat, ist es an der Zeit eine ebenso schonungslose wie konstruktive Bestandsaufnahme vorzunehmen, die einerseits nach den Ursachen der zu beklagenden Misere fragt, andererseits Lösungswege zur Verbesserung des in Teilen bedenklichen Schulwesens aufzeigt.

Die u. a. in der PISA-Studie konstatierten Defizite sind nicht – wie leider vielerorts noch immer behauptet wird – ein „Naturgesetz", bei dem sich eine wachsende Schülerzahl einer Situation gegenübersieht, die sozusagen „naturgegeben" ist. Vielmehr ist unübersehbar, dass sich die in Teilen wenig erfreulichen Ergebnisse der PISA-Studie auf eine unheilvolle Mischung diverser Ursachen zurückführen lassen. Aus der Fülle möglicher Ursachen, die sich teils noch gegenseitig verstärken, seien hier nur genannt: Zunehmende Auflösung klassischer Familienstrukturen, eine wachsende Zahl Alleinerziehender, sich ausbreitende Ängste um die eigene wirtschaftliche Existenz, unstrukturierte und zuweilen chaotische Lebensverhältnisse, sinkende Leistungsbereitschaft, in Teilen mangelhafte Lehrerausbildung, fehlendes Einfühlungsvermögen in die Erlebniswelt von Kindern und Jugendlichen, eine offenbar wachsende Zahl überforderter Eltern, Missachtung elementarer Erziehungsregeln, fehlende Führungskompetenzen auf Seiten mancher Eltern sowie einiger LehrerInnen, fehlende Vorbilder, unkontrollierter Medienkonsum, fehlende Aufmerksamkeit Kindern gegenüber, wachsende Ignoranz, schwindendes Wertesystem, fehlende Vermittlung von Tugenden, zuweilen nicht ausgeprägte Konsequenz beim Durchsetzen wichtiger Erziehungsbausteine usw. Diese Liste ließe sich problemlos erweitern.

Im Interesse einer differenzierten Analyse sei klar gesagt, dass eine Pauschalkritik, wie sie andernorts zu lesen gewesen ist, bei der z. B. der Eindruck suggeriert werden sollte, alle LehrerInnen seien pädagogisch unfähig, einerseits schlichtweg falsch ist, anderseits nur als polemisch bezeichnet werden muss. Ebenso sei schon an dieser Stelle klar gesagt, dass es viele sehr engagierte Eltern gibt, die sich vorbildlich um die Erziehung und Bildung ihrer Kinder kümmern. Ebenso offensichtlich ist aber, dass es bedauerlicherweise eine wachsende Zahl Eltern gibt, die sich entweder nur noch sehr rudimentär, oder in Teilen auch gar nicht mehr um eine konstruktive und notwendige Erziehung ihrer Kinder kümmert. Auf Seiten der Lehrerschaft ist zudem mit Sorge festzustellen, dass die Unterrichtsqualität sowie vor allem auch pädagogische Fähigkeiten bei einer nicht unerheblichen Zahl von Lehrerinnen und Lehrern wenig rühmlich sind, mit der ebenso unerfreulichen wie perspektivisch bedenklichen Konsequenz, dass das u. a. in der PISA-Studie zu recht beklagte Leistungsniveau weiter sinken wird. Dem gegenüber gibt es fraglos auch viele LehrerInnen, die mit großer Fachkompetenz und sehr viel Engagement einen qualitativ hochwertigen Unterricht anbieten bzw. anbieten möchten. Ebenso bedauerlich wie bedenklich ist aber, dass es zunehmend schwieriger geworden ist, unter den sich teils dramatisch verschlechterten Rahmenbedingungen eine Unterrichtsqualität anzubieten, die einerseits mit Blick auf konstruktive Zukunftsperspektiven zwingend wäre, anderseits im

Interesse einer persönlichen Weiterentwicklung auch wünschenswert ist. Ein unverhältnismäßig großer und nicht zu verantwortender Teil der täglichen Energie, die LehrerInnen aufbringen müssen, gilt nicht mehr den zu vermittelnden Wissensinhalten, sondern vielmehr einem nicht selten erfolglosen Versuch, undisziplinierte und zunehmend verhaltensauffällige Kinder zu bändigen, die in einem oftmals unerträglichen Ausmaß jeden noch so gut strukturierten Unterricht schon im Ansatz ersticken. Die ebenso unübersehbaren wie perspektivisch dramatischen Folgen dieses beklagenswerten Missstandes lauten dann nahezu zwangsläufig: Schlechte Zeugnisse, mangelhafte Ausbildungsmöglichkeiten, wirtschaftliche Not, Frustration über fehlende gesellschaftliche Anerkennung, überdurchschnittlich hohe Krankenstände, fehlender Lebenssinn usw.

Kurz: Ein Teufelskreis, der seinen Ursprung entscheidend in einer schlechten Erziehungs- und Bildungsarbeit findet, den es im Interesse unserer Kinder einerseits sowie im Interesse einer perspektivisch günstigen Weiterentwicklung unserer gesamten Gesellschaft anderseits, dringend zu korrigieren gilt.

Diese hier beschriebene Bestandsaufnahme aus der Sicht eines seit 1988 tätigen, freiberuflichen EDV-Dozenten, 28fachen Buchautors, Psychologischen Beraters sowie Privatlehrers, beleuchtet die Thematik aus unterschiedlichen Perspektiven, so dass ein ebenso repräsentatives, wie in weiten Teilen einheitliches Bild gezeichnet wird, das zu der ebenso offensichtlichen wie elementaren Erkenntnis geführt hat, die da lautet: Wehret den Anfängen. Ganz gleich, ob die vielfach beschriebene Bildungs- und Erziehungsmisere aus der

Sicht einer Grundschule, einer weiterführenden Schule, eines Weiterbildungsinstituts usw. betrachtet wird, zeigt sich immer wieder, dass es letztlich elementarste Erziehungsregeln (Vermittlung von Werten, ein Wissen um Recht und Anstand, Erziehung zu Respekt und Disziplin, Toleranz und Mitmenschlichkeit, Anstrengungsbereitschaft und Ausdauer usw.) sind, die vielfach entweder gar nicht mehr, oder nur sehr punktuell vermittelt werden, mit der unübersehbaren Konsequenz, dass geordnete und somit konstruktive Lernprozesse zunehmend erschwert, nicht selten sogar unmöglich gemacht werden.

Sinn und Zweck dieser Bestandsaufnahme ist es keineswegs Pauschalkritik zu üben. Ebenso wenig wie es *die* SchülerInnen gibt, ist es sinnvoll von *den* Lehrerinnen und Lehrern, oder von *den* Eltern zu sprechen. Allerdings gehört zu einer ehrlichen Bestandsaufnahme sicher auch, dass offensichtliche Missstände klar und deutlich benannt werden, bei der auslösende „Schwachstellen", wie z. B. überforderte Eltern und pädagogisch unfähige LehrerInnen im Interesse einer notwendigen und wünschenswerten Verbesserung nicht geschont werden dürfen.

Die entscheidende Motivation zur Publikation dieses Buches ist darin zu sehen, dass der Autor seit vielen Jahren mit einer Mischung aus Verwunderung und Verärgerung beobachtet, dass immer wieder unverhältnismäßig viel Energie auf das Einfordern von „Selbstverständlichkeiten" ver(sch)wendet werden muss, so dass konstruktive Lernprozesse in einem sehr bedenklichen Ausmaß blockiert werden, wobei die dramatischen Folgen dann u. a. in der PISA-Studie zum Ausdruck kommen. Gerade *im* Interesse unserer Kinder ist es unverantwortlich, dass ihnen die Chance für eine

6

gute Bildung u. a. schon dadurch genommen wird, indem verantwortlich leitende Lehrpersonen tagtäglich mit „Nebenschauplätzen" beschäftigt werden, die da lauten: Einfordern elementarster Anstandsregeln, Auseinandersetzungen mit teils völlig chaotischen Kindern, Austausch mit Eltern, denen nicht selten selbst einfachste Benimmregeln fremd zu sein scheinen, Schlichten von nicht selten gewalttätigen Auseinandersetzungen usw. Kurz: Nahezu täglich wird viel zu viel Energie darauf ver(sch)wendet, überhaupt erst einmal einen auch nur ansatzweise passablen Rahmen für einen dann folgenden Unterricht zu ermöglichen. Eine solche Situation, wie sie sich – nahezu unabhängig von der jeweiligen Schulform – täglich beobachten lässt, ist einerseits absurd, anderseits unverantwortlich. Im Interesse all' derer, die eine Schule als einen Ort begreifen möchten, an dem Kinder eine gute und zukunftsweisende Bildung und Erziehung erhalten sollen, wird es allerhöchste Zeit, dass sich vor allem auch solche Eltern und LehrerInnen zu Wort melden, die erkennbar unter den oftmals chaotischen und völlig inakzeptablen Zuständen in alltäglichen Schulsituationen leiden.

Die hier vorliegende Bestandsaufnahme möchte alle Eltern und LehrerInnen dazu ermutigen, klar und unüberhörbar daran mitzuarbeiten, dass sich die in Teilen bedenklichen Zustände an unseren Schulen entscheidend verbessern. Solange viele Eltern und LehrerInnen nur „im kleinen Kreis" oder „hinter hervor gehaltener Hand" ihren berechtigten Unmut äußern, gibt es kaum eine realistische Chance, dass vor allem solche Leute zum Umdenken gezwungen werden, die durch nicht selten verantwortungslose Ignoranz und Arroganz entscheidend dazu beitragen, *dass* es solche beklagenswerten Zustände an unseren Schulen gibt.

Vor dem Hintergrund unzähliger Gespräche mit Eltern und Lehrern, die der Autor im Laufe seiner langjährigen Lehrtätigkeit geführt hat, weiß er nur zu gut, dass es schon lange einen Nährboden für eine längst überfällige Veränderung chaotischer Zustände gibt. Bedauerlicherweise, wenngleich in Teilen auch nachvollziehbar, schrecken bisher viele Eltern aus Sorge vor möglichen Sanktionen gegen ihre eigenen Kinder davor zurück, klar und deutlich zu fordern, dass sich entscheidende Dinge im Schulalltag verändern müssen, damit Kinder überhaupt eine Chance auf eine gute Bildung bekommen. Ebenso offensichtlich ist es, dass auch viele LehrerInnen aus Angst sich im Lehrerkollegium zu outen, davor zurückschrecken, die Argumente, die sie „unter vier Augen" kommunizieren, genauso deutlich anderen Kolleginnen und Kollegen sowie der Schulleitung gegenüber, offen aussprechen. Kurz: Offensichtlich chaotische und inakzeptable Zustände im Schulalltag werden nicht selten dadurch zementiert, indem verantwortlich „entscheidende" Stellen zuweilen – wider besseres Wissen – Augen und Ohren verschließen, anstatt sich endlich um elementar notwendige Veränderungen zu kümmern. Es wird allerhöchste Zeit, dass sich alle Eltern und LehrerInnen guten Willens unübersehbar Gehör verschaffen, denn Schulen sollten nicht etwa ein Ort sein, an dem es sich einige Leute sehr bequem gemacht haben, auf Kosten derer, die aus naheliegenden Gründen noch nicht erkennen können, wohin eine „Reise" geht, die von zuweilen pädagogisch unfähigen Lehrerinnen und Lehrern, begleitet wird.

Was wir brauchen sind einerseits Eltern, die erkennen, dass eine konstruktive Erziehung eben keineswegs einen Selbstzweck darstellt, sondern vielmehr eine elementare Voraussetzung dafür ist, Kindern einen konstruktiven und somit zielführenden Schulbesuch erst zu ermöglichen. Anderseits brauchen wir LehrerInnen, die sich nicht nur – wie zuweilen zu beobachten – Pädagogen nennen, sondern auch als solche handeln. Es ist schon mehr als befremdlich, zu sehen, dass es auf Seiten der Lehrerschaft Personen in einer nicht unerheblichen Zahl gibt, deren pädagogische Fähigkeiten alles andere als hinreichend sind. Ernsthaft verwundern kann dies nicht, da dieser so wichtige Teilbaustein im Rahmen der bisherigen Lehrerausbildung nicht in dem Maße geschult wird, wie es schlussendlich für alle Beteiligten notwendig und wünschenswert wäre.

In diesem Buch wird es nicht darum gehen „den schwarzen Peter" nur von einer Seite zur anderen Seite zu schieben. Es ist auch nicht das erklärte Ziel, schon durch die Wortwahl einen Nährboden zu bereiten, der primär nur der Befriedigung einer billigen Polemik dient. Begriffe wie sie andernorts zu lesen sind, wie z. B. „Hass", werden hier bewusst vermieden. Zum einen deswegen, weil eine derartige Wortwahl leicht dazu neigt, diffuse Ressentiments noch weiter zu schüren, zum anderen auch deswegen, weil dadurch Menschen abgeschreckt werden könnten, die letztlich entscheidend zur Verbesserung der teils sehr bedenklichen Situation im Schulalltag beitragen könnten. Zu einer schonungslosen Bestandsaufnahme gehört aber sehr wohl, dass klar als solche erkennbare und inakzeptable Verhaltensweisen seitens mancher Beteiligter (SchülerInnen, Eltern, LehrerInnen, Schulleitungen, Schulverwaltungen usw.) deutlich und ungeschönt dargestellt werden. Dies ist nicht zuletzt deshalb dringend notwendig, weil sich u. a. in vielen Gesprächen mit Betroffenen immer wieder gezeigt hat, dass noch immer vielen Eltern offenbar gar nicht bewusst zu sein scheint, unter welch' extremen Bedingungen ihre Kinder an manchen Schulen lernen „dürfen". Insofern ist eine schonungslose Beschreibung eine wesentliche Voraussetzung zum Einfordern und Begleiten sich verbessernder Rahmenbedingungen. Es liegt in der Natur der Sache, dass die folgende Beschreibung subjektiv gefärbt ist, wobei sich der Autor nach besten Kräften darum bemüht, sachbezogen zu argumentieren. Jede Leserin und jeder Leser, der über ein ausgeprägtes Einfühlungsvermögen verfügt, wird nach der vollständigen Lektüre vermutlich nachempfinden können, dass es aber auch die eine oder andere Passage gegeben hat, bei der auch persönliche Befindlichkeiten bzw. Gefühlsdarstellungen vermittelt worden sind. Dies zu leugnen wäre unehrlich, und ist zudem auch nicht gewollt. Vor dem Hintergrund der Fülle einerseits sowie zuweilen eingedenk der persönlich verunglimpfenden Erfahrungen anderseits, die der Autor mit einigen Menschen machen „durfte", wäre es wohl eher ungewöhnlich, wenn nicht auch zum Ausdruck gebracht worden wäre, dass hier eine Mischung aus Enttäuschung und Verärgerung entscheidend dazu beigetragen hat, deutlich mehr Eltern und LehrerInnen dahingehend zu sensibilisieren, endlich konsequent und nachhaltig dafür zu sorgen, dass eine immer wieder eingeforderte „gute Bildung für unsere Kinder" nicht nur in schönen Sonntagsreden vorkommt, sondern vielmehr im gelebten Schulalltag.

Schon an dieser Stelle sei darauf hingewiesen, dass es sich hier um eine äußerst komplexe Thematik handelt, die sicher nicht mit einem „Patentrezept" gelöst werden kann. Anderseits soll aber klar und deutlich beschrieben werden, dass es entscheidend „elementarste Regelverletzungen", gepaart mit einer in Teilen unübersehbaren Ignoranz und Arroganz seitens mancher

Leute, sind, die maßgeblich dafür verantwortlich zeichnen, dass sich im Schulalltag chaotische und höchst bedenkliche Tendenzen haben entwickeln können, um nicht zu sagen, auf dem Vormarsch sind.

Diese hier vorliegende Bestandsaufnahme versucht Gemeinsamkeiten aufzuzeigen, die sich „wie ein verhängnisvolles Krebsgeschwür" durch weite Teile des Erziehungs- und Bildungswesen, ziehen.

Nicht zuletzt durch die interdisziplinäre Tätigkeit des Autors entsteht ein umfassendes Bild, das nicht bei einigen Teilaspekten verharrt, sondern es soll deutlich werden, welche Abhängigkeiten zwischen a) mangelhafter Erziehungsarbeit, b) schlechten Rahmenbedingungen in Teilen des Bildungswesens und c) Chancen im weiteren Lebensverlauf, bestehen.

Zur Person

Der Autor arbeitet seit 1988 als freiberuflicher EDV-Dozent in der Informatik-Ausbildung. Im Rahmen dieser Tätigkeit hat er ca. 8000 – 9000 Menschen; quer durch nahezu alle Bildungsschichten, in EDV-technischer Hinsicht unterrichtet. Zu seinem Kundenstamm gehören ebenso regional tätige Institute, wie weltweit operierende Softwareunternehmen. Des weiteren hat der Autor an öffentlichen Schulen diverse Unterrichtsangebote (EDV, Schach usw.) verantwortlich begleitet und ist als Leiter einer Hausaufgabenbetreuung tätig gewesen. Seine bis dato 24 Sachbücher und 3 Romane sowie seine Entwicklungsarbeit in der Neuroinformatik (Implementierung eines Neuronalen Netzes zur Prognose von Sportwetten) führten zur ehrenvollen Aufnahme in das WHO-IS-WHO-Lexikon

(Deutschland & Europa). Regelmäßig unterrichtet und begleitet der Autor PrivatschülerInnen unterschiedlicher Schulformen, wobei er ein Schwergewicht auf die Vermittlung und das Training hilfreicher Lerntechniken legt. Abgerundet wird das Profil durch einen abgeschlossenen Fernlehrgang zum Psychologischen Berater, auf dessen Grundlage der Autor vor allem Kinder und deren Eltern psychologisch begleitet, die oftmals durch den Schulalltag sowie durch familiäre Rahmenbedingungen überfordert sind.

Nun wünsche ich Ihnen eine ebenso anregende, wie nachdenklich stimmende Lektüre, die hoffentlich ein wenig dazu beitragen kann, Eltern und LehrerInnen zunehmend dafür zu sensibilisieren, konstruktiv und tatkräftig daran mitzuwirken, dass sich die in Teilen schlimmen Zustände an unseren Schulen sowie die ebenfalls in Teilen beklagenswerten Rahmenbedingungen im häuslichen Umfeld, signifikant verbessern, damit unsere Kinder die Voraussetzungen zur Teilhabe an einer perspektivisch lebenswerten Zukunft bekommen.

Düsseldorf, im Frühjahr 2019, Aribert Böhme

Danksagungen

Zunächst danke ich meinen engagierten Schülerinnen und Schülern sowie deren Eltern, die erkannt haben, dass ein sich willenloses Ergeben in die teils bedenklichen Strukturen mancher Schulen, schlussendlich eine „Fahrkarte nach Nirgendwo" sein wird. Allen Eltern, die mir in unzähligen Gesprächen signalisiert haben, dass auch sie mit vielen Vorkommnissen an manchen Schulen keineswegs zufrieden sind, danke ich an dieser Stelle ausdrücklich für die Mut machende Unterstützung. Allen Eltern, die sich völlig zu recht gegen nicht selten unübersehbare Missstände an manchen Schulen zur Wehr setzen, gilt mein Dank.

Ein besonderer Dank gilt nicht zuletzt auch all' den Lehrkräften, die mir – oftmals „hinter vorgehaltener Hand" – ausdrücklich bestätigt haben, dass so manche „interne Struktur" unübersehbar marode, und nicht selten auch von Mobbing und Ignoranz geprägt ist. Dieses Buch soll vor allem dazu beitragen, Eltern und Lehrkräfte guten Willens dahingehend zu ermutigen, klar erkennbare Missstände offen und ehrlich zu thematisieren, damit unsere Kinder Schule wieder als einen Ort konstruktiven Lernens begreifen können, und nicht als einen Ort, an dem es sich nicht selten Chaoten und Ignoranten „gemütlich" gemacht haben.

02. *Rahmenbedingungen*

Schaut man nach möglichen Ursachen für die teils unübersehbar bedenklichen Zustände an unseren Schulen, sieht man sich zunächst einer hohen Komplexität gegenüber, die sich in unterschiedlichen Formen darstellt. Bei näherer Betrachtung wird aber schnell klar, dass ein erheblicher Teil der zu recht beklagenswerten Umstände auf relativ wenige Elementardefizite zurück geführt werden können, die da z. B. lauten:

- *Fehlen klarer und verbindlicher Strukturen*
- *Zunehmende Respektlosigkeiten*
- *Missachtung klar formulierter Regeln*
- *Mangelhafte Erziehung*
- *Wenig ausgeprägter Gemeinschaftssinn*
- *Überforderte Eltern*
- *Zerrüttete Familienstrukturen*
- *Verwahrlosung der Sprache*
- *Fehlende Aufmerksamkeit*

Darüber hinaus ist die Feststellung, dass die finanziellen Spielräume häufig unerfreulich begrenzt sind zwar richtig; ebenso wahr ist aber auch, dass ein nicht unerheblicher Teil der nachfolgend geschilderten Defizite entweder gar nichts, oder nur sehr rudimentär mit einer knappen Ausstattung von Finanzmitteln zu tun haben. Vielmehr fällt auf, dass es oftmals sehr elementare Erziehungsdefizite sind, die dann gehäuft zu beklagenswerten Folgen führen, wie sie hier aufgeführt werden. Von daher besteht eine konstruktive Problemlösung nicht ausschließlich in einer Aufstockung finanzieller Mittel, sondern vielmehr darin, Kinder wieder dahingehend zu erziehen, elementare Kompetenzen zum Besuch einer Schule zu

14

erwerben, deren Grundlagen maßgeblich schon in den Elternhäusern erworben werden sollten. Allein die konsequente und nachhaltige Erziehung zu Werten wie Respekt, Toleranz, Empathie, Ordnungsliebe u. e. m. könnte entscheidend dazu beitragen, dass viele der beklagenswerten Rahmenbedingungen entweder gar nicht erst entstehen, oder zumindest deutlich reduziert werden.

Aus der Fülle der beobachtbaren Missstände seien hier einige zentrale Aspekte genannt, die sich nahezu täglich in weiten Bereichen des schulischen Umfelds machen lassen.

Schon beim Betreten mancher Schulhöfe bzw. Schulgebäude sieht man sich nicht selten verschmierten Wänden gegenüber, sieht überquellende Papierkörbe, mutwillig zerstörte Einrichtungsgegenstände, wie z. B. eingetretene Türen, abgerissene Kabel, verdreckte Klassenräume, deren Böden mitunter mehr einer Müllhalde gleichen usw.

Ein Blick in viele Toilettenräume treibt auch hartgesottene Zeitgenossen schnell in einen Zustand von ekelerregender Übelkeit. Fehlendes Toilettenpapier, nicht vorhandene Seife, übel riechende Räumlichkeiten, verdreckte Toilettenbrillen, defekte Wasserspülungen usw. Das alles trägt nicht gerade dazu bei, dass sich Kinder dort wohl fühlen können. Selbstredend ist sicher, dass solche Bedingungen schon unter hygienischen Aspekten nur als äußerst bedenklich eingestuft werden müssen.

Vor dem Hintergrund teils knapper Finanzmittel ist sicher nachvollziehbar, dass Schulbücher mitunter über mehrere Jahre von Kindern nachrückender Klassen benutzt werden. Nicht ernsthaft nachvollziehbar aber ist, dass sich viele Schulbücher schon nach kürzester Zeit in einem erbarmungswürdigen, oder besser, in einem unwürdigen Zustand befinden. Nur zu oft ist zu beobachten, dass manche Kinder keinerlei Sorgfalt beim Umgang mit Schulbüchern walten lassen. Da werden Schulbücher durch Klassenräume geworfen, da werden bereits auf dem Boden liegende Bücher mit Füßen getreten, da werden Bücher zu individuellen Bastelarbeiten missbraucht, es werden Schmierereien in den Büchern angebracht, Seiten mutwillig heraus gerissen usw. Kurz: Alles Verhaltensweisen, die entscheidend darauf zurück geführt werden können, dass vielen Kindern ein achtsamer Umgang mit wertvollen Materialien vielfach nicht beigebracht worden zu sein scheint. Die ebenso offensichtlichen wie bedenklichen Folgen solcher Grobheiten zeigen sich dann u. a. darin, dass nachrückende Klassen mit Lehrmaterial „versorgt" werden, das schon auf den ersten Blick erkennen lässt, welch' schlimmes Schicksal dem einen oder anderen Buch widerfahren sein muss. Nicht zuletzt aus lernpsychologischer Sicht ist leicht nachvollziehbar, dass eine ohnehin schon oftmals schwach ausgeprägte Lernmotivation bei einigen Kindern durch den Anblick derart vergammelter Lehrmaterialien nicht positiv verstärkt wird. Perspektivisch verhängnisvoll ist der Umgang mit verdrecktem und zerstörtem Lehrmaterial vor allem auch deswegen, weil dann aus der Sicht vieler Kinder – aus berechtigten Gründen – keine Veranlassung mehr besteht, selbst achtsam und sorgsam mit dem ausgehändigten Lehrmaterial umzugehen. Obwohl dies nur ein kleines Beispiel aus einer Fülle vieler weiterer Verfehlungen ist, wird dennoch schnell klar, dass vergleichbare Missstände entscheidend dadurch verursacht werden, Kindern nicht schon frühzeitig beigebracht zu haben, fremdes Eigentum zu achten und pfleglich zu behandeln. Eine fehlende Erziehung zu Respekt und Ordnung, die sich dann u. a. in unterschiedlichsten Situationen des Schulalltags zeigt, wirkt sich schlussendlich nachteilig für alle Beteiligten aus. Insofern ist es wichtig, zu verstehen, dass das hier beschriebene Beispiel verdreckter und vergammelter Schulbücher keineswegs einen bedauerlichen Nebenschauplatz darstellt, sondern hier zeigt sich vielmehr eine sehr grundsätzliche Haltung mancher Kinder, die schlichtweg nicht gelernt haben, dass es viele gute Gründe dafür gibt, Lehrmaterial sorgsam zu behandeln. Es ist völlig klar, dass man den betreffenden Kindern zunächst keinen Vorwurf machen kann, denn offenbar gibt es auch in diesem Bereich unübersehbare Erziehungsdefizite. Kinder, die schon im Elternhaus gelernt haben, dass z. B. Bücher sorgfältig zu behandeln sind, werden dann auch in Situationen des Schulalltag kaum auf die Idee kommen, Bücher derart zu misshandeln, wie oben beschrieben. Abgesehen davon, dass der Anblick eines vergammelten Lehrbuches wenig erbaulich ist, darf der Hinweis nicht fehlen, dass auch konstruktive Lernprozesse somit empfindlich beeinträchtigt werden. Dieser Teilaspekt allein sollte, nein, müsste schon ausreichend dafür sein, Kinder zu einem pfleglichen Umgang mit Lehrmaterial anzuleiten. Die tägliche Erfahrung zeigt leider nur allzu oft, dass viele Eltern und LehrerInnen derart elementare Bausteine konstruktiver Lernprozesse kaum mehr angemessen korrigieren. Die Folgen für die entsprechenden Kinder sowie schlussendlich auch für unsere Gesellschaft als Ganzes, werden alles andere als erfreulich sein. Auch hier ist zu konstatieren, dass eine signifikante Verbesserung nur rudimentär mit einer Erhöhung finanzieller Mittel erreicht werden kann, sondern hier ist offensichtlich, dass ein respektloser und chaotischer Umgang mit Material oftmals mutwillig provoziert wird, der sowohl für die unmittelbar betroffenen SchülerInnen, wie auch für unsere Gesellschaft insgesamt, als bedenklich eingestuft werden muss.

Der über weite Strecken grundsätzlich chaotische Umgang mit Lehrmaterialien setzt sich auch bei Schulheften, Schulordnern und Federmäppchen fort. Ein erheblicher Teil der Schulhefte befindet sich in einem katastrophalen Zustand. Man muss kein ausgebildeter Pädagoge sein, um zu erkennen, dass hilfreiche und sinnvolle Lernprozesse durch derart schlampige Hefte nicht sachgerecht gefördert werden. Es ist unübersehbar, dass viele Kinder seitens ihrer LehrerInnen und seitens vieler Eltern nicht mehr konsequent dazu angeleitet werden, sauber und ordentlich zu arbeiten. Schon in der ebenso wichtigen wie frühen Lernphase im Grundschulbereich lässt sich täglich beobachten, dass ein bedenklich hoher Anteil von Schulheften nur als restlos chaotisch bezeichnet werden muss. Da es sich dabei oftmals eben nicht um bedauerliche Einzelfälle handelt, sondern vielmehr offenbar den Regelfall darstellt, drängt sich die Frage auf, ob bzw. inwieweit Lehrkräfte und Eltern überhaupt noch derartige Schlampereien im Ansatz korrigieren. Die unübersehbaren Konsequenzen für Kinder, die unter derart bedenklichen Bedingungen lernen (müssen), zeigen sich an allen möglichen Ecken, die nachweisbar eben nicht auf den Grundschulbereich beschränkt bleiben, sondern vielmehr im weiteren Verlauf einer Schul- Berufs- und Lebenskarriere sichtbar werden. Von daher ist auch dies keineswegs ein Nebenschauplatz, sondern es geht darum, Kinder möglichst früh dahingehend zu erziehen, sich einen Arbeitsstil anzugewöhnen, der dann perspektivisch auch die begründete Hoffnung auf eine konstruktive Weiterentwicklung rechtfertigt. Lehrkräfte und Eltern, die über derart schädliche Schlampereien hinwegsehen, handeln ebenso schwach wie verantwortungslos. Schwach deswegen, weil sie offenbar kindliche Widerstände beim Austragen solcher Konflikte scheuen, verantwortungslos vor allem deshalb, weil klar sein sollte, dass sich konstruktive Lernprozesse eben nicht auf einem Fundament aufbauen lassen, dem entscheidende Grundlagen fehlen. Viele Beobachtungen im Schulalltag vermitteln den Eindruck, dass – auf den ersten Blick – Lehrkräfte bevorzugt werden, die den Kindern solche Schlampereien kommentarlos durchgehen lassen. Bei näherer Betrachtung zeigt sich aber in der weitaus überwiegenden Zahl der Fälle (z. B. bei Einzelgesprächen mit Kindern), dass Kinder *sehr wohl* begreifen, dass Ordnung eben kein Selbstzweck darstellt, sondern vielmehr ein wichtiges Hilfsmittel zur Strukturierung eigener Lernprozesse ist. Die Kritik richtet sich also nicht primär an die Kinder, sondern vielmehr an solche Lehrkräfte und Eltern, die nicht begreifen können und / oder wollen, dass sich eine Erziehung zu ordentlicher Heftführung nicht etwa *gegen* Kinder richtet, sondern vielmehr, dass sie *im Interesse* der Kinder notwendig ist. Kurz: Ein weiterer Aspekt, der primär nicht durch erhöhte Geldmittel, sondern mehr durch einen verantwortungsvolleren Umgang mit auszubildenden Kindern, verbessert werden kann.

Nicht nur aus der Lernpsychologie ist bekannt, dass Lernprozesse entscheidend durch Freude am Lernen verbessert werden können. Unsere Kinder brauchen vor allem Vorbilder (Eltern, LehrerInnen usw.), die ihnen praktisch vorleben, dass Lernen sehr viel Freude und Genugtuung verschaffen kann. Was wir nicht brauchen sind LehrerInnen, die erkennbar oftmals nur noch einen Dienst nach Vorschrift absolvieren. Fehlendes Engagement, fehlende Begeisterungsbereitschaft auf Seiten mancher LehrerInnen, wird von den meisten Kindern schnell und zielsicher registriert. Ein weiterer Aspekt, der – im Guten wie im Schlechten – enorme Kräfte freisetzen kann, liegt schon in der Sprachwahl begründet. Kinder, die beispielsweise Sätze hören, wie z. B.: „Du *musst* jetzt in die Schule gehen", oder, „Du *musst* jetzt deine Hausaufgaben machen" usw., fühlen sich oftmals schon deswegen demotiviert, weil sie das Lernen im allgemeinen, und den Schulalltag im besonderen, als zwanghaft erleben. Viele praktische Erfahrungen im Umgang mit Schülerinnen und Schülern unterschiedlichster Altersklassen zeigen immer wieder, wie enorm wichtig eine behutsame und kluge Sprachwahl ist. Der Satz: „Du *darfst* jetzt in die Schule gehen" löst bei den meisten Kindern deutlich günstigere Denkprozesse aus, als es der Satz „Du *musst* jetzt in die Schule gehen", jemals könnte. Auf den ersten Blick mag dies spitzfindig erscheinen, doch nicht zuletzt interdisziplinär tätige Lehrkräfte, die sich auch in wichtigen Begleitdisziplinen wie z. B. der Lernpsychologie & der Hirnforschung, auskennen, können durch ihre praktische Arbeit mit Kindern und Jugendlichen oftmals bestätigen, dass allein schon die Verwendung einer situationsgerechten Sprache entscheidend günstigere Rahmenbedingungen schaffen kann. Insofern lautet eine Empfehlung, dafür zu sorgen, LehramtsanwärterInnen frühzeitig dahingehend zu sensibilisieren, fundamentale Elemente der Lernpsychologie einerseits, und Erkenntnisse der Hirnforschung anderseits, in die eigene Lehrtätigkeit zu integrieren.

Ein Grundübel, das maßgeblich zu schlechten Rahmenbedingungen beiträgt, ist eine vielfach zu beobachtende Gleichgültigkeit und Ignoranz Kindern gegenüber. Nur zu oft werden Kinder nicht mehr als eine Bereicherung und als ein Quell der Freude erlebt, sondern vielmehr als lästige Zeitgenossen, die irgendwie „ruhig gestellt werden" müssen. Kinder, die im häuslichen Umfeld erleben, dass Eltern und andere Erwachsene ihren kindlichen Sorgen und Nöten zuweilen gleichgültig gegenüberstehen, erleben sich aus verständlichen Gründen nicht selten als minderwertig. Kinder, die von einigen Lehrerinnen und Lehrern oftmals nur als lästige Hindernisse beim Absolvieren des eigenen Tagespensums empfunden werden, haben kaum eine Chance, ein konstruktives und perspektivisch günstiges Lernklima zu gestalten.

Ein unübersehbares Übel, das sich insgesamt über weite Teile des Schulalltags ausbreitet, ist in einer gewachsenen Gewaltbereitschaft einiger Kinder und Jugendlicher zu sehen. Zugegeben, da mag man schnell auf ein gesamtgesellschaftliches Problem verweisen, doch eine solche Argumentation ist bei sorgsamer Analyse in dieser undifferenzierten Art und Weise schlichtweg falsch. Der zuweilen zu hörende Hinweis auf eben solche gesamtgesellschaftlichen Zusammenhänge dient nur zu oft als Deckmantel für solche Leute, die es sich in einem teils unübersehbar chaotischen und höchst bedenklichen System bequem gemacht haben. Natürlich ist es bequemer und leichter, sich hinter derartigen Worthülsen zu verstecken, als endlich eine ebenso schonungslose wie offene Analyse vorzunehmen, die Ursachen, klar benennt. Warum beispielsweise wächst die Gewaltbereitschaft? Warum werden Schulmaterialien oftmals mutwillig zerstört? Warum zeigen viele Kinder und Erwachsene ein in

Teilen unübersehbares respektloses und rücksichtsloses Verhalten? Warum werden Begriffe wie „Hyperaktivität", „Dyskalkulie" usw. geradezu inflationär verwendet? Warum ist ein auch nur halbwegs konstruktiver Unterricht oftmals gar nicht mehr möglich? Diese Liste ließe sich noch stark erweitern, wobei aber nahezu durchgängig festzustellen ist, dass es primär wiederholte und penetrante Regelverletzungen elementarster Erziehungsgrundsätze sind, die maßgeblich und ursächlich dafür verantwortlich zeichnen, dass sich der Schulalltag oftmals nur als äußerst schädlich und bedenklich, zeigt. Kinder, die seitens ihrer Eltern, und seitens unterrichtender LehrerInnen, systematisch und konsequent zu Respekt und Anstand erzogen werden, dürften im Regelfall kaum mehr das Bedürfnis verspüren, sinnlose und destruktive Energie gegenüber Menschen und Materialien anzuwenden. Doch genau daran mangelt es in vielen Fällen sehr erheblich. Mit wachsender Sorge ist zu beobachten, dass die Zahl derer, die oftmals unübersehbar mit einer sachgerechten Erziehung überfordert zu sein scheinen, stetig gewachsen ist. Ernsthaft verwunderlich ist dies jedoch nicht, wenn man z. B. bedenkt, dass es bedauerlicherweise zum Standardprogramm mancher Kinder gehört, sich nachmittägliche Talkshows anzuschauen, die unreflektiert den Eindruck vermitteln (sollen?!), es sei z. B. völlig normal, dass pubertierende Teenager selbst schon Kinder bekommen. Es ist sicher kein Studium der Erziehungswissenschaften oder der Pädagogik nötig, um zu erkennen, dass derartige gesellschaftliche Tendenzen perspektivisch weiter dazu beitragen werden, das ohnehin in Teilen schon unüberschaubare Chaos noch weiter zu schüren. Mit Blick auf die Häufigkeit der Ausstrahlung solch' geistigen Abfalls, liegt der Verdacht nahe, dass solche

Trends offenbar bewusst gesteuert werden sollen, getreu dem Motto: Eine dumme und willenlose Menschenmasse lässt sich sehr viel leichter für eigene Zwecke manipulieren, als dies bei Kindern und Erwachsenen möglich wäre, die frühzeitig gelernt haben, „die Spreu vom Weizen zu trennen".

Zu den gleichfalls nahezu täglich zu beklagenden Rahmenbedingungen gehört ein oftmals unerträglich hoher Lärmpegel in den Klassenräumen. Dies geht nicht selten soweit, dass Lehrkräfte die eigene Stimme kaum mehr wahrnehmen können, da es an unterschiedlichen Stellen im Klassenraum oftmals zu extremen Lautstärkekonzentrationen kommt. Ein Gang durch so manches Schulgebäude – wohlgemerkt *während* offizieller Unterrichtszeiten – vermittelt häufig den Eindruck, man befinde sich auf einem Rummelplatz, nicht aber in einer Schule, in der Kinder zu konstruktiven Lernprozessen angeleitet werden. Es bedarf keiner tiefgehenden Analyse, um zu begreifen, dass unter derart miserablen Bedingungen ein guter und hilfreicher Unterricht kaum mehr möglich ist. Ein erheblicher Teil, der von Lehrkräften aufzuwendenden Energie besteht schon seit längerer Zeit nur noch darin, zunehmend chaotische Teile von Klassen zumindest soweit zu disziplinieren, dass ansatzweise so etwas wie Unterricht überhaupt erst stattfinden kann. Eine konstruktive und somit auch erfolgreiche Unterrichtsführung ist unter solchen Umständen über weite Strecken faktisch nicht mehr möglich. Die unübersehbaren Folgen sind dann u. a. darin zu sehen, dass derart zügellose und unerzogene Kinder im weiteren Verlauf ihrer Schulkarriere (z. B. in weiterführenden Schulen) dann sehr oft schmerzhaft erleben, dass eine chaotische und undisziplinierte Arbeitsweise eine „Fahrkarte nach Nirgendwo" ist.

Auch dies ist ein Aspekt, der ursächlich nicht mit höheren finanziellen Mitteln, sondern entscheidend durch eine konsequentere und nachhaltige Erziehung in den Elternhäusern verbessert werden müsste. Sowohl die Menge, als auch die oftmals chaotische Ausprägung der beklagenswerten Störungen, haben in vielen Klassen eine beängstigende Größenordnung angenommen, die aus naheliegenden Gründen unmöglich allein durch unterrichtende Lehrkräfte korrigiert werden kann. Kinder, die nicht selten elementarste Regeln von Anstand und Respekt im eigenen häuslichen Umfeld nicht kennen gelernt haben, haben aus verständlichen Gründen teils enorme Probleme im schulischen Umfeld. Von daher richtet sich die Kritik primär nicht an solche letztlich eher beklagenswerten Kinder, sondern vielmehr an Erwachsene (Eltern und LehrerInnen), die in einer mittlerweile bedenklichen Anzahl erkennbar nicht mehr auf eine konstruktive Erziehung achten. In diesem Zusammenhang erscheint auch der Hinweis auf einen schon oftmals diskutierten Elternführerschein mehr als überfällig. Getreu dem Motto, „Wehret den Anfängen", wird es darauf ankommen, zu recht beklagenswerte Rahmenbedingungen im Schulalltag an der Wurzel zu packen. Eltern, denen erkennbar selbst jeglicher respektvolle Umgang mit anderen Menschen fremd zu sein scheint, können aus naheliegenden Gründen eben keine Kinder in einer Art und Weise erziehen, wie es aber zur konstruktiven Teilnahme in einer Schule notwendig und wünschenswert wäre. Es ist in diesem Zusammenhang sicher nicht hilfreich, hier – wie oftmals zu lesen und zu hören – nur mit dem Zeigefinger auf solche Eltern zu zeigen, sondern vielmehr wichtig ist, dass solche Eltern sachgerechte Hilfe und Unterstützung bekommen, die es ihnen perspektivisch ermöglicht, Kinder in einer Art und Weise zu erziehen, die erst elementare Voraussetzungen zum Besuch einer Schule, schaffen. Leider zeigt die tägliche Praxis, dass offenbar viele LehrerInnen vor der Fülle und Tiefe sich zeigender Erziehungsdefizite kapituliert zu haben scheinen. Nicht selten ist zu beobachten, dass auch gröbste Verfehlungen (Respektlosigkeiten manchen Lehrerinnen und Lehrern gegenüber, destruktive Verhaltensweisen im Unterricht usw.) nicht mehr zeitnah und konsequent geahndet werden. Stattdessen ist vielmehr ein ebenso inakzeptabler wie perspektivisch verhängnisvoller Trend zu beobachten, der so aussieht, dass es immer weniger LehrerInnen gibt, die offenbar noch den Mut und Einsatzwillen haben, offensichtliche Verfehlungen auch zielsicher zu sanktionieren. Ein derartiges Klima, bei dem in zunehmenden Maße zu beobachten ist, dass Kinder, Eltern und LehrerInnen, die sich ordentlich und respektvoll verhalten, eigene Verhaltensweisen einer wachsenden Zahl von Chaoten gegenüber auch noch rechtfertigen sollen, ist einerseits geradezu absurd, und führt andersseits unübersehbar dazu, dass das Kräfteverhältnis in einer beängstigenden und schädlichen Art und Weise mehr und mehr in Richtung derer verschoben wird, die keinerlei Voraussetzungen für eine konstruktive Unterrichtsteilnahme mitbringen. Von daher kann nur dringend dazu geraten werden, dass vor allem Eltern der Kinder, die noch Wert auf eine gute und konstruktive Ausbildung legen, sich deutlich intensiver und auch lautstärker dafür einsetzen, dass die in weiten Teilen inakzeptablen Verhältnisse in vielen Situationen des Schulalltags endlich im Interesse unserer Kinder signifikant verbessert werden.

Schaut man sich die Ernährungssituation vieler Kinder an, fällt auf, dass es eine relativ große Zahl von Kindern gibt, die ohne Frühstück zur Schule kommen. Schon aus ernährungsphysiologischer Sicht ist klar, dass dies kaum günstige Voraussetzungen für einen guten Schulbesuch sein können. Zuweilen ist es so, dass der Mittagstisch, der lobenswerter Weise z. B. im Rahmen Offener Ganztagsschulen angeboten wird, für manche Kinder die einzige Nahrungsquelle darstellt; sieht man einmal von eher wenig hilfreichen Süßigkeiten ab, die mitunter zwischendurch angeboten werden. Zugegeben, dieser Teilaspekt hat entscheidend etwas damit zu tun, dass eine bedauerlich große Zahl von Haushalten eine schwindende Wirtschaftskraft zu verzeichnen hat, die sich u. a. dann auch in einer Mangelversorgung zeigen kann. Insofern handelt es sich hier um ein gesamtgesellschaftliches Problem, das sich nicht dadurch lösen lässt, indem z. B. einzelne Gruppen (Eltern, LehrerInnen usw.) gegeneinander arbeiten, sondern vielmehr dadurch, indem auch solidarische Werte wie Hilfsbereitschaft, Mitmenschlichkeit usw. in den Vordergrund der Betrachtung rücken.

Eine ebenso bedauerliche wie perspektivisch schädliche Entwicklung ist darin zu sehen, dass viele Kinder weder fachlich, noch empathisch begleitet werden. Ein Blick in so manches Arbeitsheft von Kindern zeigt schnell, dass oftmals elementarste Voraussetzungen für einen konstruktiven Lernprozess fehlen. Verdreckte Hefte, Schmierereien, Missachten von Linien und Kästchen, zusammenhanglose und chaotische Anordnung von Lerninhalten usw. Hier muss die Frage erlaubt sein: Was sind das für LehrerInnen, was sind das für Eltern, die solche offensichtlichen Schlampereien ohne erkennbare und nachhaltige Korrekturen ignorieren? Jeder pädagogisch und lerntechnisch auch nur ansatzweise gebildete Mensch sollte wissen, dass konstruktive Lernprozesse durch derartige Schlampereien empfindlich und zudem nachhaltig gestört werden. Kindern, denen nicht schon in der

Grundschule ebenso systematisch wie konsequent beigebracht wird, ordentlich zu arbeiten, werden wesentliche Bausteine für nachfolgende Lernprozesse – ohne erkennbaren Grund – vorenthalten. Eine erhebliche Anzahl von Schulheften gleicht optisch mehr einer zerfledderten Toilettenpapierrolle, bei der an der einen oder anderen Stelle mehr oder weniger schlampige Einträge zu erkennen bzw. zu erahnen sind. Solche Beobachtungen sind keineswegs bedauerliche Ausnahmen, sie stellen vielmehr bei vielen Kindern den Regelfall dar. An dieser Stelle muss ebenso klar wie nachdrücklich gefordert werden, dass manche LehrerInnen erheblich konsequenter darauf achten müssten, Kinder zu einer konsequent ordentlichen Heftführung anzuleiten. Eine solche Forderung darf und sollte – wie leider vielfach zu beobachten – nicht am kindlichen (und / oder elterlichen Widerstand) scheitern, sondern es muss klar sein, dass genau solche Elementarforderungen nachweislich dazu beitragen, Kindern eine perspektivisch gute Lernplattform zu schaffen. Entgegen einer zuweilen zu hörenden Argumentation, „man solle kindliche Lernprozesse nicht zu früh stören", zeigt der konkrete Umgang mit Kindern, die z. B. im Rahmen eines qualitativ hochwertigen Privatunterrichts den segensreichen Sinn und Zweck einer ordentlichen Arbeitshaltung erlernen, dass der überwiegende Teil der Kinder sehr wohl für die Sinnhaftigkeit einer sauberen Heftführung zu sensibilisieren ist. Kinder, die einmal praktisch erlebt haben, dass sie sich durch eine ordentliche Heftführung selbst den größten Gefallen getan haben, übernehmen diese Erfahrung meistens auch in den „offiziellen Schulunterricht". Somit ist mehr als deutlich, dass schlampige und chaotisch geführte Hefte eben keineswegs ein Phänomen darstellen, dem sich LehrerInnen hilflos gegenübersehen müssen, sondern es drängt sich vielmehr der Verdacht auf, dass manche LehrerInnen und manche Eltern den Konflikt mit Kindern scheuen, der – aus verständlichen Gründen – beim Einfordern solcher Verhaltensweisen entstehen kann. Im Interesse einer perspektivisch guten Schulkarriere ist es aber unabdingbar, dass schon in der Frühphase solche Elementarbausteine zur Grundausstattung unserer Kinder gehören sollten. Eine Korrektur zu späteren Zeitpunkten ist – das belegen unzählige Erfahrungen bei der Arbeit mit Privatschülerinnen und Privatschülern unterschiedlicher Schulformen – ungleich schwerer. Von daher ist es also sowohl verantwortungslos, wie lerntechnisch unsinnig, wenn manche LehrerInnen schon im Grundschulbereich die hier beschriebenen Defizite nicht konsequent und zeitnah korrigieren. Dass dies grundsätzlich möglich ist, kann nicht ernsthaft bezweifelt werden.

Nicht selten ist zu beobachten, dass manche Kinder keinerlei empathische Begleitung bei ihren Lernprozessen erfahren. Da gibt es Pädagoginnen und Pädagogen (oder solche, die sich so nennen), denen erkennbar jegliche pädagogische Fähigkeiten im Umgang mit denen ihnen anvertrauten Kindern zu fehlen scheinen. Da gibt es Eltern, bei denen schon auf den ersten Blick klar wird, dass sie sich nicht selten geradezu belästigt fühlen, wenn Kinder Fragen stellen. Da gibt es Lehrkräfte und Eltern, die offenbar so intensiv in eigene Probleme verstrickt zu sein scheinen, so dass die Bedürfnisse und Sorgen der eigenen Kinder nur als störend empfunden werden. Da gibt es Lehrkräfte – noch dazu an „entscheidender" Stelle, die den Kindern ein denkbar schlechtes Vorbild dadurch vermitteln, indem sie rauchend durch die Gänge des Schulgebäudes laufen, wo doch jeder auch nur halbwegs gebildete Mensch wissen sollte, dass die

Folgen des Rauchens – sowohl individuell, wie auch gesamtgesellschaftlich – überaus ungünstig sind. Da gibt es Lehrkräfte und Eltern, die zur Befriedigung des eigenen schwaches Ego, Kinder „zwischen den Fronten aufreiben", mit der ebenso naheliegenden wie schädlichen Konsequenz, dass solche Kinder extrem verunsichert werden, da sie aus verständlichen Gründen noch nicht entscheiden können, wessen Argumentation schlussendlich die richtige ist. Da gibt es Lehrkräfte, die eigene Befindlichkeitsstörungen auf dem Rücken verunsicherter Kinder austragen, indem sie mehr oder weniger offen andere Kolleginnen und Kollegen zu diskreditieren versuchen. Da gibt es Schulleitungen, die sich offenbar lieber auf Tagungen zeigen, um dort zu glänzen, anstatt sich endlich um die Belange zu kümmern, die sich an der eigenen Schule unübersehbar aufgetürmt haben. Da gibt es Lehrkräfte in leitenden Positionen, die gegenüber Dritten klar und unmissverständlich kundtun, dass sie andere Lehrkräfte, die sich gleichfalls in einer leitenden Position befinden, nicht wertschätzen. Die gleichen Lehrkräfte werden aber dann oftmals schon kurze Zeit später in heuchlerischer Eintracht mit eben denen gesehen, die sie noch kurz zuvor verbal herunter geputzt haben. Leute, die derartige ebenso offensichtliche wie verachtenswerte Verhaltensweisen offen thematisieren, werden dann recht schnell gemobbt. Nun, psychologisch sind solche Verhaltensweisen sehr leicht zu durchschauen. Natürlich ist es erheblich einfacher, undifferenziert und dümmlich über Dritte zu lästern, als einmal selbstkritisch zu hinterfragen, ob man nicht selbst maßgeblich dazu beiträgt, dass die andernorts ebenfalls beklagte „schlechte Stimmung" eben ursächlich genau deshalb entsteht, *weil* derart viel Unehrlichkeit und Heuchelei im Schulalltag gelebt wird?! Kurz: Lehrkräfte, denen wir unsere Kinder tagtäglich anvertrauen, sollten und müssen auch persönlich in einer Art und Weise charakterfest sein, die sowohl die Fähigkeit zur Selbstkritik einschließt, wie auch die Fähigkeit, empathisch und zielsicher zugleich auf Kinder einwirken zu können. Lehrkräfte, denen es erkennbar zuweilen mehr um eine zweifelhafte Befriedigung des eigenen Ego zu gehen scheint, sind nicht dazu geeignet, Kinder in einer Art und Weise zu erziehen, die ihnen die Voraussetzungen für einen perspektivisch günstigen Schulalltag ebnen könnten.

Zu den ebenfalls beklagenswerten Rahmenbedingungen gehört zerstörtes und verschmutztes Mobiliar, wobei hier keineswegs Mobiliar gemeint ist, das aus Altersgründen ausgetauscht werden müsste, sondern vielmehr um solches Mobiliar, das erkennbar mutwillig zerstört worden ist. Mit einem nicht selten erschreckend hohen Aggressionspotenzial zerstören manche Kinder mit höchst destruktiven Verhaltensweisen wertvolle Einrichtungsgegenstände, wie z. B. Stühle, Tische, Wandtafeln, Türen, Fenster usw. Dies allein wäre schon schlimm genug, doch damit nicht genug. des Öfteren ist zu beobachten, dass es nicht selten LehrerInnen gibt, die sehenden Auges solche aggressiv handelnden Kinder eben nicht davon abhalten, in derart destruktiver Art und Weise eigene Aggressionen gegen Einrichtungsgegenstände zu entladen. Getreu dem Motto: „Was kümmert es mich? Es sind schließlich nicht meine Möbel, und es sind auch nicht meine Kinder", werden durch eine solch' verantwortungslose Ignoranz völlig falsche und schädliche Signale gegeben. Doch auch damit nicht genug. Lehrkräfte, die sich engagiert darum bemühen, solche inakzeptablen Verhaltensweisen konsequent zu sanktionieren, sehen sich nicht selten kurze Zeit später Eltern gegenüber, denen erkennbar jegliches Verständnis dafür zu fehlen scheint, dass es keinesfalls zu akzeptierende Kavaliersdelikte heranwachsender Kinder sind, wenn diese rücksichtslos Mobiliar zerstören. Stattdessen ist es vielmehr des Öfteren so, dass sich Lehrkräfte, die sich in einer verantwortungsbewussten und konsequenten Weise um eine ebenso klare wie nachhaltige Lösung derartiger Aggressionen kümmern, respektlosen und uneinsichtigen Eltern gegenüber auch noch rechtfertigen sollen. Eine ebenso absurde, wie perspektivisch überaus schädliche Situation, die sich geradezu zwangsläufig gegen unsere Gesellschaft im ganzen richten wird, wenn hier nicht endlich konsequent Einhalt geboten wird. Einmal abgesehen davon, dass derart aggressive Verhaltensweisen grundsätzlich abzulehnen sind, ist nicht zu übersehen, dass durch eben genau solche nicht geahndeten Verhaltensweisen erhebliche Kosten für unser Gemeinwesen entstehen, die schlussendlich wieder die Solidargemeinschaft zu finanzieren hat. Kurz: Es ist sicher unbestreitbar, dass die finanzielle Ausstattung unserer Schulen in Teilen wenig günstig ist. Ebenso wahr ist aber, dass ein erheblicher Teil allein dadurch eingespart werden könnte, würden sowohl Eltern wie auch LehrerInnen deutlich konsequenter darauf achten, dass destruktive Verhaltensweisen jeweils sofort zeitnah und angemessen sanktioniert werden. Die gegenwärtige häufig zu beobachtende Sachlage sieht bedauerlicherweise oftmals eher so aus, dass viele Eltern und LehrerInnen lieber weg schauen, aus Angst, unbequem zu erscheinen, oder aus Angst vor nicht selten unangenehmen Konsequenzen. An dieser Stelle sollte klar werden, dass es geradezu absurd ist, wenn anständige Menschen sich erkennbar asozialen Leuten gegenüber auch noch dafür rechtfertigen sollen, dass sie aggressiven Kindern Einhalt gebieten. Auch hier gilt: Wehret den Anfängen. Es hilft wenig, nur darüber zu klagen, dass es zunehmend aggressive

Kinder in unseren Schulen gibt, sondern entscheidend ist, ebenso klar wie schonungslos darauf hinzuweisen, dass es nicht selten elementarste Erziehungsdefizite sind, die erst zu den beschriebenen Verhaltensweisen führen. Eltern und LehrerInnen, die derart offensichtliche Zusammenhänge zuweilen leugnen, müssen sich den Vorwurf gefallen lassen, dass sie offenbar unfähig sind, Kinder zu einem sozial verträglichen Verhalten anzuleiten, das ihnen dann auch dabei hilft, elementare Voraussetzungen für ein günstiges Lernklima zu schaffen.

Fehlende Ordnungsstrukturen in Kombination mit teils ignoranten und zuweilen auch pädagogisch unfähigen Lehrkräften, führen in vielen Situationen des Schulalltags nahezu zwangsläufig zu den ebenso beklagenswerten wie perspektivisch bedenklichen Beobachtungen, die sich nahezu täglich im schulischen Umfeld machen lassen. Es ist unübersehbar, dass schon Kinder im Grundschulbereich seitens vieler Lehrkräfte nicht mehr zu einer ordentlichen und konstruktiven Arbeitsweise angeleitet werden. Ein Blick in viele Schulhefte zeigt schnell, dass oftmals keinerlei sachgerechte Struktur zu erkennen ist, die aber ihrerseits für konstruktive Lernprozesse vielfach unabdingbar ist. Kinder, die nicht frühzeitig und konsequent zu einer ordentlichen Arbeitsweise erzogen werden, erschweren sich – das belegen schließlich unzählige, praktische Erfahrungen mit Kindern und Jugendlichen weiterführender Schulen – unnötig ihre eigene, positive Schulkarriere. Aus der Sicht der meisten Kinder ist es leicht nachvollziehbar, dass zunächst Lehrkräfte als „angenehmer" empfunden werden, die eben nicht beharrlich auf eine konsequente Einhaltung elementarer Ordnungskriterien achten. Im weiteren Verlauf wird aber um so deutlicher, dass es letztlich unverantwortlich ist, Kindern eine perspektivisch günstige Entwicklung schon dadurch entscheidend zu erschweren, indem offensichtliche Schlampereien eben nicht konsequent und beharrlich schon in den frühen Anfängen, sprich, in der Grundschulzeit, korrigiert werden. Von daher ist es eher sogar angebracht davon zu sprechen, dass Kinder schon in der so enorm wichtigen Grundschulzeit vielfach um positive Chancen ihrer Weiterentwicklung betrogen werden, weil es leider LehrerInnen und Eltern gibt, die solchen Elementarbausteinen eines konstruktiven Lernklimas nicht die ihnen gebührende Aufmerksamkeit schenken, die aber entscheidend notwendig wären. Dass solche Beobachtungen keineswegs bedauerliche Einzelfälle sind, zeigt sich u. a. darin, wenn Kinder unterschiedlicher Altersklassen und unterschiedlicher Schulformen unterrichtet werden. Vielmehr sieht es so aus, dass sich grobe Schlampereien wie ein Geschwür quer durch nahezu alle Schulformen und Altersklassen, ausbreiten. Die ebenso offensichtlichen wie insgesamt schädlichen Konsequenzen lassen sich auch nicht durch eine oftmals zur Schau getragene Ignoranz mancher Lehrkräfte und Eltern, weg diskutieren; sie sind vielmehr ein bedenkliches Faktum, unter dem zunächst die betreffenden Kinder sowie im weiteren Verlauf unsere Gesellschaft als Ganzes zu leiden hat.

Dass neben fachlichen Kompetenzen vor allem auch pädagogische Fähigkeiten nötig sind, um Kinder in einer zugegeben schwierigen Zeit auf ein selbstbestimmtes und soziales Leben vorzubereiten, wird leider vielfach vergessen. Ein Blick in viele Schulen vermittelt in Teilen den Eindruck, dass dort Lehrkräfte unterrichten, denen erkennbar elementare pädagogische Fähigkeiten abgesprochen werden müssen. LehrerInnen, die zuweilen mehr damit beschäftigt sind sich durch einen Dschungel von Mobbing und Ignoranz zu navigieren, LehrerInnen, die eigene Probleme in einer unangemessenen Art und Weise mit in den Schulalltag bringen, LehrerInnen, die unübersehbar selbst Defizite hinsichtlich eines respektvollen Umgangs im täglichen Miteinander zeigen, sind wohl kaum geeignet, Kinder – noch dazu schwierige Kinder – sachgerecht in deren Entwicklungsprozessen zu begleiten. Vielmehr ist zu beobachten, dass ein nicht unerheblicher Teil unserer LehrerInnen selbst psychologische Hilfe in Anspruch nehmen sollte, da es fehlgeleitete Verhaltensweisen gibt, die einerseits offensichtlich, anderseits äußerst schädlich für die ihnen anvertrauten Kinder, sind. LehrerInnen, die beispielsweise in persönlichen Gesprächen erkennen lassen, dass ihnen jegliche Fähigkeit zu konstruktiver Selbstkritik fehlt, geben ein denkbar schlechtes Beispiel für heranwachsende Kinder, die es ohnehin schon schwer genug haben, sich in einer vielfach unsicheren Welt zurecht zu finden.

Ignorantes Verhalten findet man zuweilen auch bei manchen Schulleitungen. Da gibt es beispielsweise Rektorinnen, die sich offenbar lieber auf Tagungen blicken lassen, auf denen neue pädagogische Konzepte diskutiert werden, als sich um elementare Belange der eigenen Schule zu kümmern. Zugegeben, es ist allerdings bequemer und angenehmer, einen schönen Tagungstag zu erleben, bei dem im praxisfernen Raum Dinge beschlossen werden, die nicht selten schnell im praktischen Schulalltag widerlegt werden, als sich mit elementaren Defiziten im eigenen Schulbereich zu beschäftigen, deren konkrete Lösung zwar meist weniger Außenwirkung zeigt, als dies z. B. eine persönliche „Glanzvorstellung" auf einer Tagung, kann, die aber im Interesse der anvertrauten Kinder vielfach erheblich wichtiger wäre. Schulleitungen, die wiederholt an sie herangetragene Anliegen ignorieren, müssen sich den Vorwurf gefallen lassen, dass sie nicht *im* Interesse der ihnen anvertrauten Kinder handeln, sondern vielmehr primär ihr eigenes Ego zu befriedigen suchen. Hier kann nur angeraten werden, dass deutlich mehr Eltern als bisher eine Arbeitsweise seitens mancher Schulleitungen einfordern, die sich primär an den Bedürfnissen der SchülerInnen, weniger an persönlichen Wünschen so mancher Rektorin, orientieren. Oftmals drängt sich der Eindruck auf, dass Entscheidungen im Elfenbeinturm getroffen werden, die mitunter meilenweit von der täglichen Schulpraxis entfernt liegen. Eine Ausarbeitung und Implementierung neuer pädagogischer Konzepte sollte – im Gegensatz zur bisher oftmals gängigen Praxis – kein Selbstzweck sein, der primär dazu dient, „nette Treffen für Rektorinnen und Rektoren" zu veranstalten, sondern vielmehr ist wichtig, dass die Ergebnisse solcher Zusammenkünfte *im* Interesse der zu unterrichtenden Kinder betrachtet werden, nicht jedoch dafür, dass manche SchulleiterInnen sich in eigenen Ideen sonnen können – und seien sie auch noch so absurd.

Zu den ebenfalls beklagenswerten Rahmenbedingungen des Schulalltags gehört nicht zuletzt eine bedenkliche wachsende Zahl verhaltensauffälliger Kinder, wobei viele Störungen weit jenseits eines Rahmen liegen, der sowohl aus organisatorischen wie auch aus fachlichen Gründen von den allerwenigsten Lehrkräften im Rahmen einer Regelschule sachgerecht korrigiert werden kann. So gehören beispielsweise zunehmend extrem aggressive Kinder zum täglichen Erscheinungsbild vieler Schulen, denen sich die meisten LehrerInnen – teils aus verständlichen Gründen – hilflos gegenüber sehen. Kinder, die nicht einmal ansatzweise in der Lage sind über altersgerechte Zeiträume einem konstruktiven Unterricht beizuwohnen, gehören ebenfalls zum täglichen Chaos in vielen Schulklassen. Eine nicht unerhebliche Zahl von Kindern kommt mit teils unübersehbaren gesundheitlichen Vorschäden zur Schule. Mangelhaftes Hören, nicht korrigierte Sehfehler usw. erschweren manchen Kindern schon im Vorfeld einen geordneten und sinnvollen Besuch einer Regelschule. Manche Kinder benehmen sich derart verhaltensauffällig, dass *im* Interesse der Betreffenden nur dringend anzuraten ist, psychologische und / oder verhaltenstherapeutische Hilfe in Anspruch zu nehmen. Nicht zuletzt vor dem Hintergrund neuerer Forschungsergebnisse aus der Hirnforschung ist bekannt, dass es bei vielen Defiziten dieser Art entscheidend auf eine möglichst frühzeitige Korrektur ankommt. Kinder, die über viele Jahre hinweg mit Elementardefiziten durch den Schulalltag getrieben werden, haben meist kaum eine günstige Prognose hinsichtlich der weiteren Schul- und Lebenslaufbahn. Von daher wäre es wichtig, dass auch LehrerInnen erheblich mehr über derartige kausale Zusammenhänge lernen sollten, damit sie in der täglichen Praxis jeweils zeitnäher und sachgerechter reagieren könnten. Leider sieht die tägliche Praxis oftmals eher so aus, dass erkennbar verhaltensauffällige Kinder „mit durchgeschleppt werden", anstatt sie rechtzeitig in eine ebenso notwendige wie hilfreiche Behandlung zu übergeben. Auch hier zeigt sich an vielen Stellen ein Verantwortungsdefizit mancher LehrerInnen und Eltern, die zuweilen aus purer Bequemlichkeit eben nicht rechtzeitig korrigierend eingreifen. Den konkreten Schaden tragen dann die so betroffenen Kinder davon; im weiteren Verlauf auch unsere Gesellschaft als Ganzes. Traurig, aber dennoch leider wahr.

Wohlwissend, dass es sehr wohl alleinerziehende Elternteile gibt, die sich vorbildlich um ihre Kinder kümmern, so fällt dennoch auf, dass eine wachsende Zahl Alleinerziehender mit der Kindererziehung zuweilen empfindlich überfordert ist. Die Gründe dafür sind sehr vielfältig. Wirtschaftliche Zwänge einerseits, bedingt dadurch, dass Alleinerziehende nicht selten auch allein für ein geregeltes Einkommen verantwortlich sind, gemischt mit zuweilen auch einer emotionalen Überforderung, bedingt dadurch, dass nach einem anstrengenden Arbeitstag oftmals die nötige Muße und Ruhe zur Beschäftigung mit den eigenen Kindern fehlt, bis dahin, dass manchen Alleinerziehenden schlichtweg eine sachgerechte Erziehungskompetenz abgesprochen werden muss. Die Folgen für derart aufwachsende Kinder sind häufig dann darin zu sehen, dass sich vernachlässigt gefühlte Kinder – aus verständlichen Gründen – mitunter zu Verhaltensweisen gedrängt sehen, die wenig sinnvoll sind. Eine nicht nur in der Erziehungswissenschaft häufig beschriebene Beobachtung, nach der Kinder klare und verbindliche Strukturen für hilfreiche Entwicklungsprozesse benötigen, kann hier oftmals nicht in dem Maße praktisch gelebt werden, wie dies aber nötig wäre. Dies soll und kann nun nicht heißen, dass es nicht auch in klassischen Familienstrukturen Vernachlässigung gibt, aber, das ist ebenso offensichtlich, treten derartige Defizite überdurchschnittlich häufig bei Alleinerziehenden auf. Nicht zuletzt intensive Einzelgespräche mit betroffenen Alleinerziehenden vermitteln oftmals den Eindruck, *dass* sie sich überfordert fühlen. In einer Gesellschaft aber, bei der es in Teilen offenbar zum Normalzustand geworden zu sein scheint, dass Kinder entweder nur noch mit einer Mutter, oder einem Vater, aufwachsen, kann es nicht ernsthaft verwundern, dass es zunehmend

Kinder mit Erziehungsdefiziten gibt, die – zumindest im Regelfall – eben nicht durch nur jeweils ein Elternteil aufgefangen werden können.

Zu den ebenso offensichtlichen wie dramatischen Rahmenbedingungen gehören unterschiedlichste Kindesmisshandlungen, die auch in dieser Zeit vermehrt in unterschiedlichen Medien thematisiert werden. In diesem Zusammenhang gibt es u. a. eine Initiative der ehemaligen Familienministerin, Frau Dr. Ursula von der Leyen, mit dem Ziel, mögliche Kindesmisshandlungen schon in der Frühphase entdecken zu können.

Dieses von der ehemaligen Familienministerin, Frau Dr. Ursula von der Leyen (CDU) angeregte "Frühwarnsystem zur Kindesmisshandlung", ist zunächst einmal sehr lobenswert. Wichtig in diesem Kontext ist sicher der Hinweis darauf, dass der Begriff "Misshandlung" deutlich weiter gefasst werden muss, als dies u. a. in einem Artikel aus der FAZ-Sonntagszeitung, vom 15.10.2006, zum Ausdruck kommt. So fehlt beispielsweise explizit der Hinweis darauf, dass viele Kinder entscheidend schon durch die täglich in verantwortungsloser Zahl ausgestrahlten, nachmittäglichen Talkshows empfindlich geschädigt, sprich "misshandelt" werden. Derartige "geistige Ausschussware" suggeriert penetrant und systematisch, dass es offenbar normal sei, dass z. B. pubertierende Teenager schon Kinder bekommen, dass es normal sei, unterschiedliche Auffassungen durch gegenseitiges Anbrüllen zu lösen, dass es nichts Ungewöhnliches sei, wenn Menschen, denen offenbar jegliche Bildung fehlt, weitere Kinder nur deswegen in die Welt setzen, um über das dann zugesagte Kindergeld den eigenen, bedenklichen Lebensstil subventionieren zu können. Die Liste derartiger Verfehlungen ließe sich deutlich verlängern. Kurz: Solange nicht ebenso klar und deutlich gesagt wird, dass nicht zuletzt auch solch' geistiger "Müll" tagtäglich auf Kinder und deren Familien einströmt, ist nicht ernsthaft davon auszugehen, dass entscheidende Ursachen für die völlig zu recht beklagte Misere im Ansatz erstickt werden. Von daher wäre es sowohl notwendig, wie auch wünschenswert, dass seitens der Politik klare und verbindliche Richtlinien dahingehend erlassen werden, die derartige "geistige Degeneration" schon im Ansatz unterbinden. Dass nicht selten die seitens der ehemaligen Familienministerin beklagte "Abstimmung bei den Verantwortlichkeiten" fehlt, wird jeder bestätigen können, der das zweifelhafte Vergnügen hat, Kinder und deren Eltern aus "kritischen Familien" beim Umgang mit Institutionen zu begleiten, denen es leider oftmals primär um Kompetenzgerangel, denn um eine konstruktive Lösung offensichtlicher Probleme zu gehen scheint.

Vielen Kindern fehlen heutzutage positive Vorbilder, an denen sie sich orientieren können. Vorbilder, die ihnen praktisch vorleben, welche reichhaltigen Möglichkeiten es bei der Gestaltung des eigenen Lebensentwurfs gibt. Stattdessen ist eher eine geradezu inflationäre Entwicklung solcher Pseudo-Vorbilder zu beobachten, die meist wenig hilfreich bei der Entwicklung und Ausgestaltung eigener Lebenskonzepte sind, sondern die vielmehr eine illusionäre Scheinwelt vorgaukeln, die jeder erreichen könnte. Neben täglich ausgestrahlten, hirnlosen nachmittäglichen Talkshows, sorgen u. a. Sendungen wie z. B. „Deutschland sucht den Superstar", oder „POPSTARS", dafür, dass Kinder schon frühzeitig an eine Plastikkultur heran geführt werden, der jeglicher konstruktive Nährwert fehlt. Bewusst geschürte und künstlich gepuschte

Massenhypes sorgen dafür, dass schon Kinder zu einer willenlosen und kritiklosen Masse degradiert werden, der zunehmend Fähigkeiten abhanden kommen, die aber schlussendlich echte Aussichten auf ein lebenswertes Leben schaffen könnten. Statt dessen werden schier unverantwortliche Energiemengen auf einen oftmals zügellosen Konsum derartiger geistiger Ausschussware verschwendet. Kinder, die z. B. in solchen Sendungen beobachten, dass es offenbar völlig in Ordnung sei, Menschen abweichender Meinung in primitivster und übelster Art und Weise zu diskreditieren, wie dies nicht selten von „führenden" Machern solcher Shows praktisch vorgelebt wird, werden somit systematisch auf ein Niveau herunter geregelt, dem sich dann an anderer Stelle u. a. auch LehrerInnen gegenübersehen, die kaum mehr wissen, wie sie eine zunehmend pöbelhafte und respektlose Sprache wieder entlernen können. Schaut man sich derartige Tendenzen einmal etwas genauer an, fällt auf, dass Sendungen solch' höchst zweifelhafter Qualität überwiegend von – wie es neudeutsch heißt – „bildungsfernen Schichten" konsumiert werden. Tragisch ist dies weniger deshalb, dass viele Menschen sich so etwas anschauen, sondern tragisch und bedenklich wird es genau dann, wenn eine große Zahl der ZuschauerInnen offenbar gar nicht mehr erkennt, dass hier eine „bewusst praktizierte Massenverblödung" im großen Stil stattfindet, von der primär nur die Macher profitieren, weniger aber das Publikum. Es ist schon überaus bedenklich, dass Leute, die sich in einer offenbar bewusst pöbelnden Art und Weise verhalten, eine derart große Plattform im deutschen Fernsehen bekommen, mit der Konsequenz, dass das Denken und Verhalten von Kindern (und Erwachsenen) systematisch in ein degeneratives Fahrwasser gedrängt wird. Man muss keine prophetischen Fähigkeiten besitzen, um zu erkennen, dass dies ein für unsere Gesellschaft perspektivisch verhängnisvoller Trend ist, dessen Folgen sich u. a. im Schulalltag schon dadurch zeigen, dass Kinder in großer Zahl Begriffe wie Respekt, Verantwortung, Leistungsbereitschaft usw. oftmals gar nicht mehr kennen, geschweige denn praktisch leben. Fernsehsendungen der hier beschriebenen Art machen sich die vielfach anzutreffende innere Leere vieler Menschen zunutze, indem sie Wunschträume im großen Stil erzeugen, bei denen schon im Ansatz klar ist, dass der weitaus überwiegende Teil potenzieller ZuschauerInnen niemals in den Genuss des suggerierten Erfolgs kommen wird. Bei dem Gedanken daran, wie viel wertvolle Zeit beim Anschauen solcher Sendungen verplempert wird, die andernorts dringend sinnvoller benötigt würde, kann einem nur grausen vor den Folgen, die solche Trends für unsere Gesellschaft als Ganzes haben werden.

Diese Liste der bedenklichen Rahmenbedingungen ließe sich noch erheblich erweitern. Eines dürfte aber hoffentlich klar geworden sein, dass ein großer Teil beklagenswerter Defizite ursächlich und nahezu ausschließlich darauf zurückzuführen ist, vielen Kindern eine ebenso liebevolle wie gute Erziehung nicht zuteil werden zu lassen. Viele der im Schulalltag festzustellenden Erziehungsdefizite haben ihre Ursache in einer offenbar deutlich zu großen Zahl Erwachsener, die sich nicht mehr konsequent und nachhaltig genug um eine sachgerechte Kindererziehung kümmern. Da es sich hierbei um ein gesamtgesellschaftliches Problem handelt, hilft es auch wenig, den „schwarzen Peter" von einer Personengruppe (z. B. LehrerInnen) zu einer anderen Gruppe, (z. B. Eltern) hin und her zu schieben. Fakt ist, *dass* es an unterschiedlichen Stellen auffällige Defizite gibt, die *im* Interesse unserer Kinder in einer gemeinsamen Kraftanstrengung beseitigt werden sollten. Plakative und polemische Begriffe wie z. B. „Lehrerhass", wie sie andernorts u. a. auch im Zusammenhang mit dieser Thematik zu lesen sind, sind weder in der Sache hilfreich, noch fördern sie ein so dringend nötiges Verständnis für ein vertrauensvolles und konstruktives Miteinander. Zudem sind sie schlichtweg undifferenziert, pauschal und schon deshalb im Grundtenor falsch und beleidigend. Wahr ist jedoch, dass es sehr wohl LehrerInnen gibt, denen erkennbar wesentliche Fähigkeiten für einen konstruktiven Umgang mit Kindern fehlen. Wahr ist auch, dass es LehrerInnen gibt, die empfindliche Probleme damit haben, Sachinformationen fachkundiger Dritter anzunehmen, weil sie sich in ihrer Fachkompetenz beschnitten fühlen. Wahr ist auch, dass es LehrerInnen gibt, die „hinter vorgehaltener Hand" bestätigen, *dass* es zuweilen chaotische Zustände in den Klassenräumen gibt, die sich aber nicht trauen – aus Angst vor Sanktionen – dies auch im Lehrerkollegium offen zuzugeben. Wahr ist auch, dass es LehrerInnen gibt, die Klassenarbeiten derart schlampig und unzuverlässig korrigieren, dass sich einem der Eindruck aufdrängt, ob die eine oder andere Lehrkraft ihre Lehrbefähigung an einer Kirmesbude gewonnen haben könnte. Wahr ist auch, dass es Schulleitungen gibt, die sich zuweilen hinter fadenscheinigen Schulgesetzen verstecken, nur um nicht endlich einmal offensichtliche Schlampereien aufzudecken bzw. zu beenden. Wahr ist auch, dass es LehrerInnen und Schulleitungen gibt, denen offenbar jeglicher Respekt im Umgang mit außerschulischen Dienstleistern zu fehlen scheint, und die nicht selten in einer ebenso plumpen wie dümmlichen Art und Weise jede noch so gut gemeinte und konstruktive Verbesserungsmöglichkeit durch allerlei unsinnige und leicht zu durchschauende Ausreden im Keim erstickt. Kurz: Es wird noch ein weiter Weg sein, die im

Schulalltag involvierten Interessengruppen so zu koordinieren, dass für unsere Kinder möglichst optimale Rahmenbedingungen geschaffen werden können, die perspektivisch günstige Lernergebnisse erwarten lassen.

03.   Der ganz „normale" Wahnsinn

In diesem „Märchen" wird der Schulalltag aus der Sicht eines externen Dienstleisters beleuchtet, der auszog, mit viel Engagement einer Schule beim Aufbau eines qualitativ hochwertigen AG-Angebotes, behilflich sein zu wollen.

Der Wiedererkennungswert dürfte für alle im Schulalltag Involvierten an vielen Stellen gegeben sein. Auch der Schmunzelfaktor soll dabei nicht zu kurz kommen.

Es war einmal an einem schönen Frühlingstag im Jahre 2004, als ein freiberuflich tätiger EDV-Dozent – nennen wir ihn Herr LC - bei der Kundenakquise auf eine Schule aufmerksam wurde, die im Rahmen des Konzeptes der Offenen Ganztagsschule externe Dienstleister anwarb.

Als strategisch planender Freiberufler, der grundsätzlich auf der Suche nach neuen Herausforderungen war, entschloss sich Herr LC Kontakt mit der Schule aufzunehmen. Zwecks optimaler Abstimmung unterbreitete Herr LC der Schule ein detailliertes Konzept, dem die Rektorin – nennen wir sie hier Frau Ignoranzi – entnehmen konnte, welche Themenkreise Herr LC im Rahmen der seitens der Schule geplanten Arbeitsgemeinschaften (kurz: AG) anbieten konnte.

Schon kurze Zeit später wurde Herr LC, wie auch weitere externe Anbieter, zu einer Konferenz eingeladen, bei der gemeinsam mit der Schulleitung ausgelotet werden sollte, wie sich eine konkrete Zusammenarbeit mit der Schule gestalten könnte.

Bei seinem ersten Gang durch die Schule war Herr LC zunächst sehr beeindruckt, denn an den Wänden entdeckte er Hinweisschilder, auf denen u. a. wichtige Schulregeln kundgetan wurden. Werte wie z. B. „Respekt, Friedfertigkeit, Ordnung usw." schienen an dieser Schule einen besonderen Stellenwert zu genießen. Wie sich dann im weiteren Verlauf zeigte, stellten sich viele der dort zunächst angenehm zu lesenden Sprüche als bloße Lippenbekenntnisse heraus, die nahezu täglich von einigen Beteiligten „mit Füßen getreten" wurden.

Die erste, gemeinsame Konferenz verlief so, wie auch viele andere Konferenzen heutzutage verlaufen. Viele wohlklingende Worte, die zunächst suggerierten, man sei an einer Schule, bei der es ernsthaft darum gehe, gemeinsam konstruktive Projekte im Interesse der Kinder auf den Weg zu bringen. Wie sich schon bald zeigen sollte, klafften unübersehbare Lücken zwischen Anspruch und Wirklichkeit.

Geleitet wurde diese Erstkonferenz von einer – nennen wir sie hier Frau Vulkani - ihres Zeichen Leiterin der Offenen Ganztagsschule (kurz: OGATA), die schon in der Vorstellungsrunde durchblicken ließ, dass *sie* diejenige sei, die „den Laden schmeißt".

Nach insgesamt mehr als zwei Stunden endete diese Konferenz damit, dass alle anwesenden externen Anbieter - mehr oder weniger differenziert - dargelegt hatten, welche AG (Englisch, Kochen, Sport, Computer, Schach usw.) sie verantwortlich hätten übernehmen können.

Schon an diesem ersten Abend in dieser Schule beschlich Herrn LC ein ungutes Gefühl, denn es war unübersehbar gewesen, dass es offenbar an klaren und verbindlichen Strukturen fehlte, die dann im weiteren Verlauf noch eine unerfreuliche Entwicklung nehmen sollten.

Wenige Tage später reichte Herr LC dann – wie es für seinen Arbeitsstil selbstverständlich war – ein auf die Bedürfnisse der Schule adaptiertes Rahmenkonzept bei der Schulleitung ein, so dass diese die Möglichkeit bekommen sollte, im Vorfeld zu prüfen, inwieweit die vorgeschlagenen Themen mit den seitens der Schule gewünschten Anforderungen zur Deckung gebracht werden konnten. Schon zu diesem frühen Zeitpunkt der Zusammenarbeit (wobei dieses Wort sich im weiteren Verlauf eher als Hohn herausstellen sollte) zeigte sich deutlich, dass die Schulleitung erkennbar wenig bis gar kein Interesse an einer konstruktiven Vorbereitung der nach den Sommerferien zu startenden AG hatte, denn auch mehrfache Rückfragen seitens Herrn LC blieben unbeantwortet.

Wohlwissend, dass zu einer qualitativ hochwertigen Unterrichtsgestaltung auch eine sachgerechte und konstruktive Vorbereitung gehört, bekam Herr LC schon in dieser frühen Phase Zweifel dahingehend, ob die Schulleitung seine mit viel Engagement vorbereiteten AG hilfreich unterstützen würde. Immer wieder musste Herr LC erkennen, dass sowohl die Rektorin, Frau Ignoranzi, wie auch die Leiterin der OGATA, Frau Vulkani, entweder mit einer sachgerechten Organisation der neu einzurichtenden AG überfordert waren, oder nicht selten auch überdeutlich signalisierten, dass gar kein Interesse an einer konstruktiven Abstimmung im Vorfeld bestand.

Mit einer Mischung aus Enttäuschung und Schmunzeln, beobachtete Herr LC schon nach kurzer Zeit, dass sich die beiden Damen, Frau Ignoranzi und Frau Vulkani nicht besonders wohlgesonnen waren. Die Rektorin, Frau Ignoranzi vermittelte in der Außendarstellung ein Laisser-faire-Prinzip, und fiel vor allem immer wieder dadurch auf, dass sie offensichtliche Defizite schön zu reden versuchte. Frau Vulkani, die Leiterin der OGATA, verteidigte ihr Revier – wie sich im weiteren Verlauf noch zeigen sollte – mit nicht selten unsauberen und schäbigen Methoden, die einzig zum Ziel hatten, MitarbeiterInnen, die nicht „nach ihrer Pfeife tanzen wollten", zu diskreditieren. Insbesondere Herr LC zog sich frühzeitig den Unmut von Frau Vulkani zu, da er im Interesse der Kinder nicht akzeptieren wollte, dass erkennbar chaotische Umstände einen qualitativ ordentlichen Unterricht schon im Ansatz ersticken würden.

Schnell wurde klar, dass beide Damen mit einer sachgerechten Organisation des Konzeptes einer Offenen Ganztagsschule überfordert waren. Während die Rektorin oftmals in „Waldorf-Träumen" zu schwelgen schien, fiel Frau Vulkani immer wieder dadurch unangenehm auf, dass sie mit hoch rotem Kopf, vor Wut schnaubend auf Menschen zuging, die es mal wieder gewagt hatten, eine andere Meinung als die ihre kundzutun.

Herr LC erkannte recht schnell, dass diese beiden sprichwörtlich „entscheidenden" Damen sich nicht das entgegenbrachten, was man vielleicht als „Wertschätzung" hätte bezeichnen können. So konnte – nicht nur Herr LC – immer wieder beobachten, dass sich mal die eine, mal die andere Dame im Vier-Augen-Gespräch Herrn LC gegenüber jeweils über die gerade nicht anwesende andere Dame, beklagte. Nun geschah dies aber oftmals keineswegs in einem sachlich-konstruktiven Ton, sondern vielmehr beobachtete Herr LC mit Abscheu, dass es primär nur darum ging, schlecht über die abwesende „Konkurrentin" zu reden. Einmal abgesehen davon, dass sich schon durch eine derart niederträchtige Verhaltensweise schnell zeigte, auf welchem Niveau „entscheidende" Leute dieser Schule miteinander umzugehen pflegten, konnte sich u. a. auch Herr LC ein Schmunzeln ob derart viel Naivität nicht verkneifen, denn es war doch klar, dass dieser Zickenalarm ebenso billig, wie leicht zu durchschauen war.

Besonders perfide war dieses Machtspielchen auch deswegen, weil eben diese zwei Entscheidungsträgerinnen bei Besprechungen eine gemeinsame Vorgehensweise vorheuchelten, die jedem, der ein wenig hinter die Kulissen blickte, nur als ebenso verachtenswert wie schädlich erscheinen musste.

Um die Absurdität und Perfidität der nachfolgend beschriebenen Vorkommnisse sachgerecht einordnen zu können, sind einige Vorabinformationen von besonderer Bedeutung, die hier kurz skizziert werden sollen.

Bei Herrn LC handelte es sich um einen freiberuflich tätigen EDV-Dozenten, der seit mehr als 18 Jahren bis dahin ca. 8000 – 9000 Menschen im Fachbereich EDV/INFORMATIK ausgebildet hatte. Zu seinen Kunden zählten sowohl regional tätige Lehrinstitute, wie auch weltweit operierende Firmen aus der Softwarebranche. Die Klientel der SeminarteilnehmerInnen umfasste alle Altersklassen sowie auch ein breites Spektrum durch alle Bildungsschichten. Arbeitslose ohne

Hauptschulabschluss zählten ebenso zum Kundenkreis von Herrn LC wie promovierte Physiker. Als freiberuflich tätiger EDV-Dozent unterlag Herr LC einer ebenso regelmäßigen wie auch engen Leistungskontrolle seitens der Lehrinstitute. Herr LC erzielte durchweg erstklassige Durchschnittswerte hinsichtlich der Gestaltung und Durchführung seiner Seminare. Insbesondere wurden immer wieder die besonders ausgeprägten pädagogischen Fähigkeiten von Herrn LC schriftlich dokumentiert, da er u. a. auch in sozial schwierigen Unterrichtsgruppen erkennbare Erfolge erzielte, die anderen Kolleginnen und Kollegen verwehrt geblieben waren.

Neben seiner regelmäßigen Lehrtätigkeit schrieb Herr LC zudem diverse Sachbücher, die teilweise auch im Ausland (Frankreich, Polen, Russland) verkauft wurden. Diese Publikationen sowie seine Entwicklungsarbeit in der Neuroinformatik, bei der Herr LC ein Neuronales Netz zur Prognose von Sportwetten implementiert hatte, führten u. a. dazu, dass Herr LC in das ehrenvolle *Who-is-Who- Deutschland & Europa*, aufgenommen wurde.

Zudem unterrichtete Herr LC regelmäßig SchülerInnen unterschiedlicher Schulformen (Grundschule, Hauptschule, Realschule, Gymnasium) als Privatlehrer. Die Themenkreise reichten dabei von Deutsch, über Mathematik, Englisch bis hin zu naturwissenschaftlichen Fächern.

Ein großer Teil der PrivatschülerInnen, die von Herrn LC unterrichtet worden waren, verbesserten sich nachweislich in der Schule; dies war um so bemerkenswerter, weil die gleichen Kinder andernorts schon teils als „hoffnungslose Fälle" deklariert worden waren.

Abgerundet wurde das Profil von Herrn LC durch seine Tätigkeit als Psychologischer Berater, bei der ihm seitens unterschiedlicher Klientinnen und Klienten immer wieder bescheinigt wurde, dass er Fälle hat lösen können, die andernorts schon als „unlösbar" bezeichnet worden waren.

Neben seinen breit gefächerten fachlichen Kompetenzen, wurde Herrn LC immer wieder bescheinigt, dass er vor allem wegen seiner ausgeprägten pädagogischen Fähigkeiten, ergänzt durch eine überdurchschnittlich gut ausgeprägte Rhetorik sowie ein hohes Maß an Empathie, für eine Lehrtätigkeit geradezu prädestiniert sei.

Dies zu wissen ist deshalb entscheidend, um die Absurdität der nachfolgend beschriebenen Begebenheiten besser nachvollziehen zu können, denen sich Herr LC im Umfeld der hier beschriebenen Schule nahezu täglich gegenüber sah.

Der Tag der ersten AG rückte näher. Herr LC erschien pünktlich zum vereinbarten Termin in dem dafür vorgesehenen Klassenraum. Nachdem er seine Vorbereitungen abgeschlossen hatte, die u. a. darin bestanden, einen Overheadprojektor zu organisieren (schon das stellte sich als recht schwierig heraus, da der ihm dann zunächst gnädig zugeteilte Projektor offenbar mehr eine Art Wanderpokal darstellte, der mal an der einen, mal an der anderen Stelle im Stil einer Schnitzeljagd zu suchen gewesen war). Herr LC stellte sein Namensschild auf, und legte einen Stapel sorgsam vorbereiteter Folien auf sein Pult. Sinn und Zweck der vorbereiteten Folien war, den teilnehmenden Kindern der EDV-AG zunächst einmal in kindgerechten Worten zu erläutern, was thematisch im Laufe der nächsten

Monate angeboten wird sowie die Absprache einiger verbindlicher Rahmenbedingungen, die einen geregelten Unterrichtsablauf sicher stellen sollten. Nicht zuletzt aus seiner langjährigen Lehrtätigkeit wusste Herr LC, dass eine strukturierte Vorgehensweise bei der Vermittlung von Unterrichtsinhalten notwendig und hilfreich war. Dass dieses ebenso elementare wie wichtige Anliegen an dieser Schule über weite Strecken nicht unterstützt wurde, sollte sich schon sehr bald zeigen.

Zum vereinbarten Zeitpunkt war es nun keineswegs so, dass alle für die EDV-AG angemeldeten Kinder auch tatsächlich anwesend waren. Vielmehr beobachtete Herr LC mit einer Mischung aus Verwunderung und Verärgerung, dass ein erheblicher Teil der Kinder eher Tröpfchenweise in den Klassenraum einsickerte. Dass es zu einer guten Erziehung gehört zumindest einen „Guten Tag" zu wünschen, wenn man einen Klassenraum mit bereits Anwesenden betritt, schien für viele Kinder völlig abwegig zu sein, denn der weitaus überwiegende Teil kam mehr oder wenig lautstark krakeelend in den Raum, ohne Herrn LC auch nur eines Blickes zu würdigen. Auf den freundlichen Hinweis von Herrn LC, man möge doch bitte einen „Guten Tag" wünschen, wenn ein Raum betreten wird, erntete Herr LC bei den meisten Kindern entweder nur ein ungläubiges Staunen, oder nicht selten auch unflätige Bemerkungen, wie z. B.: „Hey, Alter, hier bin ich usw.".

Schon nachdem wenige Kinder den Raum betreten hatten, stieg der Lärmpegel auf ein unerfreuliches Maß an, bei dem Herr LC zuweilen sein eigenes Wort nicht mehr verstehen konnte, da es einige Kinder offenbar vorzogen, anstatt sich ordentlich auf die ihnen zugewiesenen Stühle zu setzen, pulkartig das Lehrerpult zu belagern.

Mehrfache, ebenso freundliche wie eindringliche Bitte seitens Herrn LC, doch bitte zunächst einmal auf den Stühlen Platz zu nehmen, um dann der Begrüßung beizuwohnen, wurden überwiegend völlig ignoriert, mit der Konsequenz, dass schon in den Anfangsminuten klar wurde, dass solch' elementare Voraussetzungen wie z. B. Ordnung, Disziplin und Gehorsam, für viele der anwesenden Kinder nur Fremdworte zu sein schienen.

Nachdem so etwa schon gute zwanzig Minuten mehr oder weniger sinnlos verplempert worden waren, lag die Anwesenheitsquote immerhin schon bei satten 70 Prozent, so dass Herr LC – schon leicht angesäuert durch die wenig konstruktiven Erfahrungen der ersten Eindrücke – guter Hoffnung war, nun sehr bald mit der Vorstellung des Themenkreises beginnen zu können. Doch, weit gefehlt. Noch immer glich die Situation weniger einer Klassengemeinschaft, in der ein auch nur ansatzweise konstruktiver Unterricht hätte stattfinden können, als vielmehr einer Ansammlung chaotischer, tobender, lautstarker und zudem sehr ungehorsamer Kinder, die bis dahin offenbar in vielen Fällen nicht gelernt zu haben schienen, dass klare und unmissverständliche Ansagen des Lehrpersonals bitte auch zu befolgen sind. Die wenigen Kinder, die es erfreulicherweise auch gab, die erkennbar diszipliniert schon seit nunmehr fast einer halben Stunde auf ihren Stühlen darauf warteten, dass der Unterricht endlich hätte beginnen können, gingen in der Masse derer, die sich jeder auch noch so freundlich geäußerten Bitte seitens Herrn LC penetrant widersetzten, unter. Eine Beobachtung, die sich im weiteren Verlauf bei der

Arbeit mit unterschiedlichen Klassen noch vielfach wiederholen sollte.

Zu diesem Zeitpunkt versuchte Herr LC dieses fraglos chaotische und undisziplinierte Verhaltens seitens vieler Kinder noch damit zu entschuldigen, in dem er sich sagte: „Nun ja, vielleicht liegt es schlichtweg daran, dass sich manche Kinder zunächst einmal mit der auch für sie neuen Situation arrangieren müssen." Zudem waren die Kinder bis zu diesem Zeitpunkt nicht gewohnt, dass es fortan auch männliche Lehrkräfte an ihrer Schule geben sollte. Wie sich schon bald zeigen sollte, stellten sich diese gut gemeinten „Entschuldigungen" als falsch heraus, denn mit zunehmender Zeit wurde klar, dass es vielmehr elementare Erziehungsdefizite bei vielen Kindern gab, denen entscheidende Voraussetzungen zu einer konstruktiven Unterrichtsteilnahme fehlten. Disziplinlosigkeiten, Frechheiten den Lehrkräften gegenüber, Ungehorsam, Schlampereien, Unzuverlässigkeiten, Rücksichtslosigkeiten, unkontrollierte Gewalt u.v.m. gehörten zum Schulalltag an dieser Schule, die sich doch Werte wie „Gemeinschaftssinn, Erziehung zu verantwortlichem Handeln, Fördern eines friedvollen Miteinander usw." auf ihre Fahnen geschrieben hatte. Schnell war klar, dass hier Anspruch und Wirklichkeit über weite Strecken sehr weit auseinander lagen.

Es dauerte nicht lange, bis Herr LC erkannte, dass es vor allem schulinterne Defizite waren, die maßgeblichen Anteil an vielen der beklagenswerten schlechten Rahmenbedingungen, hatten. Fehlende bzw. inkonsequente Führungseigenschaften seitens dort „entscheidender" Leute mussten geradezu zwangsläufig dazu führen, dass es immer wieder zu Situationen im

Schulalltag hatte kommen können, die ein hohes Eskalationspotenzial in sich trugen. Wie sich im Laufe der Zeit herausstellte, wurde dieser ohnehin schon bedenkliche Mangel an Führungskompetenz noch dadurch in einer geradezu perfiden Art und Weise vergrößert, indem z. B. sowohl die Rektorin, Frau Ignoranzi, wie auch die Leiterin der OGATA, Frau Vulkani, klare und unübersehbare Hinweise seitens Herrn LC hinsichtlich schädlicher Verhaltensweisen einiger Kinder, immer wieder mit einer Mischung aus Missmut und Ignoranz, „abschmetterten". Es bedurfte schon zu diesem frühen Zeitpunkt keiner tiefer gehenden Analyse, um zu erkennen, dass hier deutliche Kommunikationsdefizite zwischen einigen der dortigen „Führungskräfte" bestanden, denn für jeden Menschen, der Augen hatte zum Sehen und Ohren zum Hören, musste völlig klar sein, dass ein penetrantes und zudem persönlich verletzendes Ignorieren offensichtlicher Erziehungsdefizite über kurz oder lang in einer Situation enden muss, die in keiner Art und Weise mehr kontrollierbar sein wird.

Zurück zum ersten Tag der EDV-AG. Nachdem der Geräuschpegel im Klassenraum zumindest soweit gesunken war, dass wenigstens die Kinder in der ersten Sitzreihe der Begrüßung von Herrn LC hatten folgen können, unternahm dieser den Versuch, seine vorbereitete Folie auf den Projektor zu legen, um dann den Themenkreis vorstellen zu können. Herr LC hatte die Folie noch nicht aufgelegt, da öffnete sich erneut die Tür des Klassenzimmers, und herein kam eine weitere Gruppe laut krakeelender Kinder, die es offenbar überhaupt nicht störte, dass in diesem Raum bereits Unterricht stattfand. Stattdessen gab es zunächst einmal lautstarke Auseinandersetzungen darüber, wer nun auf welchem Stuhl hatte sitzen dürfen; eine überaus

„schwierige" Frage, wenn man bedenkt, dass bis dahin noch mindestens die Hälfte der Stühle frei gewesen war.

Tischübergreifende Gespräche, fliegende Papierkügelchen, auf dem Boden liegenden Jacken, sich gegenseitig anpöbelnde Jungen, herunter fallende Stühle usw. sorgten erneut dafür, dass Herr LC nicht die Spur einer Chance hatte, nun endlich mit der Vorstellung des Themenkreises zu beginnen.

Eine Vielzahl freundlichster Hinweise, doch nun bitte den Geräuschpegel entscheidend zu senken, blieb bei den meisten Kindern unbeachtet. Vielmehr gab es zwischenzeitlich auf dem Schulhof offenbar viel interessantere Dinge zu beobachten, als sich dort eine Gruppe von Kindern prügelte.

Nachdem auch die auf dem Schulhof zu beobachtende Keilerei ihren Reiz verloren hatte, unternahm Herr LC einen erneuten Versuch, eine Begrüßungsrunde für die anwesenden Kinder durchzuführen, und ihnen den Themenkreis der EDV-AG vorstellen zu können. Doch auch dieser erneute Versuch wurde schon nach wenigen Sekunden dadurch unterbrochen, indem sich viele Kinder schon nach kürzester Zeit gegenseitig ins Wort fielen, so dass von einer auch nur halbwegs geordneten Kommunikation nicht mehr die Rede sein konnte. Schnell war auch hier klar, dass viele Kinder offenbar bis dahin nicht gelernt hatten, sich gegenseitig aussprechen zu lassen; einerseits deswegen, um überhaupt zu begreifen, was der oder die andere mitteilen möchte, zum anderen auch deswegen, weil es schlichtweg respektlos ist. Insbesondere mit Blick auf die Durchführung eines konstruktiven Unterrichts eine ebenso elementare wie perspektivisch bedeutsame Feststellung.

Andere AG, gleiche Schule: Als ambitionierter Schachspieler mit einer mehr als 25-jährigen Turnierpraxis, bot Herr LC zudem eine Schach-AG an. Einerseits deswegen, um das Angebot der Offenen Ganztagsschule sinnvoll zu ergänzen, anderseits aber auch deshalb, um interessierten Kindern über diesen Denksport elementare Fähigkeiten zu vermitteln, die nicht nur im Schulalltag, sondern auch weit darüber hinaus gefragt sind. Eigenschaften wie z. B. Geduld, Beharrlichkeit, Strategisches Denken, Ausdauer, Logisches Denken, Respekt, Fairness, Umgang mit Enttäuschungen u.e.m. lassen sich beim Schachsport erwiesenermaßen gut trainieren. Nicht zuletzt die Freude an diesem intelligenten Spiel, das in einer Zeit, in der Playstations mit nicht selten hirnlosen Spielen viele Kinderzimmer überschütten, sollte den Kindern die Möglichkeit geben, spielerisch zu lernen, dass es sehr wohl viel Freude und Genugtuung bereiten kann, konsequent und beharrlich auf ein Ziel hinzuarbeiten.

Herr LC organisierte also zunächst geeignetes Spielmaterial, um dieses dann ebenso liebevoll wie optisch ansprechend in dem dafür vorgesehen Klassenraum aufzubauen. Schon der erste Tag in der Schach-AG zeigte leider unübersehbare Parallelen zu den Negativerfahrungen aus der EDV-AG.

Unpünktliches Erscheinen zum vereinbarten Termin, lautstark in den Raum kommende Kinder, die es zum größten Teil nicht für nötig befanden, einen „Guten Tag" o. ä. zu sagen, über Tische und Bänke hampelnde Kinder, die auch nach mehrfacher Ermahnung keinerlei Bereitschaft dahingehend erkennen ließen, sich ordentlich auf ihre Stühle zu setzen, umstürzende Schachfiguren, unerlaubte Schmierereien an der

Wandtafel, sich zankende Kinder, schlagende Jungen, aus dem Fenster schauende Mädchen usw.

In Anlehnung an den bekannten Kinofilm „Und täglich grüßt das Murmeltier", beobachtete Herr LC die gleichen Erziehungsdefizite, die auch schon in der EDV-AG zu beklagen gewesen waren. Spätestens zu diesem Zeitpunkt war klar, dass es an dieser Schule unübersehbare Defizite im Schulalltag gab, die offenbar bis dahin nicht in der Art und Weise korrigiert worden waren, wie dies aber zur Durchführung eines konstruktiven Unterrichts unbedingt nötig gewesen wäre. Da es sich bei den von Herrn LC beanstandeten Defiziten, wie z. B. häufige Disziplinlosigkeiten, Unhöflichkeiten, Respektlosigkeiten, Schlampereien keineswegs um versteckte Nebenschauplätze handelte, drängte sich nicht nur Herrn LC der Verdacht auf, dass eine nicht entschieden und konsequent durchgeführte Korrektur solch' beklagenswerter Missstände womöglich gar gewollt sein musste?!

Nachdem Herr LC dieses „Theater" einige Wochen beobachtet hatte, war er zu der Überzeugung gekommen, dass es faktisch unmöglich sei, unter den gegebenen Umständen (kurz: Nahezu durchgängiges Chaos während der Unterrichtszeiten) einen auch nur halbwegs ordentlichen Unterricht anzubieten. Bei einem dann erfolgenden Gespräch mit der Rektorin, Frau Ignoranzi, wurde Herrn LC zugesichert, man kümmere sich um eine Verbesserung.

Weitere Wochen gingen ins Land, während denen sich an jedem neuen Unterrichtstag das gleiche, traurige Procedere wiederholte. Kinder, die mehr nach Lust und Laune kamen und gingen, fehlendes Arbeitsmaterial, lautstarkes Streitigkeiten während des Unterrichts,

Unkonzentriertheiten, Frechheiten Herrn LC gegenüber usw. Mit fortschreitender Zeit musste Herr LC erkennen, dass seine ebenso engagierte wie strukturierte Unterrichtsvorbereitung bei vielen der teilnehmenden Kindern nur als „vergebliche Liebesmüh" bezeichnet werden konnte. Traurig, aber wahr.

Zu dieser Zeit sollte das Konzept der Offenen Ganztagsschule zunehmend Gestalt annehmen. Im Rahmen dieses Konzeptes bot diese Schule u. a. auch eine Hausaufgabenbetreuung an, die den Kindern die Möglichkeit geben sollte unter fachkundiger Anleitung die Hausaufgaben machen zu können. Zu der Zeit, als Herr LC schon seine beiden AG (EDV und Schach) leitete, bot die Rektorin ihm an, auch die Leitung der Hausaufgabenbetreuung verantwortlich zu übernehmen.

Eine kleine Episode, die eher zum Schmunzeln hatte anregen können, bestand darin, indem die Rektorin mit den Worten: „*Herr LC, möchten Sie nicht auch die Hausaufgabenbetreuung übernehmen? Da bekommen Sie ein festes Gehalt. Das ist doch eine feine Sache...*".,zu Herrn LC kam. Wie naiv muss Frau Ignoranzi gewesen sein, ernsthaft zu glauben, dass ein Monatsgehalt, dass Herr LC üblicherweise im Rahmen seiner EDV-Seminare binnen nur eines Tages einstrich, ein ernsthafter Anreiz für eine Übernahme dieser Hausaufgabenbetreuung hätte sein können? Die Idee, dass Freiberufler vielmehr strategische Entscheidungen treffen, oder dass womöglich inhaltliche Gründe für eine Übernahme hätten primär entscheidend sein können, kam Frau Ignoranzi wohl eher nicht.
Eine weitere Aussage seitens der Rektorin ließ dann aber bei Herrn LC erste „Alarmglocken" läuten, denn sie sagte: „Herr LC, gut dass Sie die Hausaufgabenbetreuung jetzt übernehmen. Die Frau L.,

die das bisher gemacht hat, ist damit sowieso überfordert gewesen, denn sie hat die Kinder nicht richtig im Griff". Wie sich schon kurze Zeit später zeigen sollte, fokussierte diese wenig freundliche Aussage Frau L. gegenüber (eine junge Kollegin aus dem Lehrerkollegium) offenbar wesentliche Elemente des an dieser Schule herrschenden Kommunikationsstils.

An dieser Stelle wurde klar – vor allem auch rückblickend – dass die Strategie seitens „entscheidender" Damen wohl darin zu suchen war, in der Außendarstellung positiv dazustehen, hinter den Kulissen aber mit hinterhältigen Mobbingmethoden zu arbeiten.

Beseelt von dem Wunsch klare und hilfreiche Strukturen in die bis dahin dort herrschenden Strukturen zu bringen, übernahm Herr LC nun auch die Leitung der Hausaufgabenbetreuung. Sinn und Zweck der Hausaufgabenbetreuung sollte sein, Kindern eine Räumlichkeit anzubieten, in der sie unter fachkundiger Anleitung ihre Hausaufgaben anfertigen konnten.

Als dann der erste Tag der Hausaufgabenbetreuung unter der neuen Leitung von Herrn LC begann, multiplizierten sich die Herrn LC schon aus den von ihm geleiteten AG her bekannten Defizite, die sich wie folgt darstellten: Kinder, die nach Lust und Laune in den Hausaufgabenraum kamen, und ihn ebenso unkontrolliert wieder verließen. Geräuschpegel, die derart extrem waren, dass Herr LC an seinem Lehrerpult sein eigenes Wort nicht mehr verstehen konnte. Kinder, die zu einem größeren Teil keinerlei noch so freundlich vorgetragene Anweisung befolgten. Lautstarke und nicht enden wollende Diskussionen an vielen Tischen, und über Tische hinweg. Umstürzende Stühle, durch den Raum fliegende Stifte und Radiergummis. Kurz: Chaos pur.

Schnell war klar, dass unter derart extremen Randbedingungen keine sinnvolle Hausaufgabenbetreuung durchgeführt werden konnte. Die vergleichsweise wenigen Kinder, die sich erkennbar um eine sachgerechte Unterrichtsteilnahme bemühten, gingen geradezu unter in einem Meer von undisziplinierten und randalierenden Kindern, denen jeglicher Respekt und jeglicher Gehorsam offenbar bis dahin fremd schienen.

Im Interesse einer konstruktiven Problemlösung informierte Herr LC die Schulleitung. Bei einem Gespräch mit der Rektorin, Frau Ignoranzi, wurde Herrn LC zugesichert, es gebe in Kürze eine Konferenz, bei der auch eine Abstimmung hinsichtlich der gemeinsamen Vorgehensweise mit den Kolleginnen, vorgenommen werden sollte. Mit dieser Zusage im Gepäck sowie mit der zum damaligen Zeitpunkt noch bestehenden Hoffnung auf Unterstützung, vergingen weitere Tage und Wochen, die über weite Strecken dadurch geprägt waren, dass sich Herr LC nahezu täglich einer ebenso lautstarken wie undisziplinierten und ungehorsamen Kinderschar gegenüber sah, die durch keinerlei auch noch so freundliche Ansprache dazu zu bewegen war, ordentlich und sachgerecht an der Hausaufgabenbetreuung teilzunehmen. Die Kinder, die erkennbar gern in die Hausaufgabenbetreuung kamen, und die auch regelmäßig sehr gern die Unterstützung seitens Herrn LC annahmen, litten zunehmend unter solchen Kindern, die sich immer rücksichtsloser und dreister benahmen. Kurz: Eine Situation, die Herr LC *im* Interesse der sachgerecht arbeitenden Kinder nicht länger akzeptieren konnte und wollte.

Erneut informierte Herr LC die Schulleitung, die ihrerseits zum wiederholten Male eine Konferenz in Aussicht stellte, bei der man in gemeinsamer Absprache klären wollte, wie den über weite Strecken inakzeptablen Zuständen im Unterricht sinnvoll hätte begegnet werden können. Weitere Wochen gingen ins Land, und nichts geschah in dieser Richtung.

Herr LC's schon in der Anfangsphase aufkommende Vermutung, nach der eine echte Kooperation an dieser Schule offenbar allenfalls in der Außendarstellung vorkam, bestätigte sich zusehends, denn es war klar, dass seitens der Schulleitung offenbar kein ehrliches Interesse an einer signifikanten Verbesserung hinsichtlich der augenscheinlich bedenklichen Zustände in der Hausaufgabenbetreuung (und darüber hinaus) bestand. Was war zu tun?

Nun, als verantwortungsbewusster und engagierter Dienstleister, suchte Herr LC nach Mitteln und Wegen, wie er vor allem für ordentlich arbeitende Kinder eine deutliche Verbesserung der oftmals schlimmen Situation in der Hausaufgabenbetreuung erreichen könnte. Herr LC verfasste u. a. einen detaillierten Infobrief für alle Kolleginnen, in dem er einerseits konkret die sich täglich zeigenden Umstände in der Hausaufgabenbetreuung beschrieb, anderseits auch ebenso klare wie unmissverständliche Wege zu deren konstruktiver Lösung anbot. Es war klar, dass die in Teilen überaus chaotischen und undisziplinierten Kinder nur in Kooperation mit den betreffenden Eltern zu einer entscheidenden Veränderung des eigenen Verhaltens hätten angeregt werden können. Leider war es aber so, dass sich diese elementare Erkenntnis in „entscheidenden" Kreisen dieser Schule noch nicht durchgesetzt hatte, denn auch dieser Versuch seitens Herrn LC, Struktur und Ordnung in die Hausaufgabenbetreuung (und darüber hinaus) zu bekommen, wurde seitens der Schulleitung schlichtweg ignoriert.

Herrn LC wurde zunehmend klar, dass er ganz auf sich allein gestellt war. Die Situation gestaltete sich insofern als sehr schwierig, da einerseits von Herrn LC erwartet wurde, *dass* die Hausaufgabenbetreuung „rund" läuft, anderseits war aber unübersehbar, dass Herrn LC entscheidende Mittel zur Durchsetzung eben dieses grundsätzlich notwendigen und wünschenswerten Zustands, vorenthalten wurden.

Nachdem mehr und mehr klar wurde, dass seitens der Schulleitung keine konstruktive Hilfe zu erwarten war, entschloss sich Herr LC dazu eigene Wege zur Verbesserung der angespannten Situation zu suchen. In mühsamer Detailarbeit formulierte Herr LC leicht verständliche und kindgerechte „Regeln", die eine ebenso notwendige wie sinnvolle Zusammenarbeit bei der täglichen Hausaufgabenbetreuung unterstützen sollten.

Regeln wie beispielsweise: „Während der Anfertigung meiner Hausaufgaben setze ich mich ordentlich auf meinen Stuhl.", oder „Ich behandle die Einrichtungsgegenstände (z. B. Tische, Stühle usw.) mit Sorgfalt.", oder „Ich behandle andere Mitschülerinnen und Mitschüler mit Respekt.", die im Grunde genommen für jedes gut erzogene Kind Selbstverständlichkeiten darstellen sollten, wurden in Form kleiner, leuchtender Kärtchen im

Hausaufgabenraum gut sichtbar angebracht, in der Hoffnung, sie mögen Wirkung zeigen.

Zudem führte Herr LC eine Anwesenheitsliste ein, in die sich die Kinder jeweils zu Beginn der Hausaufgabenbetreuung eintragen mussten. Einerseits deswegen, um langfristig eine Kontrolle hinsichtlich der teilnehmenden Kinder zu bekommen, anderseits vor allem aber auch deshalb, um den Kindern schon auf diesem Weg zu signalisieren, dass sie nicht etwa an einer freiwilligen Veranstaltung teilnehmen, bei der sie nach Belieben kommen und gehen können, sondern dass es vielmehr klare und verbindliche Regeln gibt. Von Anbeginn an legte Herr LC großen Wert darauf, den Kindern unmissverständlich und beharrlich zu vermitteln, dass die Einführung solcher Verhaltensregeln keineswegs Selbstzweck seien, sondern vielmehr ein Instrument, das schlussendlich allen Beteiligten zugute kommen sollte. Sämtliche Regeln wurden zudem vielfach kindgerecht mit den teilnehmenden Kindern besprochen, so dass prinzipiell jedes Kind die Chance bekam, die Sinnhaftigkeit dieser Maßnahme begreifen zu können.

Im weiteren Verlauf zeigte sich dann, dass die Kinder, die auch zuvor schon positiv unauffällig an der Hausaufgabenbetreuung teilgenommen hatten, die neuen Regeln als Orientierungshilfe verstanden, indem sie sich erkennbar darum bemühten, diese auch entsprechend praktisch umzusetzen. *Die* Kinder jedoch, die auch zuvor schon sehr undiszipliniert und ungehorsam gewesen waren, empfanden die neuen Regeln eher als belustigend, mit der unerfreulichen Konsequenz, dass sich die erhoffte Verhaltensänderung leider nicht einstellen wollte.

Es folgten unzählige Einzelgespräche mit solchen Kindern, die nahezu durchgängig durch extremes Störverhalten unangenehm auffielen. Nicht nur, dass dadurch das eigene Arbeitsergebnis in Mitleidenschaft gezogen wurde, sondern vor allem die Auswirkungen auf die Gesamtsituation im Hausaufgabenraum wurden zusehends unerträglicher, da vor allem solche Kinder, die ordentlich und sachgerecht arbeiten wollte, nahezu permanent durch allerlei inakzeptable Störungen empfindlich behindert wurden. Täglich präsentierte sich eine weite Palette chaotischer und undisziplinierter Verhaltensweisen, die sich u. a. darin ausdrückten, dass ordentlich arbeitende Kinder durch unverhältnismäßig extreme Geräuschpegel gestört wurden, dass Kinder wiederholt bewusst provoziert wurden, dass Gegenstände durch den Raum geworfen wurden, dass die Tür des Hausaufgabenraumes auch während der Unterrichtszeiten oftmals im Minutentakt auf und zu ging, da mal wieder ein mehr oder weniger lautstarker Pulk von Kindern den Raum betrat, dass verdreckte Hefte und Bücher über den Boden geschoben wurden, dass das Lehrerpult von Herrn LC mit einer wild hampelnden und laut krakeelenden Kinderschar belagert wurde usw. Ergänzt wurden die inneren Störfaktoren nicht zuletzt dadurch, dass – wohlgemerkt während der offiziellen Unterrichtszeiten – nicht selten laut grölende Kinder durch die Gänge des Schulgebäudes liefen, gegen Türen und Schränke traten sowie von außen gegen die Fenster klopften, so dass die Kinder, die sich im Hausaufgabenraum befanden, um dort ihre Hausaufgaben anzufertigen, permanent durch allerlei Störfaktoren an einer ordnungsgemäßen Erledigung ihrer Aufgaben gehindert wurden. Kurz: Chaos pur.

Nicht nur Herr LC stellte sich vermehrt die Frage, wie ignorant wohl die Schulleitung gewesen sein muss, diese sehr wohl bekannten und unübersehbaren Defizite nicht ebenso entschieden wie nachhaltig abzustellen. Aus der Sicht des engagierten und verantwortungsbewussten Dienstleisters, Herrn LC, präsentierte sich eine Situation, die einerseits durch erkennbar chaotische Zustände, anderseits durch vielfach ignorantes Lehrpersonal geprägt war, dem es offenbar in Teilen gleichgültig war, dass Kinder wiederholt lautstark während der Unterrichtszeiten durch das Schulgebäude laufen, oder, dass Kinder lautstark vor den Fenstern der Unterrichtsräume herum hampeln, und somit andere Kinder, die zur gleichen Zeit etwas lernen möchten, massiv behindern. Da es sich dabei keineswegs um bedauerliche Einzelfälle handelte, blieb nur die Vermutung – die sich im Laufe der Zeit zu einer traurigen und schlimmen Gewissheit verfestigen sollte – dass derart chaotische und schädliche Verhaltensweisen bewusst geduldet werden. Anders war es wohl kaum zu erklären, dass solche regelmäßigen Standardstörungen zum Schulalltag gehörten, die eine verantwortungsbewusste Schulleitung sehr wohl hätte abstellen können, nein, abstellen müssen!

Eine, der von Herrn LC *im* Interesse ordentlich lernender Kinder eingeführten Regeln, lautete: „Am Lehrerpult steht bitte immer nur ein Kind, damit eine sachgerechte Hilfe gewährt werden kann". Fast überflüssig zu erwähnen, dass auch diese sehr wohl sinnvolle Regel nahezu durchgängig von einer Vielzahl von Kindern nicht beachtet wurde – zum eigenen Schaden, versteht sich. Faktisch sah es so aus, dass durchschnittlich etwa 20 Kinder in die Hausaufgabenbetreuung kamen. Der zeitliche Rahmen war mit maximal zwei Stunden aus organisatorischen Gründen vorgegeben. Eingedenk der Tatsache, dass – vorsichtig geschätzt – mindestens ein Drittel der Zeit (eher noch deutlich mehr!) nahezu täglich darauf ver(sch)wendet werden musste, an einer nicht zu überschauenden Zahl von Ecken für Ruhe und Ordnung zu sorgen, lautstark streitende Kinder auseinander zu bringen usw., verblieben anteilig nur etwa vier Minuten für jedes Kind, während denen Herr LC die faktisch unlösbare Aufgabe leisten sollte, den Kindern sachgerecht bei der Anfertigung ihrer Hausaufgaben zu helfen. Eine geradezu absurde Forderung.

Signifikant erschwert wurde dies noch dadurch, dass eine nicht unerhebliche Zahl von Kindern derart schwerwiegende und umfassende Probleme beim Anfertigen der Hausaufgaben hatte, so dass schon von daher unzweifelhaft klar sein musste, dass es faktisch unmöglich sein musste, zu gewährleisten, dass alle Kinder eine sachgerechte Anfertigung der Hausaufgaben hätten vornehmen können.

Eine weitere, höchst unerquickliche Episode aus dem „Kabinett der Unverschämtheiten", wie sie sich regelmäßig in ähnlicher Art und Weise oftmals wiederholte, ergab sich durch einen türkischen Jungen, der durchgängig durch gröbste Disziplinlosigkeiten auffiel, indem er nicht nur keinerlei Anweisungen seitens Herrn LC annahm, sondern er störte permanent vor allem andere Kinder in der Hausaufgabenbetreuung. Völlig unkontrolliert lief er immer wieder einfach so durch den Hausaufgabenraum, provozierte andere Kinder durch eine nicht zu überschauende Anzahl diverser Attacken, die sowohl verbal, wie auch physisch vorgetragen wurden. Sowohl eine nicht zu zählende Anzahl freundlichster Ermahnungen, wie auch unzählige Einzelgespräche, bei denen Herr LC diesen Jungen ebenso freundlich wie eindringlich dahingehend unterrichtete, dass sein penetrantes Störverhalten im

Interesse eines geregelten Ablaufs nicht mehr unbegrenzt akzeptiert werden könne, führten zu keinerlei spürbarer Verbesserung dieser für alle im Hausaufgabenraum Anwesenden inakzeptablen Situation.

Daraufhin informierte Herr LC erneut die Schulleitung, die aber ihrerseits – wie schon so oft zuvor – offenbar keinerlei konkreten Handlungsbedarf sah. Im Gegenteil, vielmehr durfte sich Herr LC seitens Frau Vulkani eine ebenso unsinnige wie unverschämte Belehrung anhören, indem ihm offeriert wurde, er müsse schon in der Lage sein eine solche Situation zu managen. Statt also Herrn LC tatkräftig bei seinen ebenso notwendigen wie engagierten Bemühungen zu unterstützen, einen konstruktiven und hilfreichen Rahmen für alle Kinder in der Hausaufgabenbetreuung zu schaffen, glänzten die „entscheidenden" Damen – wie schon so oft – durch eine Mischung aus inhaltlich abwegigen Verbalattacken, oder schlichtweg durch eine zur Perfektion ausgebauten Ignoranz.

Weitere Wochen gingen ins Land, während denen Herr LC – trotz vielfacher klarer und unmissverständlicher Hinweise zu den nicht selten unerträglichen Zuständen in der Hausaufgabenbetreuung – keinerlei spürbare Unterstützung erhielt. Die Zustände durch den türkischen Jungen spitzten sich weiter zu, mit der praktischen Konsequenz, dass keinerlei sinnvolle Arbeit und Betreuung im Hausaufgabenraum mehr möglich war. Da Herrn LC zu diesem Zeitpunkt mehrfach unmissverständlich signalisiert worden war, dass man derart chaotische Zustände offenbar gar nicht gewillt war zu verbessern, entschloss sich Herr LC zu einer neuen Maßnahme, die so aussah, dass dieser türkische Junge für eine Woche von der Teilnahme an der

Hausaufgabenbetreuung ausgeschlossen wurde, so dass er Zeit finden sollte, ernsthaft über sein inakzeptables Verhalten nachzudenken.

Wichtig in diesem Zusammenhang ist der klare und uneingeschränkte Hinweis darauf, dass diese Maßnahme keineswegs deshalb ergriffen wurde, weil es sich um einen türkischen Jungen gehandelt hatte, sondern ausschließlich deshalb, weil dieser Junge nicht einmal ansatzweise dazu bereit war, klare und verbindliche Regeln zu akzeptieren, die schließlich im Interesse aller anwesenden Kinder vereinbart worden waren.

Herr LC betonte immer wieder – sowohl innerhalb der Hausaufgabenbetreuung, als auch auf Elternabenden – dass es bei einer konsequenten Durchsetzung elementarer disziplinarischer Maßnahmen grundsätzlich niemals darum ging, Kinder einer bestimmten Nationalität herauszugreifen, sondern einzig und ausschließlich das Gemeinwohl stand im Blickpunkt. Quer durch alle Nationalitäten gab es sowohl solche Kinder, die sachgerecht und ordentlich arbeiteten, wie auch Kinder, die erkennbar auffällige Erziehungsdefizite zeigten. Dieser Hinweis ist insofern äußerst wichtig, weil sich Herr LC teils auch ebenso absurden wie unverschämten Vorwürfen gegenüber sah, er fokussiere seine Maßregelungen nur auf ausländische Kinder. Sowohl die regelmäßig teilnehmenden Kinder, wie auch solche Eltern, die sich für das Wohl ihrer Kinder in der Schule engagiert haben, konnten sich immer wieder davon überzeugen, dass es vielmehr so aussah, dass Herr LC mit einem weit überdurchschnittlichen Engagement sich nicht zuletzt solcher Kinder annahm, die von ihrer Herkunft mitunter wenig begünstigt gewesen waren.

Nachdem die Wochensperre für den türkischen Jungen abgelaufen war, kam er eine Woche später erneut in die Hausaufgabenbetreuung. Doch, anstatt einer spürbaren Verbesserung im Verhalten, zeigte sich sehr schnell, dass das bisherige Chaos offenbar fortgesetzt werden sollte, denn er fiel erneut nahezu durchgängig in vielerlei Hinsicht äußerst unangenehm auf. Lautstarkes und penetrantes „In-den-Raum-plappern", Provokationen anderen Kinder gegenüber, Wildes Hin- und Herlaufen im Hausaufgabenraum usw., Frechheiten Herrn LC gegenüber usw. Kurz: Keinerlei Besserung in Sicht.

Da es zwischenzeitlich auch weiterhin keinerlei konstruktive Hilfe seitens der Schulleitung gegeben hatte, sah Herr LC schon kurze Zeit später keinerlei sinnvolle Möglichkeit mehr, als diesen türkischen Jungen erneut für eine weitere Woche von der Teilnahme in der Hausaufgabenbetreuung auszuschließen.

Es dauerte nicht lange, bis das geschah, was in vergleichbaren Situationen im Schulalltag nur allzu oft geschieht. Anstatt nun endlich – wie bereits mehrfach von Herrn LC vorgeschlagen – auch die Eltern dieses offenbar unbelehrbaren Jungen in eine Problemlösung einzubinden, war es vielmehr so, dass eines schönen Tages plötzlich die Eltern dieses Jungen in die Hausaufgabenbetreuung zu Herrn LC kamen; nicht aber etwa um sich zunächst einmal über die Sachlage zu informieren, sondern vielmehr derart, dass schon der Gesichtsausdruck wenig Gutes erahnen ließ. Im weiteren Verlauf des Gesprächs erkannten dann wohl auch die Eltern, dass der bis dahin schon erfolgte doppelte Verweis einzig darauf zurückzuführen war, dass der eigene Sohn sich durchgängig in einer inakzeptablen Art und Weise benommen haben musste. Schlussendlich fand dieses Gespräch ein friedliches Ende, bei dem die Eltern zusicherten, ein ernstes Gespräch mit ihrem Sohn zu führen.

In der dann folgenden Zeit waren – im Rahmen der ihm eigenen Möglichkeiten – spürbare Verbesserungen im Verhalten sichtbar, so dass nun einer weiteren Teilnahme an der Hausaufgabenbetreuung nichts mehr im Wege stand. Wie Herr LC auch von anderen Kolleginnen erfuhr, fiel dieser Junge auch im Klassenverband wiederholt unangenehm auf, so dass klar erkennbar war, dass sein bis dahin gezeigtes Fehlverhalten ursächlich eben nicht am Unterrichtsstil seitens Herrn LC gelegen haben konnte, sondern vielmehr daran, dass man bis dahin diesem Jungen offenbar keinerlei Einhalt geboten hatte.

Dieses Beispiel zeigte, stellvertretend für viele andere, dass eine sinnvolle und sachgerechte Erziehung nur in Kooperation *mit* den Elternhäusern funktionieren kann; nicht aber dadurch, indem klar erkennbare Erziehungsdefizite entweder ignoriert, oder schön geredet werden.
Nicht nur Herr LC, sondern vor allem auch viele Eltern zeigten sich sowohl überrascht, wie auch verärgert darüber, dass die Schulleitung, der solche oftmals zu beklagenden Defizite sehr wohl bekannt gewesen waren – nicht die zur Behebung notwendigen Maßnahmen ergriffen hatte. Dass es dabei – wie sich auch im weiteren Verlauf mehrfach zeigen sollte – primär um Machtspielchen ging, war jedem klar, der ein wenig „hinter die Kulissen" schaute. Ganz offensichtlich konnten es einige Damen an dieser Schule nicht ertragen, dass ein externer Dienstleister klare und unmissverständliche Vorschläge dahingehend

unterbreitet hat, wie das in Teilen unübersehbare Chaos im täglichen Miteinander konstruktiv hätte verbessert werden können. Stattdessen beobachtete Herr LC vielmehr eine nicht zuletzt aus der Psychologie her bekannte Erfahrung, die da besagt: Viele Menschen „wurschteln" lieber in einem gewohnten Trott weiter – und sei er auch noch so destruktiv – als konsequent und zielsicher Maßnahmen zu dessen entscheidender Verbesserung einzuleiten. Schon klar, Herr LC konnte zunächst – oberflächlich betrachtet – als unangenehm und lästig empfunden werden; allerdings nur von solchen Leuten, die entweder nicht willens und / oder in der Lage waren, zu erkennen, dass Herr LC entscheidend zur Problemlösung hätte beitragen können. Dies zuzugeben, verlangte Charakterstärke, und genau daran schien es einigen der Beteiligten offenbar zu mangeln. Anstatt Herrn LC konstruktiv bei seinen Bemühungen zur Verbesserung der in Teilen unbestreitbar chaotischen Zustände zu unterstützen, ließ vor allem Frau Vulkani kaum eine Gelegenheit aus, Herrn LC – ganz gleich aus welchem Grund – immer wieder in einer sowohl inhaltlich unsinnigen, wie vor allem auch kommunikativ höchst unflätigen und beleidigenden Art und Weise „dumm anzumachen". Dass sich Probleme – ganz gleich welcher Art – konstruktiver und besser lösen lassen in einer von Vertrauen und Verständnis getragenen Atmosphäre, hatte sich offenbar zu Frau Vulkani noch nicht herum gesprochen. Vielmehr wäre es angezeigt gewesen, Frau Vulkani ein Warnschild umzuhängen, mit dem Hinweis: „Vorsicht, ich explodiere gleich", denn sie fiel – übrigens nicht nur Herrn LC – wiederholt dadurch unangenehm auf, indem sie – völlig themenunabhängig – schon beim Anblick von Herrn LC eine „Abwehrhaltung" einnahm, die sich u. a. in einem stetig röter werdenden Kopf zeigte.

Man musste wahrlich kein Psychologe sein, um zu erkennen, dass Frau Vulkani offenbar eigene Befindlichkeitsstörungen des Öfteren unkontrolliert an Menschen abreagierte, mit denen sie situationsbedingt zu tun hatte. Nicht zuletzt viele Gespräche, die Herr LC u. a. mit Eltern diverser Kinder dieser Schule geführt hatte, bestätigen diesen Eindruck, dass Frau Vulkani nicht gerade zu den Zeitgenossinnen zählte, mit denen „gut Kirschen essen" war. Dies immer wieder von unterschiedlichen Eltern zu hören, bestätigte Herrn LC in seiner Einschätzung, dass es Frau Vulkani vielfach an der von ihr selbst beschworenen „pädagogischen und kommunikativen Kompetenz" fehlte, die sie zuweilen an anderen Mitarbeiterinnen und Mitarbeitern bemängelte. In diesem Zusammenhang fühlte sich Herr LC oftmals an folgenden Spruch erinnert: „Was kümmert dich der Splitter im Auge deines Gegenüber, wo du doch einen Balken vor deinem eigenen Kopf trägst...?"

Gleiche Schule, andere Situation. Ein Junge, nennen wir ihn hier F., fiel wiederholt durch lautstarke und provozierende Störungen auf. Nach mehreren freundlichen Ermahnungen, diese fortwährenden Störungen doch bitte zu unterlassen, durch die vor allem solche Kinder empfindlich gestört wurden, die den Hausaufgabenraum als einen Ort der Ruhe nutzen wollten, um dort ihre Hausaufgaben unter sachkundiger Anleitung seitens Herrn LC anfertigen zu können, zeigte F. bedauerlicherweise keinerlei Bereitschaft den klaren Ansagen seitens Herrn LC nachzukommen. Im Interesse der anderen Kinder erteilte Herr LC F. einen Raumverweis, und bat ihn, er möge sich bitte bei Frau Vulkani melden, und dieser Dame dann mitteilen, dass er infolge fortwährender, massiver Störungen des Raumes verwiesen worden sei.

Sodann bekam F. einen Tobsuchtsanfall, in dessen Verlauf er nicht nur lautstark in den Klassenraum brüllte, sondern er warf seine Schulsachen durch den Raum, trat gegen Tische und Stühle, und verließ schließlich unter hartnäckiger Regie von Herrn LC den Hausaufgabenraum, mit den Worten: „Du Hurensohn, du kannst mich mal...!". Zudem trat er mehrfach gegen die Tür des Hausaufgabenraums. Dies war der Moment, den Herr LC auch bei größtem Wohlwollen nicht mehr länger akzeptieren konnte bzw. akzeptieren wollte. Herr LC ging F. hinterher, um ihn dann zur Schulleitung zu bringen, so dass sich die „entscheidenden" Damen weiter mit diesem – leider – repräsentativen Störfall näher hätten beschäftigen sollen. Anstatt nun aber F. unmissverständlich für eine derartige Frechheit Herrn LC gegenüber zu sanktionieren, standen sowohl Frau Ignoranzi wie auch Frau Vulkani mehr oder weniger ratlos auf dem Gang. Von einer verantwortungsbewussten und pädagogisch qualifizierten Schulleitung hätte sich Herr LC eine zeitnahe und unmissverständliche Reaktion erhofft; doch, nichts dergleichen geschah.

Das Chaos nahm seinen Lauf. Mit zunehmender Zeit wurde immer deutlicher, dass weder seitens der Schulleitung, noch seitens des überwiegenden Teils aus dem Lehrerkollegium, konstruktive Hilfe bei der Lösung der unübersehbaren defizitären Rahmenbedingungen, zu erwarten war. Noch immer beseelt von dem Wunsch, allen Kindern ein sachgerechtes, hilfreiches und zudem freundliches Umfeld im Rahmen der Hausaufgabenbetreuung zu schaffen, suchte Herr LC nach neuen Mitteln und Wegen, um – erzwungenermaßen – in Eigenregie die vielfältigen Erziehungsprobleme in den Griff zu bekommen.

Um den Kindern ein abgestuftes Sanktionskonzept anzubieten, führte Herr LC das System der „gelben und roten Karten" ein, das wie folgt funktionieren sollte: Kinder, die erstmalig – und zwar massiv – störten, wurden zunächst freundlich und mündlich ermahnt. Im Wiederholungsfall bekamen die betreffenden Störenfriede die „gelbe Karte" gezeigt, die besagte: „Bei der nächsten Störung musst du den Hausaufgabenraum verlassen".

Schnell entwickelte sich eine Eigendynamik, die sich wie folgt darstellte: Kinder, die ohnehin ordentlich und positiv unauffällig arbeiteten, kamen häufig zu Herrn LC, und sagten: „Herr LC, bitte geben Sie X oder Y die „gelbe Karte", denn ich kann bei diesem andauernden Krach hier nicht konzentriert arbeiten". Andere Kinder dagegen, die schon bis dahin regelmäßig durch massive Störungen unangenehm aufgefallen waren, machten sich einen Spaß daraus, so nach dem Motto: „Gib' mir doch die „rote Karte", dann geh' ich eben...".

Leider zeigte sich auch bei dieser grundsätzlich positiv angedachten Maßnahme, dass sie wirkungslos bleiben musste, weil eben auch wiederholte Raumverweise für die betreffenden Störenfriede keinerlei spürbare Konsequenzen nach sich zogen. Obwohl Herr LC mehrfach klar und deutlich vorgeschlagen hatte, man möge doch in derart extremen Fällen endlich auch einmal die zugehörigen Eltern in eine konstruktive Problemlösung einbinden, sah sich Herr LC vielmehr ebenso unsinnigen wie unfreundlichen Verbalattacken seitens Frau Vulkani gegenüber, die erkennbar gar nicht daran interessiert war, verbindliche und notwendige Maßnahmen zu ergreifen, die entscheidend hätten dazu beitragen können, die über weite Strecken schlimmen Zustände im Hausaufgabenraum zu entschärfen.

Ganz gleich, welche Maßnahme Herr LC zur Verbesserung der in weiten Teilen bedenklichen Situationen im Hausaufgabenraum auch vorschlug, der Ablauf war bedauerlicherweise immer der gleiche: Einerseits eine ignorante Schulleitung, andererseits ein zunehmend frustrierter Herr LC, der noch immer nicht akzeptieren wollte, dass es tatsächlich möglich sein sollte, Kindern einen sinnvollen und geordneten Unterricht vorzuenthalten, ursächlich nur deswegen, weil offenbar „entscheidende" Damen entweder nicht willens, und / oder faktisch nicht dazu in der Lage waren, notwendige und zudem längst überfällige Korrekturen durchzusetzen, die schließlich allen Beteiligten hätten zugute kommen sollen.

Aus einer Metaposition betrachtet war es schon geradezu absurd, tagtäglich zu beobachten, dass es offenbar Leute an dieser Schule gab, die sich dort „bequem eingerichtet hatten", anstatt sich konsequent und ernsthaft um die Belange der ihnen anvertrauten Kinder zu kümmern. Immer wieder beobachtete Herr LC, wie nicht selten manche Kinder „zwischen den Fronten" geradezu aufgerieben wurden. Auf der einen Seite eine häufig missmutig und von einer aggressiven Grundstimmung geprägte Frau Vulkani, die schon bei kleinsten Anlässen rot anlief, persönlich diffamierende Äußerungen ausstieß, gemischt mit einem nicht selten brüllenden Tonfall. Auf der anderen Seite Frau Ignoranzi, die sich in der Außendarstellung um einen „Friede-Freude-Eierkuchen-Stil" bemühte, die aber – wie nicht nur Herr LC aus sicherer Quelle wusste – Frau Vulkani gegenüber alles andere als freundlich gegenüber eingestimmt war. Kurz: Ein perfides Theater, das sich in schöner Regelmäßigkeit beobachten ließ.

Als Herr LC zunehmend frustriert zur Kenntnis nehmen musste, dass er seitens der Schulleitung keinerlei konstruktive Hilfe mehr erwarten durfte, unternahm Herr LC einen letzten Versuch, *im* Interesse der Kinder, „auf dem kleinen Dienstweg" eine Lösung herbeizuführen.

Im Laufe der Zeit häuften sich die Fälle, bei denen mehrere Lehrerinnen zu Herrn LC kamen, um mit ihm in gemeinsamer Absprache eine Optimierung der oftmals unerfreulichen Hausaufgabensituation anzustreben. Eine zunächst erfreuliche Tendenz, die sich aber leider auch wieder schnell verflüchtigte, aus Gründen, die sich aber kaum jemand offen anzusprechen traute. Konkret: Die sowohl fachlichen wie auch sozialen Defizite mancher Kinder (vorsichtig geschätzt mindestens 25 Prozent), waren derart gravierend, dass schon aus organisatorischen Gründen völlig klar sein musste, dass es faktisch unmöglich sein musste, Kinder mit einem anteiligen Zeitanteil von täglich etwa nur vier Minuten, dahingehend zu unterstützen, dass sie ihre Hausaufgaben hätten auch nur ansatzweise den Anforderungen entsprechend anfertigen können. Eine nicht unerhebliche Anzahl von Kindern hatte erkennbar fachliche Defizite in einer Größenordnung, die keinesfalls – noch dazu bei diesen vergleichsweise extrem knapp bemessenen Zeitanteilen – im Rahmen einer Hausaufgabenbetreuung hätten auch nur halbwegs sinnvoll begleitet werden können. Unzählige Male wies Herr LC auf dieses zentrale Problem hin, doch leider ließen sich auch nach mehreren Monaten der unüberhörbar ausgesprochenen „Notrufe" keinerlei konstruktive Reaktionen seitens der Schulleitung beobachten. Zunehmend drängte sich der Verdacht auf, dass es womöglich sogar gewollt sein könnte, dieses unübersehbare Chaos sich selbst zu überlassen, anstatt zeitnah und konsequent Maßnahmen zur Verbesserung einzuleiten.

Ebenfalls unübersehbar war, dass es offenbar Kolleginnen gab, die es nicht ertragen konnten, dass Kinder, die von ihnen selbst unterrichtet wurden, und die dort durch teils sehr schlechte Leistungen aufgefallen waren, sich im Rahmen des von Herrn LC angebotenen Privatunterrichts innerhalb kurzer Zeit deutlich verbessert hatten. Es gehörte nicht besonders viel Fantasie dazu, zu dem Schluss zu kommen, dass hier u. a. auch eine erhebliche Portion Neid im Spiel war. Es konnte und durfte wohl nicht so sein, dass ein externer Dienstleister nachweislich bessere Ergebnisse erzielte, als es so einige der „offiziellen" Lehrkräfte taten. Dass dies keineswegs eine selbstgerechte Einschätzung seitens Herrn LC war, zeigte sich u. a. nicht zuletzt darin, dass zunehmend auch Eltern der Kinder bei Herrn LC Rat einholten, die ebenfalls wiederholt die teils schlimmen Zustände an dieser Schule beklagten, und die sich ebenfalls sehr oft mit ihren Sorgen und Nöten allein gelassen fühlten.

Die Kontakte zum Lehrerkollegium waren höchst ambivalent. Einerseits gab es sehr freundliche, und zu einer konstruktiven Abstimmung hilfsbereite Lehrerinnen, die – „hinter hervor gehaltener Hand" – Herrn LC gegenüber bestätigten: „Ja, Herr LC, Sie haben völlig recht mit Ihren Aussagen, dass hier viele entscheidende Dinge im argen lieben, aber ich, als festangestellte Lehrkraft muss aus formalen Gründen sehr vorsichtig sein, was ich hier sage....". Anderseits gab es Lehrerinnen, die sich dazu aufgerufen fühlten, Herrn LC – noch dazu ernsthaft – die fachliche Kompetenz dahingehend abzusprechen, er sei gar nicht in der Lage, beurteilen zu können, wie sich ein weiterer schulischer Verlauf bei dem einen oder anderen Kind entwickeln würde. Aus der Sicht von Herrn LC war eine solche – zudem sogar schriftliche vorgetragene Aussage – nur als absurd, um nicht zu sagen, als lächerlich zu bezeichnen. Warum das? Nun, es dürfte im gesamten Lehrerkollegium wohl kaum jemand gegeben haben, der über eine derart breite wie in Teilen auch tiefe Kompetenz in Sachen „Lernen" verfügte, wie Herr LC. Auch dies war keineswegs ursächlich eine persönliche Einschätzung seitens Herrn LC, sondern dies wurde Herrn LC gegenüber immer wieder von unterschiedlichsten Leuten (Kindern, Eltern, SeminarteilnehmerInnen, Auszubildenden usw.) bestätigt. Von daher konnte Herr LC eine derart absurde Aussage seitens einer Lehrerin nur als das einstufen, was es faktisch wohl auch war: Ein ebenso lächerlicher, wie in der Sache abwegiger Versuch, Herrn LC zu diskreditieren, der vor allem auch von sehr vielen Kindern immer wieder Sätze zu hören bekam, wie z. B.: „Herr LC, du kannst mir das wenigstens ruhig und ordentlich erklären. Bei dir verstehe ich endlich mal wie das geht...", oder, „Meine Lehrerin erklärt uns das gar nicht so genau wie du....", oder, „Herr LC, ich möchte nur noch bei dir lernen....". Sätze dieser Art, wie sie regelmäßig zu vernehmen waren, zeigten überdeutlich, dass Herr LC eben nicht – wie so manch' „böse Zunge" immer wieder penetrant suggerieren wollte – *gegen* die Kinder, sondern ganz im Gegenteil, *für* die Kinder arbeitete. Ebenfalls war klar, dass in der weitaus überwiegenden Mehrzahl die Kinder eben nicht – wie von einigen noch immer in ihren „Waldorf-Träumen" schwelgenden Lehrkräften immer wieder behauptet wurde, solche Lehrkräfte favorisieren, die einen Laisser-faire-Stil praktizieren, sondern vielmehr solche LehrerInnen, die eine konstruktive Mischung aus a) klaren und verbindlichen Strukturen, und b) Empathie, pflegen.

Nach einer fraglos mit überdurchschnittlich viel Engagement durchlebten Zeit an dieser Schule, deren Leitung offenbar weder willens, noch dazu in der Lage gewesen wäre, unübersehbare Missstände konstruktiv zu lösen, an einer Schule, bei der Begriffe wie z. B. „Respekt, Zuverlässigkeit, Empathie" allenfalls Lippenbekenntnisse darstellten, an einer Schule, bei der nahezu jeder konstruktive Verbesserungsversuch bereits im Keim erstickt wurde, einer Schule, bei der manche Leute einen überaus bedenklichen Kommunikationsstil pflegten, einer Schule, die über weite Strecken ihren selbst gesteckten Ansprüchen nicht gerecht wurde, einer Schule, die an „entscheidenden" Stellen oftmals von Neid und Missgunst geprägt war, entschloss sich Herr LC schlussendlich dazu, inakzeptable Zustände – wie sie in dieser oder ähnlicher Form auch andernorts zu beobachten waren – nicht mehr länger kommentarlos zu akzeptieren. *Im* Interesse all' der Kinder, die eine Schule noch als einen Ort erleben möchten, an dem sie eine faire Chance zum Lernen und Entwickeln ihrer Persönlichkeit bekommen, *im* Interesse all' der Eltern, die bisher aus Angst vor möglichen Repressalien gegen eigene Kinder vornehm verschwiegen haben, dass auch sie mit den vielfach untragbaren Zuständen an vielen unserer Schulen höchst unzufrieden sind sowie, last but not least, auch *im* Interesse der LehrerInnen, die sich bisher aus primär formalen Gründen nicht getraut haben, diese oder ähnliche Defizite, wie sie hier beschrieben worden sind, klar und offen zu thematisieren, entschloss sich Herr LC einen „Multiplikator" einzusetzen, der es ermöglichen sollte, deutlich mehr verantwortungsbewusste Leute dahingehend zu mobilisieren, die in weiten Teilen ebenso inakzeptablen, wie vor allem auch schädlichen Defizite im Schulalltag, laut und deutlich anzuprangern. Schließlich war und ist es kein Naturgesetz, dass der Schulalltag oftmals in der hier beschriebenen Art und Weise ablaufen muss; vielmehr wird es höchste Zeit, dass sowohl manche Eltern, wie auch manche LehrerInnen endlich wieder zu einer Erziehungsmethode finden, die den Kindern echte und verifizierbare Erfolgsaussichten eröffnen, die nicht nur in Hochglanzprospekten, schulinternen Flyern sowie nicht selten inhaltslosen Sonntagsreden, auftauchen.

Damit endet dieses kleine „Märchen".

04. Elementarbausteine des Lernens

In diesem Kapitel sollen wesentliche Elementarbausteine untersucht werden, die für sachgerechte und konstruktive Lernprozesse unabdingbar sind. Weiterhin soll geprüft werden, inwieweit solche Elementarbausteine im heutigen Schulalltag beachtet werden, wo es Defizite in der Erziehung von Kindern gibt, und wie offensichtliche Missstände mit vergleichsweise einfachen aber effektiven Methoden beseitigt werden können.

Folgende Elementarbausteine sollen hier untersucht werden:

- Ernährungsvoraussetzungen
- Räumlichkeiten
- Familiäre Rahmenbedingungen
- Anregendes Umfeld
- Konzentrationsfähigkeit, Ausdauer, Geduld
- Fachliche Kompetenz
- Arbeitsmaterial
- Freundeskreis
- Lerntechniken
- Zuverlässigkeit
- Empathische Begleitung
- Respekt
- Sport
- Klare Zeitstrukturen

Im einzelnen:

- *Ernährungsvoraussetzungen*

Schaut man sich die Ernährung vieler Kinder an, fällt auf, dass sich ein nicht unerheblicher Teil sehr ungesund ernährt. Einerseits zu wenig Obst und Gemüse, anderseits zu viel Süßigkeiten. Schon in frühster Kindheit werden zuweilen Ernährungsmuster gelernt, die sich im weiteren Lebensverlauf mitunter als ungünstig, in Teilen auch als verhängnisvoll, herausstellen. Eine erschreckend große Zahl von Kindern leidet schon in jungen Jahren unter Fettsucht, die sich dann – wie viele Statistiken belegen – auch im Erwachsenenalter fortsetzt. Einmal abgesehen davon, dass übermäßig dicke Kinder u. a. oftmals unter allerlei Beschimpfungen und Anfeindungen anderer Kinder zu leiden haben, die sie als „Fettsack" o. ä. bezeichnen, und somit nicht selten geradezu zwangsläufig auch psychische Folgeschäden davon tragen, gehört es in unserer Zeit zu den Binsenweisheiten, dass starkes Übergewicht vielfältige Folgeschäden hat, die zunächst einmal unmittelbar die übergewichtigen Kinder betreffen, insgesamt betrachtet aber auch für unsere Gesellschaft überaus schädlich sind.

Hier sind zunächst einmal die Eltern aufgefordert dafür zu sorgen, dass ihre eigenen Kinder gesund ernährt werden. Eltern, die beispielsweise ihren Kinder lieber „5 Euro in die Hand drücken" mit den Worten: „Kauf' dir was...", vernachlässigen ihre Fürsorgepflicht insofern, als dass ihnen klar sein sollte, dass der weitaus überwiegende Teil der Kinder – aus verständlichen Gründen – Kaufentscheidungen kaum nach ernährungsphysiologisch günstigen Erkenntnissen tätigen wird, sondern vielmehr vor dem Hintergrund kindlicher Bedürfnisse, die aus naheliegenden Gründen im Regelfall deutlich anders gelagert sind, als dies objektiv sinnvoll wäre. Von daher ist es wichtig, Kinder schon frühzeitig zu einem gesunden und sinnvollen Ernährungsverhalten zu erziehen. Kinder, die erst einmal unter starkem Übergewicht leiden, haben – das zeigen viele Studien – in der Mehrzahl große Probleme, das eigene Gewicht wieder in einen der Gesundheit zuträglichen Bereich zurück zu führen.

Eltern, die diese ebenso weithin bekannte, wie in der Sache erwiesene Tatsache ignorieren, handeln sehr verantwortungslos. Nun hilft es sicher wenig, derart handelnde Eltern zu beschimpfen, denn bei näherer Betrachtung zeigt sich oft schnell, dass hier in vielen Fällen lediglich schlechte Verhaltensmuster von Generation zu Generation weiter gegeben werden, die leider nur allzu selten hinterfragt werden. Sieht man einmal von ausschließlich medizinisch indizierter Fettsucht ab, zeigt sich in vielen Fällen, dass Menschen durch ein übermäßiges Essverhalten Probleme anderer Art (Minderwertigkeitsgefühle, psychische Probleme, Partnerschaftsprobleme usw.) zu kompensieren versuchen. Von daher sind Ursachen für starkes Übergewicht also nicht selten darin zu suchen, dass solche Menschen offenbar keine sachgerechte Hilfe derart erfahren haben, bei der sie hätten lernen können, dass starkes Übergewicht eben keinesfalls Probleme in anderen Lebensbereichen zu lösen vermag, sondern eher die Tendenz hat, diese noch weiter zu vergrößern. Eine konstruktive Hilfe für solche Eltern könnte also z. B. darin bestehen, ihnen u. a. auch seitens der Schulen Möglichkeiten aufzuzeigen, wie dieser perspektivisch ungünstige Teufelskreis effektiv durchbrochen werden könnte. Verbote allein, wie sie zuweilen ausgesprochen werden: „Lass' das jetzt, iss nicht so viel Süßigkeiten...“

helfen erfahrungsgemäß wenig, da für Kinder die hier beschriebenen Zusammenhänge kaum einsichtig sein dürften.

Eine weitere Möglichkeit Eltern übergewichtiger Kinder zu helfen, die vielfach selbst unter Übergewicht leiden, könnte darin bestehen, ihnen psychologische Hilfe anzubieten, deren Ziel es sein sollte, herauszufinden, was im Einzelfall die Ursachen für das beobachtete fehlgeleitete Essverhalten, sind. Wer nun möglicherweise vorschnell darauf hinweist, dass eine Psychologische Beratung eher recht kostspielig sei, sollte bitte nicht vergessen, dass es z. B. im Rahmen des Konzeptes der Offenen Ganztagsschulen sehr wohl möglich wäre, auch temporär begrenzte „Psychologische Beratungssprechstunden" für interessierte Eltern anzubieten. Die Finanzierung der dort zum Einsatz kommenden Psychologischen BeraterInnen könnte ebenso unbürokratisch abgewickelt werden, wie dies bei anderen, externen Anbietern schon seit längerer Zeit gängige Praxis ist.

Spätestens dann, wenn man einmal ernsthaft darüber nachdenkt, welche Folgeschäden bzw. Folgekosten durch eine frühzeitig beginnende Erziehung zu einer gesunden Ernährung verhindert werden könnten, müsste klar sein, dass es im Interesse aller Beteiligten Sinn machte, Psychologische BeraterInnen in das schulische Umfeld zu integrieren.

Getreu dem Motto: „Wehret den Anfängen", ist es sicher klüger, nicht oftmals erst dann tätig zu werden, wenn die Folgen eines mitunter komplexen Fehlverhaltens schon übermächtig geworden sind, sondern schon zu einem Zeitpunkt, wo korrektive

Maßnahmen noch eine begründete Hoffnung auf Erfolg haben können.

- *Räumlichkeiten*

Zu den Elementarbausteinen sachgerechter und hilfreicher Lernprozesse gehören Räumlichkeiten, die sich förderlich auf kindliches Lernverhalten auswirken können.

Nach Möglichkeit sollten Kinder in hellen, freundlich eingerichteten, gut gelüfteten Räumlichkeiten arbeiten können. Der Arbeitsraum bzw. der Arbeitsplatz sollte so gestaltet sein, dass keine vermeidbaren Störfaktoren sich ungünstig auf kindliche Lernprozesse auswirken können. Klingelnde Telefone oder Handys, im Raum spielende Geschwister, im Hintergrund laufende Fernseher o. ä. sollten aus dem Einzugsbereich eines kindlichen Arbeitsplatzes entfernt werden, da somit nur die bei vielen Kindern aus natürlichen Gründen vorhandene Bereitschaft zur Ablenkung ungünstig verstärkt werden kann.

Der Arbeitsplatz, an dem Kinder ihre Hausaufgaben anfertigen, sollte zumindest elementare, ergonomische Anforderungen erfüllen, die sich z. B. in einer kindgerechten Tisch- und Stuhlhöhe sowie einer angemessenen Ausleuchtung, zeigen. Weiterhin sollte darauf geachtet werden, dass Kinder nicht an einem überladenen Arbeitsplatz sitzen, der sie durch allerlei, nicht den Lernprozessen dienlichen Gegenständen, von einer konstruktiven Anfertigung ihrer Hausaufgaben unnötig ablenkt.

Ein weiterer Aspekt, der sowohl häusliche Arbeitsplätze, wie auch schulische Arbeitsplätze betrifft, ist eine oftmals zu beklagende Unordnung und Unsauberkeit. Ein Tisch beispielsweise, auf dem sich Hefte, Bücher, Federmäppchen und sonstiges Material in einer zuweilen chaotischen Art und Weise stapeln, schafft eine wenig hilfreiche Arbeitsatmosphäre, in der sich Kinder wohlfühlen, und in der sie gute Voraussetzungen für koordinierte und hilfreiche Lernprozesse vorfinden. In Anlehnung an die Erkenntnis: „Weniger ist oftmals mehr", sollten Eltern und LehrerInnen drauf achten, dass Kinder schon frühzeitig dazu angeleitet werden, nur solche Arbeitsmaterialien auf dem Tisch anzuordnen, die zur Lösung der jeweils gestellten Aufgabe auch benötigt werden. Jeder überflüssige Ballast, wie er sich oftmals in kindlichen Arbeitsumfeldern finden lässt, wie z. B. Handys, Spielkarten, Gameboys o. ä., stören empfindlich und nachhaltig zielgerichtete und konstruktive Lernprozesse, und sollten von daher aus dem unmittelbaren Arbeitsumfeld konsequent entfernt werden.

Dass in Zeiten knapper Finanzmittel nicht jede Schule Unterrichtsräume nach neuesten, ergonomischen Gesichtspunkten einzurichten vermag, erscheint in Teilen noch nachvollziehbar. Nicht nötig, und somit auch nicht akzeptabel ist aber, dass es nicht zuletzt oftmals auch schulinterne Versäumnisse sind, die entscheidend dazu beitragen, dass so mancher Klassenraum mehr einer Müllhalde, denn einer Räumlichkeit gleicht, die Kindern eine brauchbare und hilfreiche Arbeitsumgebung bietet.

Warum beispielsweise achten manche LehrerInnen nicht konsequent darauf, dass Kinder ihre Arbeitsplätze nach Unterrichtsschluss in einem aufgeräumten Zustand verlassen? Wahllos umher stehende Stühle, zerknüllte

Papiere auf Tischen und dem Fußboden, verkleckerte Sitzflächen, achtlos liegen gelassenes Arbeitsmaterial usw. All' das sind ebenso überflüssige wie letztlich schädliche Schlampereien, die sehr wohl mit einfachen Mitteln zu beseitigen wären; vorausgesetzt, alle LehrerInnen achteten konsequent darauf, dass die Kinder solch' elementare Verhaltensregeln rechtzeitig kennen lernen. Stattdessen ist vielmehr oft zu beobachten, dass manche LehrerInnen solch' offensichtliche Schlampereien ignorieren, und somit völlig falsche Signale an die Kinder aussenden. Kinder, die seitens ihrer LehrerInnen nicht konsequent und nachhaltig dazu angeleitet werden, Ordnung im eigenen Arbeitsumfeld zu schaffen, sehen – aus verständlichen Gründen – keinerlei Anlass dazu, dies dann auch in Eigenregie zu tun. Warum auch, wo doch viele LehrerInnen solche Schlampereien gar nicht mehr beanstanden? Verantwortungsbewusste und pädagogisch qualifizierte LehrerInnen sollten den Kindern vielmehr freundlich und kindgerecht erklären, dass ein „Ordnung halten" keineswegs einen Selbstzweck, sondern vielmehr eine effektive Möglichkeit zur Verbesserung des eigenen Lernumfeldes darstellt. Zugegeben, auf den ersten Blick mag es bequemer erscheinen, über solche täglich zu beobachtenden Erscheinungen im Schulalltag hinwegzusehen. Bei näherer Betrachtung sollte aber schnell klar werden, dass sich ein permanentes Ignorieren solcher Elementardefizite zunächst gegen die zu unterrichtenden Kinder, dann gegen Eltern und LehrerInnen sowie schlussendlich gegen unsere gesamte Gesellschaft richtet. Schlampereien, die sich erst einmal in den Denk- und Handlungsabläufen verfestigt haben, können im weiteren Verlauf oftmals nur schwer, oder in Teilen auch gar nicht mehr korrigiert werden. Von daher kann auch hier der Rat nur lauten: Liebe Eltern, liebe LehrerInnen, bitte achtet darauf, dass allein schon durch eine konsequente Durchsetzung elementarer Verhaltensweisen teils deutliche Verbesserungen im Lernumfeld der Kinder erzielt werden können. Auch dies hier ist ein weiteres Beispiel dafür, dass nicht alle u. a. auch durch die PISA-Studie dokumentierten Defizite ursächlich in teils knappen Finanzmitteln zu suchen sind, sondern oftmals schlichtweg auch darin, dass es Eltern und LehrerInnen gibt, die – oftmals wider besseres Wissen – Kinder nicht in dem Maße zur Ordnung anhalten, wie dies einerseits nötig, und anderseits auch hilfreich wäre. Mag man dies manchen Eltern noch nachsehen, so sollten studierte Pädagoginnen und Pädagogen aber sehr wohl um solche Zusammenhänge wissen, und dementsprechend auch im Schulalltag agieren.

- *Familiäre Rahmenbedingungen*

In einer Zeit, die in Teilen durch sich auflösende Familienstrukturen gekennzeichnet ist, einer Zeit, in der viele Kinder mit alleinerziehenden Eltern aufwachsen, einer Zeit, in der leider manche Kinder Gewalt im häuslichen Umfeld erleben, einer Zeit, in der so manche Lehrkraft nur noch Dienst nach Vorschrift absolviert, einer Zeit, der es oftmals an begleitender Empathie für viele Kinder fehlt, ist es für viele Kinder aus verständlichen Gründen sehr viel schwieriger geworden, sich in nicht selten zerrütteten Verhältnissen kindgerecht zu entwickeln.

Zugegeben, selbstverständlich gibt es bei allen hier beschriebenen Lebensmodellen solche, die den Kindern eine liebevolle und konstruktive Entwicklungsumgebung bieten. Anderseits ist aber auch nicht zu leugnen, dass insbesondere Kinder alleinerziehender Eltern überdurchschnittlich häufig Probleme vielfältigster Art im Schulalltag haben, die nicht selten ursächlich darauf zurückzuführen sind, dass eben alleinerziehende Eltern – aus durchaus nachvollziehbaren Gründen – vielfach mit einer guten und sinnvollen Kindererziehung schlichtweg überfordert sind. Defizite, die sich bei manchen Kindern u. a. im Schulalltag immer wieder zeigen, wie z. B. mangelnde soziale Kompetenz, sind nicht selten ursächlich darin begründet, dass Kinder alleinerziehender Eltern häufiger sich selbst überlassen werden, und von daher weniger Möglichkeiten zur Ausgestaltung notwendiger sozialer Kompetenzen bekommen, als dies bei solchen Kindern – zumindest im statistischen Mittel – beobachtet werden kann, die aus Familienverhältnissen stammen, bei denen sowohl Mutter als auch Vater präsent sind.

Nicht nur in diesem Zusammenhang zeigt sich klar und deutlich, dass viele der Erziehungsdefizite, mit deren unangenehmen Folgen sich dann u. a. auch LehrerInnen tagtäglich beschäftigen „dürfen", oftmals ursächlich darauf zurückzuführen sind, dass eine sachgerechte und zudem notwendige Erziehungsarbeit vielfach im häuslich Umfeld entweder gar nicht mehr, oder nur äußerst rudimentär geleistet wird. Kinder, die dann im schulischen Umfeld durch mangelhafte Disziplin, durch Ungehorsam usw. negativ auffallen, sind im Regelfall Opfer ihrer Eltern, die es versäumt haben, rechtzeitig und nachhaltig dafür zu sorgen, dass ihre Kinder in einer Art und Weise erzogen werden, die überhaupt erst einmal wichtige Voraussetzungen zum Besuch einer Regelschule ermöglichen. Von daher ist auch die Idee eines „Elternführerschein", wie sie schon oftmals in der Diskussion gewesen ist, keineswegs abwegig, sondern vielmehr eine Idee, die bei konsequenter Umsetzung viel unnötiges Folgeleid ersparen könnte. Ideen und Konzepte in dieser Richtung gibt es in jedem Fall. Was – wie leider auch an anderen Stellen zu beobachten – oftmals fehlt, ist der Wille derartige Konzepte konsequent und verpflichtend umzusetzen. Wenn man einmal bedenkt, dass die Folgen einer schlechten bzw. nicht vorhandenen Erziehung sowohl für die betreffenden Kinder, wie auch für eine Gesellschaft als Ganzes, oftmals dramatisch sind, sollte klar sein, dass z. B. auch die Idee zur Einführung eines „Elternführerschein" eben keine Kann-Bestimmung, sondern vielmehr eine Muss-Regelung sein sollte.

Auch an dieser Stelle ist der Hinweis wichtig, dass es dabei keineswegs darum geht, Eltern, die bis dahin erkennbare Probleme mit der Kindererziehung haben, zu stigmatisieren. Vielmehr entscheidend ist, dass solchen Eltern ausdrücklich Hilfe beim Entwickeln und Durchführen erprobter Erziehungskonzepte an die Hand zu geben, so dass schlussendlich alle Beteiligten davon profitieren könnten.

Wie so oft im Leben, gilt auch hier: „Der Ton macht die Musik". Will heißen: Oftmals werden erkennbar schlimme Zustände nur deshalb nicht gelöst, weil sich manche Zeitgenossen lieber damit befassen, gegenseitig mit „Dreck" zu bewerfen, gegenseitige Beschimpfungen und Verunglimpfungen auszustoßen, anstatt mehr konstruktive Energie darauf zu verwenden, Menschen, die erkennbar Hilfe und Anleitung benötigen, diese auch zuteil werden zu lassen. Von daher sind Formulierungen, wie sie teils zu hören und zu lesen sind, wie z. B: „Hass gegen Eltern", oder, „Hass gegen LehrerInnen", allenfalls dazu geeignet, primitivste Bedürfnisse nach Rache und Genugtuung zu befriedigen, ganz sicher aber nicht dazu, konstruktive Lösungsansätze zu entwickeln.

Anderseits sollte und muss es aber möglich sein, Missstände, die als solche klar erkennbar sind, auch als solche zu bezeichnen, und nicht etwa – wie auch im Schulalltag oft zu beobachten – dass diese ignoriert oder schön geredet werden. Hilfe lässt sich Eltern, die mit der Kindererziehung überfordert sind, eben nicht dadurch gewähren, in dem man offensichtliche Erziehungsdefizite verschweigt, sondern vielmehr dadurch, indem man den Betroffenen Mittel und Wege aufzeigt, wie sie selbst entscheidend zur Verbesserung einer mitunter schwierigen Situation beitragen können.

- *Anregendes Umfeld*

Nicht zuletzt aus der Hirnforschung ist bekannt, wie enorm wichtig ein anregendes Umfeld für kindliche Lernprozesse ist. Kinder, die in einem Umfeld groß werden, bei dem vorwiegend das Fernsehen oder Spielkonsolen den Tagesablauf diktieren, sind wenig dazu angetan, anzuregen, sinnvolle und perspektivisch nützliche Lernprozesse zu aktivieren. Kinder, die in einer Umgebung groß werden, in der keine Bücher gelesen werden, haben im weiteren schulischen Verlauf nicht selten empfindliche Probleme, bedingt dadurch, dass sowohl die Lesefähigkeiten, wie auch ein altersgemäßes Textverständnis nicht entsprechend trainiert werden. Kinder, die in einer Umgebung aufwachsen, in der primär Zeitungen mit großen Bildern und „vier" Buchstaben, das Weltbild formen, sind wenig dazu angetan, sie auf eine komplexe Welt vorzubereiten, die sich meist nicht in enge Schablonen pressen lässt. Kinder, die in Familien heranwachsen, deren Wortschatz sich in einem dreistelligen Bereich bewegt, haben wenig Chancen, die Reichhaltigkeit von Sprache zu erfahren bzw. zu trainieren. Kinder, die in ihrem häuslichen Umfeld erleben, dass alltägliche Probleme primär durch ein sich gegenseitiges Anschreien ausgetragen werden, übernehmen solche ebenso unsinnigen wie schädlichen Verhaltensmuster meist in ihren Schulalltag. Kinder, deren Eltern sich nicht auch hin und wieder Zeit für gemeinsame Spiele nehmen, werden um die Erfahrung gebracht, wie schön es sein kann im gemeinsamen Spiel Fähigkeiten zu trainieren, die dann u. a. auch im Schulalltag gebraucht werden. Kinder, die nicht wissen, was eine Bibliothek ist, geschweige denn je gelernt haben, wie überaus hilfreich dieses Angebot im Rahmen schulischer Lernprozesse sein kann, sind benachteiligt gegenüber Kinder aus Elternhäusern, in denen schon frühzeitig vorgelebt wird, dass die Inanspruchnahme einer Bibliothek sehr hilfreich sein kann. Kinder, die ohne jegliche Kontrolle seitens ihrer Eltern mitunter täglich stundenlang vor dem PC sitzen, um dort dann nicht selten hirnlose Computerspiele zu spielen, verplempern unverhältnismäßig viel Zeit, die oftmals andernorts dringend gebraucht würde. Statistisch auffällig ist in diesem Zusammenhang, dass vor allem solche Kinder übermäßig häufig hirnlose Computerspiele nutzen, die es sich aufgrund schwacher, schulischer Leistungen, am wenigsten leisten können. Auffällig ist weiterhin, dass vor allem Kinder aus Familien der – wie es neudeutsch heißt – „bildungsfernen" Schichten übermäßig häufig dieses Verhaltensmuster zeigen. Zu einem konstruktiv anregenden Erziehungsverhalten sollte vielmehr gehören, Kinder gezielt und altersgemäß an die Nutzung intelligent und pädagogisch wertvoll gestalteter Computerprogramme heran zu führen. Neben einer Vielzahl minderwertiger und nicht selten perspektivisch sehr schädlicher „Spiele", bei denen Kinder schon frühzeitig mit virtuellen Welten konfrontiert werden, in denen oftmals zweifelhafte „Werte" vermittelt werden, gibt es sehr wohl auch qualitativ hochwertige Programme, die kindgerecht unterschiedlichste Fähigkeiten trainieren können helfen. Oftmals ist es sogar so, dass sich derartige Programme (Software) kostenlos über das Internet beziehen lassen, so dass auch an dieser Stelle erneut festzustellen ist, dass eine sinnvolle und hilfreiche Erziehungsarbeit nicht zwingend immer mit übermäßig hohen Kosten verbunden sein muss. Vielmehr fehlt es oftmals an dem Wissen und / oder an der Bereitschaft, vorhandene Angebote auch konkret und konsequent zu nutzen.

Verantwortungsbewusste Eltern sowie pädagogisch versierte LehrerInnen sollten also sehr viel genauer darauf achten, Kindern einen sachgerechten und somit hilfreichen Umgang mit Computerspielen nahe zu bringen. Oftmals ist es leider eher so, dass viele Eltern und / oder LehrerInnen gar keine konkrete Vorstellung davon haben, welche Art Spiele ihre Kinder zuweilen am PC nutzen. Nicht zuletzt durch die inzwischen weite Verbreitung des Internet, bei dem auch Kinder sich nicht selten höchst zweifelhafte Programme problemlos herunterladen können, wäre es enorm wichtig, dass Eltern und LehrerInnen genau wissen, ob die jeweiligen Programme auch für ihre Kinder geeignet sind, oder ob es sich nicht selten um Programme handelt, die eher destruktive Verhaltensweisen geradezu fördern.

Auch bei vielen Computerspielen zeigt sich ein Trend, der auch in anderen Bereichen unseres Alltags oftmals zu beobachten ist. Häufig kann man den Eindruck gewinnen, dass viele Computerspiele primär für solche Zielgruppen implementiert werden, von denen anzunehmen ist, dass sie ohnehin kaum eine realistische

Chance auf eine Teilnahme an einem gesellschaftlich reichen und ausgefüllten Lebensstil haben werden. Durch eine sich geradezu inflationär ausbreitende Zahl von Computerspielen wird – offenbar sehr gezielt?! – dafür gesorgt, dass Menschen sich in virtuelle Welten flüchten können, um dort dann etwas ausleben zu können, was sich ihnen im „realen" Leben so niemals erschließen kann.

Im Interesse solcher Menschen wäre es sehr viel ehrlicher, hülfe man ihnen, zunächst einmal zu begreifen, dass solche Scheinwelten sie immer weiter in einer Situation gefangen halten, aus der sie doch eigentlich fliehen möchten, weiterhin, dass durch einen oftmals unkontrollierten Einsatz solcher Computerspiele unverhältnismäßig viel wertvolle Zeit vergeudet wird, die sich anderweitig erheblich sinnvoller einsetzen ließe. Schaut man sich dagegen an, mit welcher Vehemenz viele Hersteller und Medien derartige Scheinwelten produzierende Programme auf den Markt bringen, drängt sich der Eindruck auf, dass ein solcher Trend gar gewollt sein könnte...?!

Schaut man in so manches Schulgebäude, wird schnell klar, dass manche Kinder in einem wenig anregenden Umfeld lernen sollen. Angefangen bei verdreckten Fußböden, über wahllose Schmierereien an den Wänden, zerstörtes Mobiliar, überquellende Papierkörbe, zerstörte Fensterscheiben, Spinnweben in den Zimmerecken, eingetretene Türen, zerrissene Gardinen, verschmierte Tische, mutwillig zerstörte Schränke, defekte Kopierer, die mitunter wochenlang nicht repariert werden, verrauchte Gänge, bedingt dadurch, dass „führende" Lehrkräfte durch eigene Süchte ein schlechtes Vorbild abgeben, Kinder und LehrerInnen, die mitunter wortlos aneinander vorbei laufen, Geräuschpegel, die nicht selten mehr einer lauten Bahnhofshalle denn einem Ort gleichen, an dem Kinder sachgerecht lernen können. Kurz: Alles Beobachtungen, wie sie sich tagtäglich an vielen unserer Schulen wiederholen. Alles Aspekte, die konstruktive Lernprozesse mitunter empfindlich ungünstig beeinträchtigen. Ein nicht unwesentlicher Teil der genannten und nicht genannten Defizite ließe sich auch hier mit vergleichsweise einfachen und zudem kostenlosen Mitteln entscheidend verbessern; vorausgesetzt, es gäbe mehr Eltern und LehrerInnen, denen solche elementaren Zusammenhänge klarer wären, und es gäbe mehr Eltern und LehrerInnen, die deutlich konsequenter darauf achteten, dass es gar nicht erst zu bedauernswerten Missständen kommt, die primär nur darauf zurück zu führen sind, dass manche Kinder (und Erwachsene) keinerlei Sinn mehr für Anstand und Respekt anderen Menschen und Dingen gegenüber zu haben scheinen. Oder, *muss* es so sein, dass Tische und Wände mutwillig beschmiert werden? *Muss* es so sein, dass so manche Tür oder so mancher Schrank durch aggressive Fußtritte traktiert wird? *Muss* es so sein, dass manche Klassenräume einer Müllhalde gleichen, verursacht nur dadurch, dass man die Kinder nicht dazu angeleitet hat, den eigenen Platz in einem aufgeräumten Zustand zu verlassen? *Muss* es so sein, dass viele Materialien erkennbar mutwillig zerstört werden? Nein, keineswegs muss es zu solchen Auswüchsen wahlloser und zügelloser Aggressivität kommen. Entscheidend ist, dass sich vor allem solche Eltern und LehrerInnen wieder deutlicher zu Wort melden, denen derartige „Auswüchse" ebenfalls zuwider sind, und die *im* Interesse der auszubildenden Kinder entschieden Wert darauf legen, dass sich so manche Lehrkraft nicht mehr nur Pädagogin bzw. Pädagoge nennt, sondern konsequenter darauf achtet, dass destruktive Tendenzen schon im Ansatz verhindert bzw. angemessen geahndet werden. Von daher muss klar festgestellt werden, dass es eben *nicht* die LehrerInnen sind, die im Interesse der Kinder arbeiten, die so allerlei „Sauereien" kommentarlos übersehen, *sondern* vielmehr solche LehrerInnen, die noch den Mut haben, unbequeme Wahrheiten hinsichtlich oftmals chaotischer Tendenzen klar zu benennen, und ebenso entschieden dann entsprechende Korrekturen durchsetzen.

- *Konzentrationsfähigkeit, Ausdauer, Geduld*

Zu den elementaren Fähigkeiten, die für konstruktive Lernprozesse unabdingbar sind, gehören u. a. Konzentrationsfähigkeit, Ausdauer und Geduld. Ein Blick in viele Klassenzimmer sowie die Zusammenarbeit mit manchen Kindern zeigt deutlich, dass diese so wichtigen Fähigkeiten entweder gar nicht, oder nur äußerst mangelhaft ausgeprägt sind.

Auch hier ist festzustellen, dass sich die „Schuld" für derart beklagenswerte Mangelerscheinungen ursächlich kaum jemals bei den so betroffenen Kindern, sondern vielmehr bei den Erwachsenen in deren Umfeld suchen lässt. Eltern, die ihren Kindern nicht erklärt haben, dass solche Elementarbausteine wie Konzentrationsfähigkeit, Ausdauer und Geduld äußerst wichtig für sinnvolle Lernprozesse sind, haben es versäumt, entscheidende Grundlagen für ein erfolgreiches Lernen der Kinder, zu begründen bzw. sachgerecht zu begleiten.

Konzentrationsfähigkeit, Ausdauer und Geduld sind keineswegs als Selbstzweck gedacht, die nur von zuweilen als unbequem und streng empfundenen Lehrkräften eingefordert werden, sondern sie sind vielmehr entscheidende Voraussetzungen dafür, dass Kinder sachgerecht und zielsicher lernen können.

Schaut man sich den Alltag vieler Kinder an, oder betrachtet man unsere im statistischen Mittel insgesamt hektisch werdendere Zeit, verwundert es nicht wirklich, dass auch Kinder schädliche Verhaltensmuster übernehmen, die ihnen meist von Erwachsenen vorgelebt werden. Wenn man beispielsweise bedenkt, dass so manches Kind oftmals täglich von Fernsehsendern berieselt wird, deren Bildfolgen und gesamte Programmstruktur von einer nicht selten schmerzhaften Hektik durchzogen sind, kann es nicht ernsthaft überraschen, dass Kinder, die derartigen Rahmenbedingungen ausgesetzt werden, mehr oder weniger auffällig werden. Auch dieser beklagenswerte Umstand, der perspektivisch vielfach dramatische Konsequenzen hat, die sich u. a. in nachlassenden Schulleistungen, sozialer Vereinsamung, geistiger Degeneration, schlechter Konzentrationsfähigkeit usw. zeigen, ist eben nicht naturgegeben, sondern er resultiert entscheidend daraus, dass es Eltern gibt, die keine sachgerechte und kindgerechte Kontrolle hinsichtlich des Fernsehverhaltens, ausüben.

Zugegeben, nach einem hektischen Arbeitstag mag es zuweilen einfacher und bequemer erscheinen, dem eigenen Kind zu sagen: „Komm,' lass mich jetzt mal in Ruhe. Schau' dir doch einfach etwas im Fernsehen an.....". Bestimmt wäre es absurd, wollte man Eltern, die derartige Aussagen tätigen, sofort eine böse Absicht unterstellen. Anderseits sollten verantwortungsbewusste Eltern aber sehr wohl bedenken, dass sich solche im Prinzip negativen Verhaltensmuster schnell und unmerklich verselbstständigen können. Kinder, die erst einmal gelernt haben, dass sie mangelnde

Aufmerksamkeit seitens der Eltern durch einen oftmals unkontrollierten Fernsehkonsum zu kompensieren können glauben, sind erfahrungsgemäß im weiteren Verlauf oftmals nur sehr schwer von solchen eher gegen sie gerichteten Verhaltensmustern zu entwöhnen.

Bei der Zusammenarbeit mit vielen Kindern, ganz gleich ob im schulischen Umfeld, oder im Rahmen eines Privatunterrichts, fällt immer wieder auf, dass oftmals auch die zur Erledigung mancher Aufgaben notwendige Ausdauer und Geduld kaum mehr angemessen ausgeprägt ist. Nicht selten ist es so, dass manche Kinder schon bei kleinsten Widerständen „das Handtuch werfen", wobei klar konstatiert werden muss, dass dies vielfach keineswegs daran liegt, dass die zu lösenden Aufgaben objektiv zu schwer wären, sondern einzig daran, dass manche Kinder offenbar nicht beigebracht bekommen haben, dass sie zur Erreichung individueller Lernziele, eine altersgemäße Anstrengungsbereitschaft zeigen sollten.

Selbstverständlich sind die Ursachen für ein derartiges Fehlverhalten recht vielfältig. Klar ist aber, dass nicht zuletzt manche Medien entscheidend mit zu der Unsitte mangelhafter Ausdauer oder mangelhafter Geduld, beitragen, indem z. B. oftmals suggeriert wird, man könne alles und jedes praktisch sofort, ohne auch nur die kleinste Anstrengung bekommen. Kinder, die derart konditioniert werden, müssen ihrerseits das Gefühl bekommen, dass auch die Schule einem Selbstbedienungsladen gleicht, der jedes auch noch so abwegige Bedürfnis jeweils unmittelbar und vollständig zu erfüllen habe. Es ist unübersehbar, dass somit heranwachsenden Kindern kontraproduktive und sehr schädliche Botschaften vermittelt werden, denn schnell zeigt sich, dass die in so mancher Fernsehsendung, in so mancher Werbung sowie in so mancher Zeitschrift gemachten Versprechungen nach einer unmittelbaren Bedürfnisbefriedigung, in den allermeisten Fällen nicht haltbar sind.

Eltern sowie LehrerInnen, die Lernprozesse heranwachsender Kinder pädagogisch wertvoll begleiten möchten, sollten und müssen Kinder möglichst früh dahingehend erziehen, ihnen Erfahrungen derart zu ermöglichen, dass zur Erreichung persönlicher Lernziele auch eine altersgemäße Konzentration, Ausdauer und Geduld, unabdingbare Voraussetzungen sind. Ergebnisse, die nur auf einem „goldenen Tablett" präsentiert werden, sind in mehrfacher Hinsicht abzulehnen. Zum einen deswegen, weil somit wichtige Entwicklungsmöglichkeiten für Kinder beseitigt werden. Zum anderen aber auch deswegen, weil den Kindern notwendige und hilfreiche Erfolgserlebnisse genommen werden. Vielfältige Beobachtungen im Umgang mit Kindern belegen zudem klar, dass es zwar aus kindlicher Sicht zunächst durchaus als angenehm empfunden wird, wenn zu lösende Aufgaben „fix und fertig dargeboten werden", aber ebenso oft ist zu beobachten, dass die meisten Kinder sehr schnell durchschauen, dass man ihnen durch solche „Schongänge" schlussendlich keinen echten Gefallen tut; im Gegenteil, man stiehlt ihnen ohne Not wichtige Erfahrungen, die für perspektivisch sinnvolle Lernprozesse überaus hilfreich sind.

Was ist zu tun? Hilfreich könnten beispielsweise Spiele sein, die Kinder spielerisch dazu erziehen, Konzentration, Ausdauer und Geduld zu üben. Spiele dagegen, wie sie oftmals auch im PC-Bereich zu finden sind, verleiten oftmals eher dazu, dass jedes Ziel möglichst unmittelbar erreichbar sein müsste.

Hilfreicher sind da Spiele, wie z. B. Schach, Memory, Superhirn, Dame oder Mühle, die allesamt wichtige Elementarfähigkeiten trainieren, wie sie Kinder für günstige Entwicklungsprozesse benötigen.

Wer schon einmal Kinder dabei hat beobachten können, wie sie oftmals über lange Zeiträume gedankenversunken über einem Schachbrett brüten, kann oftmals unmittelbar nachempfinden, welch' segensreiche Fähigkeiten sich u. a. bei diesem intelligenten Spiel trainieren lassen. Fähigkeiten, wie beispielsweise Konzentration, Ausdauer, Geduld, Fairness usw., alles Eigenschaften, die nicht zuletzt auch im Schulalltag benötigt werden, lassen sich auf diese Art und Weise sehr effektiv trainieren. Nicht zuletzt vor dem Hintergrund oftmals knapper Kassen spricht auch von daher vieles dafür, dass Kinder frühzeitig an das Schach heran geführt werden sollten. Ein komplettes Schachspiel inkl. Brett und Figuren kostet – je nach Ausstattung – meist erheblich weniger, als die sich in Teilen inflationsartig ausbreitenden Spielkonsolen, auf denen nicht selten hirnlose und höchst bedenkliche Spiele den Alltag vieler Kinder begleiten.

Wenn in unserer Zeit in vielen Medien gehäuft von der „Unterschicht" die Rede ist, sollte berücksichtigt werden, dass es dabei eben nicht primär – wie oftmals vorschnell geäußert – um Menschen geht, die vergleichsweise knappe Finanzmittel zur Verfügung haben, sondern primär darum, dass Menschen aus dieser Schicht in der Mehrzahl nicht über eine hinreichend ausreichende Bildung verfügen, die es ihnen ermöglichte, einen gesellschaftlichen Aufstieg zu schaffen. Schaut man in so manche Wohnung von Menschen, die aus soziologischen Gründen der

„Unterschicht" zuzuordnen sind, fällt häufig auf, dass sich dort nicht selten allerneueste Unterhaltungselektronik finden lässt; so z. B. auch hochwertig ausgestattete PC – auf denen überwiegend nur pädagogisch minderwertige Spiele zum Einsatz kommen, Spielkonsolen, die oftmals mit überaus destruktiven Spielen bestückt sind, Handys, schon für Grundschulkinder, MP3-Player, auf denen sich Musikstücke befinden, mit denen sich Kinder dann u. a. im Schulalltag zumüllen lassen usw.

Auf der anderen Seite vermisst man aber solche Dinge, die für förderliche Lernprozesse notwendig und sinnvoll wären. So ist in so manchem Haushalt der „Unterschicht" das Telefonbuch oftmals das einzige Buch, dem sich z. B. die Telefonnummer des Pizzabäckers entnehmen lässt, bei dem man sich dann eine Pizza bestellen kann, um diese dann parallel zu einer hirnlosen Beschäftigung mit PC und Spielkonsole, zu vertilgen.

Bücher, die kindliche Lernprozesse sachgerecht und sinnvoll begleiten könnten, sucht man dort oft vergebens. Solche Beobachtungen, wie sie sich sehr häufig in solchen Familien machen lassen, zeigen deutlich, dass es oftmals eben nicht die angeblich knappen Finanzmittel sind, die ursächlich für eine schlechte Erziehung und Bildung verantwortlich sind, sondern vielmehr eine Bildungsarmut, die nicht zuletzt durch einen inflationären Einsatz von Unterhaltungselektronik noch weiter verschärft wird.

Ein ebenso notwendiger wie konstruktiver Denkansatz könnte also darin bestehen, Menschen dafür zu sensibilisieren, dass sie ihre eigene – zugegeben zuweilen unerquickliche Situation – eben nicht durch einen zügellosen Einsatz von Unterhaltungselektronik lösen können, sondern entscheidend dadurch, dass sie die ihnen zur Verfügung stehenden Mittel verstärkt in Bildung investieren sollten. So lässt sich beispielsweise für den Preis einer Spielkonsole ein schönes Schachspiel und ein kindgerechtes Lexikon kaufen, was sich perspektivisch erheblich günstiger auf die Entwicklung auswirken dürfte, als eine oftmals tägliche Beschäftigung mit minderwertigen Spielen, die von Menschen „ausgeschüttet" werden, die nicht selten überaus gut von der Ignoranz und Hilflosigkeit solcher Menschen zu leben verstehen, denen bis dato niemand eindringlich vor Augen geführt zu haben scheint, in welche Sackgasse sie sich manövriert haben.

Kurz: Verantwortungsbewusste Eltern und LehrerInnen sollten Kinder frühzeitig zu der Erkenntnis führen, dass ein oftmals zu beobachtender, zügelloser Konsum von Unterhaltungselektronik der beschriebenen Art, eigene Entwicklungschancen empfindlich ungünstig beeinflussen kann. *Argumente*, wie sie zuweilen auch von so manchen Eltern zu hören sind, die darauf verweisen, dass andere Kinder doch schließlich auch mit Spielkonsolen usw. ausgestattet seien, *sind* bei näherer Betrachtung eben keine stichhaltigen Argumente. Vielmehr kommt in solchen Äußerungen eine Mischung aus Ignoranz, Unkenntnis und eigener erzieherischer Unfähigkeit zum Ausdruck, Kinder, auch gegen deren Widerstand, einen unkontrollierten Zugang zu solchen Medien zu verwehren. Es ist völlig klar, dass ein klares „Nein" bei vielen Kindern reflexartig zunächst einmal kindlichen Widerstand zur Folge hat. Ebenso klar ist aber, dass Eltern, die sich in solchen Situationen „um den Finger wickeln lassen", nur sehr vordergründig etwas Gutes für ihre Kinder tun; vielmehr ist es so, dass somit entscheidende Grundlagen für eine sinnvolle Erziehungsarbeit schon im Ansatz unnötig erschwert werden. Dies zu durchschauen, ist – aus verständlichen Gründen – nicht Aufgabe der zu erziehenden Kinder, sehr wohl aber Aufgabe verantwortungsbewusst erziehender Eltern.

- *Fachliche Kompetenz*

Neben sozial begründeten Rahmenbedingungen sowie neben lerntechnischen Mitteln, gehört eine ausgeprägte fachliche Kompetenz seitens der Erziehenden und seitens der Lehrenden, zu den elementaren Lernvoraussetzungen.

Eltern, die beispielsweise selbst nicht dazu in der Lage sind, elementare Kulturtechniken wie beispielsweise Lesen, Rechnen, Schreiben anzuwenden, sind aus verständlichen Gründen kaum dazu geeignet, Kindern eben diese zu vermitteln. Eltern, die zuweilen schon mit dem Lehrstoff von Grundschülern erkennbar überfordert sind, vermitteln ihren Kindern nicht gerade ein Gefühl von Sicherheit im schulischen Alltag. Zudem darf nicht unberücksichtigt bleiben, dass sich solche Defizite im häuslichen Umfeld recht schnell unter den Kindern einer Klasse herum sprechen, so nach dem Motto: „Deine Eltern sind aber ganz schön blöd, wenn sie dir nicht einmal bei diesen einfachen Rechenaufgaben helfen können, die doch nahezu jedes Kind einer dritten Klasse problemlos lösen kann....". Kinder, die auf diese Art gedemütigt werden, entwickeln nicht selten psychische Störungen, die sich z. B. in Minderwertigkeitskomplexen ausdrücken. Nicht selten wird somit ein verhängnisvoller Teufelskreis angestoßen, aus dem die betroffenen Kindern oftmals ohne fachkundige Hilfe von Dritten nicht mehr fliehen können.

Beschimpfungen derart, wie man sie zuweilen – teils offen, teils eher subtil vorgetragen – zu hören bekommt, nach dem Motto: „Eltern, die zu dumm sind, Kindern beim Erlernen elementarer Kulturtechniken zu helfen, sollten am besten gar keine Kinder mehr bekommen.", sind einerseits persönlich diffamierend, anderseits auch wenig konstruktiv. Vielmehr wichtig wäre es, solche Eltern sowohl intellektuell, wie tatkräftig dahingehend zu unterstützen, Mittel und Wege kennen zu lernen, die perspektivisch dabei behilflich sein könnten, Kinder hilfreich zu unterstützen. Als positive Nebenwirkung dürfte sich dann u. a. auch noch eine Steigerung des Selbstwertgefühls solcher Eltern einstellen, denn es darf sicher bezweifelt werden, dass Eltern ernsthaft darüber erfreut sind, tagtäglich erleben zu „dürfen", den eigenen Kindern schon bei vergleichsweise einfachen Aufgaben im Schulalltag nicht behilflich sein zu können.

So lässt sich auch in einem qualitativ hochwertigen Privatunterricht, bei dem Kinder durch externe Dienstleister unterrichtet werden, oftmals beobachten, dass vor allem eine sinnvolle und nachhaltige Einbindung solcher Eltern, unübersehbar positive Effekte bewirken kann. Eine leider noch immer allzu häufig zu konstatierende Beobachtung an vielen Schulen sieht vielmehr so aus, dass es LehrerInnen gibt, die sich offenbar nicht gern „in die Karten schauen lassen". Eltern, die unbequeme Fragen stellen, werden nicht selten entweder ignoriert, oder mit zuweilen pädagogischen unhaltbaren Schutzbehauptungen abgespeist. Neben solchen Eltern, die es zugegebenermaßen auch gibt, die ein demonstratives Desinteresse an einer sachgerechten Begleitung ihrer Kinder zeigen, darf nicht vergessen werden, dass es sehr wohl auch viele Eltern gibt, denen zwar faktisch bis dahin konstruktive Möglichkeiten zur Gewährung einer guten Kindererziehung fehlen, die sich aber erkennbar um eine Beseitigung eigener Erziehungsdefizite bemühen. Solche Eltern gezielt anzusprechen, könnte perspektivisch entscheidend dazu beitragen, dass sehr viel mehr Eltern ihre Kinder bei elementaren Lernprozessen begleiten könnten.

Sehr viel weniger hilfreich sind Gespräche, wie sie nicht selten auf Elternabenden oder auch in Einzelgesprächen mit einigen Lehrkräften stattfinden, bei denen es LehrerInnen gibt, die ihrem Gegenüber eher ein Gefühl vermitteln in der Art: „Was wollen Sie denn? *Ich* bin hier LehrerIn, und *Sie* sind ein Elternteil, das offenbar nicht dazu in der Lage ist, das eigene Kind sachgerecht zu begleiten. *Ich* entscheide, welche pädagogischen Maßnahmen sinnvoll sind, und *Sie* halten sich da besser mal ganz heraus, denn davon verstehen Sie doch ohnehin nichts....".

Fachliche Kompetenz erwächst nicht automatisch daraus, dass ein(e) LehrerIn mehrere Jahre studiert hat, sondern entscheidend auch daraus, ob bzw. inwieweit eine so ausgebildete Lehrkraft im Schulalltag nachweisbar in der Lage ist, fachlich kompetent zu unterrichten. Schaut man ein wenig hinter die Kulissen, stellt man durchaus häufiger fest, dass es mit der fachlichen Kompetenz so mancher Lehrkraft nicht besonders gut bestellt sein kann. Wohlwissend, dass Fehler menschlich sind – und auch LehrerInnen sind Menschen; ja, das scheint zuweilen in Vergessenheit geraten zu sein – so muss doch mit Besorgnis darauf aufmerksam gemacht werden, dass die Fehlerquote einiger LehrerInnen außerhalb einer statistisch noch nachvollziehbaren Standardabweichung liegt.

Diktate, die mitunter in korrigierter Form noch immer drei und mehr Fehler pro Seite enthalten, von Lehrkräften korrigierte Mathematik-Klassenarbeiten, bei denen von Schülern faktisch korrekte Ergebnisse mit Rotstift verschlimmbessert – sprich falsch – korrigiert werden, sind keine Seltenheit.

Arbeitshefte von Kindern, die nicht selten auf *einer* Heftseite eine zweistellige Fehlerzahl aufweisen, werden oftmals gar nicht mehr korrigiert. Die Folgen für die betroffenen Kinder sind im weiteren Schulverlauf nicht selten verheerend.

LehrerInnen, die unfähig zu sein scheinen, kindgerecht zu erklären sowie LehrerInnen, denen offenbar jedwedes Wissen um sinnvolle Lerntechniken zu fehlen scheint, dürfen wohl kaum als fachlich kompetent bezeichnet werden. Nur allzu oft verstecken sich manche Lehrkräfte hinter der ebenso billigen, wie letztlich unsinnigen Schutzbehauptung, sie hätten schließlich Pädagogik studiert, und wüssten schon, was sie täten.

Genau das muss aber vielfach ernsthaft in Frage gestellt werden, denn sowohl die fachlichen, wie auch die pädagogischen Fähigkeiten, lassen bei so mancher Lehrkraft sehr zu wünschen übrig.

Bei der Pädagogik gibt es auffällige Parallelen zur Rhetorik, die sich darin zeigen, dass das Fach Pädagogik zwar im Rahmen eines Lehramtsstudiums studiert werden kann, was aber dann im praktischen Schulalltag eben nicht zwingend bedeutet, dass derart ausgebildete Lehrkräfte auch faktisch über ausgeprägte pädagogische Fähigkeiten verfügen. Gelehrt und gelernt werden formale Aspekte, wie eine sachgerechte

Pädagogik im Idealfall aussehen sollte. Nicht gelehrt und oftmals auch nicht trainiert werden aber Fähigkeiten, wie sie der Schulalltag dann im praktischen Einsatz verlangt. Der Vergleich zur Rhetorik ist darin zu sehen, dass es auch Menschen gibt, die voll des guten Willens, und voller Elan qualitativ hochwertige Rhetorikseminare besuchen, und sich dann wundern, dass eine so aufgesetzte Rhetorik sehr gekünstelt wirkt. Ähnlich wie beim Trainieren rhetorischer Fähigkeiten, so ist auch in der Pädagogik feststellbar, dass sich zwar formale Aspekte trainieren lassen, weniger aber eine auf andere Menschen überzeugend wirkende Anwendung der zuvor gelernten Techniken. Kurz: Unter den Lehrkräften gibt es – was auch nicht wirklich verwundern kann – eine nicht unerhebliche Zahl, die zwar durchaus über theoretisch angeeignetes Pädagogikwissen verfügt, die aber ebenso unfähig bei einer praktischen Umsetzung im Schulalltag ist. Psychologisch interessant ist auch die Beobachtung, dass sich vor allem solche LehrerInnen einen wiederholten Hinweis auf eigene, pädagogische Fähigkeiten nicht ersparen, denen erkennbar genau solche pädagogischen Fähigkeiten zu fehlen scheinen.

Da gibt es beispielsweise „Fachkräfte", die auf Elternabenden den anwesenden Eltern – ungefragt – mitteilen, sie kämen aus einem „Pädagogenhaushalt". Die gleiche „Fachkraft" kann dann nahezu täglich dabei beobachtet werden, wie sie sowohl den ihr anvertrauten Kindern, wie auch nicht selten anderen Mitarbeiterinnen und Mitarbeitern gegenüber, in einer Art und Weise auftritt, die Lichtjahre von einer auch nur ansatzweise konstruktiven Pädagogik entfernt ist. *Im* Interesse zu erziehender Kinder ist es wichtig, dass vor allem auch verantwortungsbewusste Eltern deutlicher als bisher, darauf achten, dass der Begriff „Pädagogin bzw.

Pädagoge" kein unkontrollierter Schutzraum für solche Lehrkräfte wird, denen erkennbar pädagogische Fähigkeiten fehlen.

Dieser Hinweis entkräftet keineswegs den ebenso wahren wie nachvollziehbaren Tatbestand, dass es sehr wohl viele LehrerInnen gibt, die über ausgeprägte pädagogische Fähigkeiten verfügen, die sie *im* Interesse zu unterrichtender Kinder tagtäglich einsetzen. Ebenso wichtig ist es aber, einen derzeit existierenden „Schutzraum" aufzubrechen, in dem es sich einige Lehrkräfte offenbar gemütlich gemacht haben, im Wissen, dass ihnen ohnehin „niemand an den Karren fahren kann". Solche Auswüchse, wie sie sich an vielen Schulen beobachten lassen, sollten und müssen schon bald *im* Interesse unserer Kinder ausgemerzt werden.

- *Arbeitsmaterial*

Zu einem förderlichen Lernumfeld gehört u. a. eine angemessene Ausstattung mit notwendigen Arbeitsmaterialien. Ein Blick in so manches Federmäppchen von Schulkindern zeigt, dass oftmals wesentliche Materialien entweder fehlen, oder infolge eigener Schlampereien nicht an denen ihnen zugedachten Orten auffindbar sind.

So fehlen beispielsweise des Öfteren Bleistifte, Buntstifte, Füller, Radiergummis, Anspitzer sowie Lineale; alles Dinge, die zur elementaren Ausstattung im Schulalltag gehören sollten. Weiterhin fällt auf, dass ein großer Teil der Kinder offenbar auch nicht mehr dazu angehalten wird, das Arbeitsmaterial in einem arbeitsfähigen Zustand zu halten. Da findet man beispielsweise Bleistifte, die mehr einem ausgefransten Pinsel gleichen, verdreckte Füller, angebrochene Buntstifte, mutwillig zerstörte Radiergummis, vergammelte Federmäppchen usw.

Hier wäre es wichtig, dass sowohl Eltern, wie auch LehrerInnen deutlicher als bisher oft zu beobachten, Kinder dazu anleiten, Arbeitsmaterialien pfleglich zu behandeln. Zudem wäre es wichtig, den Kindern ein Verständnis dafür zu vermitteln, dass ein vollständiges und gepflegtes Arbeitsmaterial nicht nur optisch ansprechender ausschaut, sondern dass es vielmehr entscheidend dazu beitragen kann, konstruktive Lernprozesse zu unterstützen.

Gleiches gilt für Schulhefte und Schulbücher. Schaut man sich die Tornister mancher Kinder an, wird schnell klar, dass dort das Chaos waltet. Verdreckte Bücher mischen sich mit Schulheften, die allenfalls noch als

Toilettenpapier taugen. Achtlos umgeknickte Schnellhefter finden sich neben ausgelaufenen Füllerpatronen wieder. Verschmierte Butterbrotpapiere ergeben in Verbindung mit geöffneten Federmäppchen eine wenig ansehnliche Mischung. Kurz: Eine wenig einladende Umgebung, durch die Kindern schon im Ansatz ungünstige Voraussetzungen für Lernprozesse geschaffen werden.

Verantwortungsbewusste Eltern und LehrerInnen sollten darauf achten, dass Kinder ihre Tornister pfleglich behandeln, und dass die Arbeitsmaterialien nicht wahllos, sondern vielmehr geordnet eingepackt werden. Einmal abgesehen davon, dass ein so geordneter Tornister sehr viel ansehnlicher ist, verkürzt er auch die im Schulalltag oftmals zu beobachtenden mitunter langwierigen Suchprozesse, wenn Kinder mal wieder das eine oder andere Heft nicht finden. Die Zeit, die regelmäßig für solche letztlich überflüssigen Suchvorgänge ver(sch)wendet wird, lässt sich somit an anderer Stelle erheblich sinnvoller einsetzen. Auch dies hier ist – wie so viele andere auch – nur *ein* Beispiel dafür, dass sich mit vergleichsweise einfachen Mitteln, Lernvoraussetzungen entscheidend verbessern lassen.

Es ist schon erstaunlich und erschreckend zugleich, dass derart elementare Verhaltensweisen, die *im* Interesse der Kinder sind, nicht sehr viel konsequenter seitens mancher Eltern sowie seitens vieler LehrerInnen, im Rahmen einer pädagogisch sinnvollen Erziehung, beachtet werden. Viele, der im weiteren Schulverlauf beklagenswerten Defizite, lassen sich ursächlich auf eben eine Missachtung solcher Elementarbausteine zurück führen. Kinder, die nicht schon in frühen Jahren vermittelt bekommen haben, dass eine sachgerechte und pflegliche Behandlung des Arbeitsmaterials entscheidend dazu beitragen kann, Lernprozesse günstig zu begleiten, werden dies im weiteren Schulverlauf nur um so schwerer lernen.

Dies ist nun keineswegs nur eine eher selten zu machende Beobachtung, sondern sie lässt sich z. B. auch im Rahmen qualitativ hochwertiger Privatunterrichte bei Kindern aller Schulformen, bestätigen. Kinder, die nach dem Besuch so mancher Grundschule auf weiterführende Schulen kommen, sind oftmals ebenso überrascht wie verwirrt, dass es plötzlich Lehrkräfte gibt, die – völlig zu recht – Wert auf gepflegtes Arbeitsmaterial legen. Eine dann durchzuführende Verhaltenskorrektur ist im Regelfall erheblich schwieriger geworden, da es sich überwiegend um in der Pubertät befindliche Jugendliche handelt, die oftmals die Sinnhaftigkeit der so plötzlich über sie herein brechenden Verhaltensänderung nicht einsehen können. Von daher kann nur angeraten werden, Kinder schon frühzeitig zu einem sachgerechten und pfleglichen Umgang mit Arbeitsmaterialien anzuleiten, denn spätere Korrekturen sind im Regelfall deutlich schwieriger durchführbar.

- *Freundeskreis*

Der Umgang formt den Menschen. Im Guten, wie im Schlechten. Von daher sollten verantwortungsbewusste Eltern darauf achten, dass sich ihre Sprösslinge mit Kindern umgeben, die sich förderlich auf die Kindesentwicklung auswirken.

Lässt sich diese Empfehlung im Schulalltag aus naheliegenden Gründen mitunter nur sehr rudimentär erfüllen, so sollte es aber im außerschulischen Bereich sehr wohl möglich sein, korrigierend einzugreifen, wenn erkennbar ist, dass sich ein Freundeskreis wenig günstig auf die Entwicklung des eigenen Kindes auswirkt.

Eltern sollten ein waches Auge darauf haben, mit welchen Kindern sich der eigene Nachwuchs umgibt. Eltern sollten sich vor allem auch für die spezifischen Gründe interessieren, warum ihr Kind sich besonders gern mit einem Kind x oder y trifft. Ein Blick auf das Verhalten sowie auf die jeweilige Interessenlage zeigt meist schnell, ob es sich mehr um einen förderlichen, oder um einen tendenziell destruktiven Umgang, handelt. Eltern, die den begründeten Eindruck haben, dass sich der Umgang eines Kindes x oder y ungünstig auf die Entwicklung des eigenen Kindes auswirkt, haben nicht nur das Recht, sondern vielmehr die Pflicht, das eigene Kind vor nicht selten offensichtlichen Negativeinflüssen zu schützen.

Dass es in solchen Situationen aus verständlichen Gründen auch zu kindlichen Widerständen kommen mag, sollte und darf verantwortungsbewusste Eltern nicht davon abhalten, erkennbar ungünstige Tendenzen schon im Ansatz zu unterbinden. Auch an dieser Stelle muss klar und deutlich gesagt werden, dass es nicht die Kinder sind, die für mögliche und oftmals zwangsläufige Fehlentwicklungen verantwortlich sind, die sich aus schlechten Umgangspartnern ergeben, sondern vielmehr die Eltern, die aufgrund ihrer Lebenserfahrung in der Lage gewesen sein sollten, zu entscheiden, ob sich ein Umgang eher konstruktiv, oder eher destruktiv auswirken wird. Somit gilt auch hier: „Wehret den Anfängen". Eine nicht unwesentliche Zahl beklagenswerter Defizite, die sich dann im weiteren Verlauf zeigen, ist ursächlich u. a. auch darauf zurück zu führen, dass Kinder nicht frühzeitig dazu angeleitet werden sich mit Menschen zu umgeben, die sich förderlich auf die eigene Entwicklung auswirken. Da solche Prozesse häufig viel Eigendynamik entwickeln, ist es wichtig, dass Eltern hier frühzeitig korrigierend eingreifen.

- *Lerntechniken*

Zu den wichtigsten Lernvoraussetzungen gehört, Kindern frühzeitig den Sinn und Zweck hilfreicher Lerntechniken nahe zu bringen. Wenn man bedenkt, wie viel wertvolle Zeit tagtäglich im schulischen Umfeld nur dadurch verschwendet wird, weil der weitaus überwiegende Teil der Kinder nicht dahingehend unterrichtet wird, sinnvolle Lerntechniken anzuwenden, wird klar, welch' große Bedeutung diesem Thema zukommt.

Viel zu selten werden Kindern bis dato in Sachen „Lerntechniken" geschult. Sei es, dass offizielle Lehrpläne dies so nicht vorsehen, sei es aus Bequemlichkeit, oder schlichtweg auch deswegen, weil so manche Lehrkraft nicht über genügend Fachwissen verfügt, Kinder diesbezüglich zu unterrichten.

Aus der Fülle der Möglichkeiten sei hier nur ein Beispiel genannt, das sich – unabhängig von einer speziellen Schulform – für alle Schulfächer einsetzen lässt, bei denen es darum geht, sich Faktenwissen anzueignen. Die Rede ist hier vom Prinzip des „Karteikasten".

Dieser Lerntechnik liegt die Beobachtung zugrunde, dass z. B. auch beim Vokabellernen (ein Klassiker) unnötig viel Energie und Zeit nur deshalb verschwendet wird, weil viele SchülerInnen noch nach einer

Uraltmethode lernen, die in etwa so aussieht, dass die Heftseiten zweigeteilt werden, wobei auf der einen Seite z. B. die englischen Vokabeln, und auf der anderen Seite die deutschen Vokabeln zu sehen sind. Nun wird Vokabel für Vokabel, Zeile für Zeile gelernt. Jede/r SchülerIn, die (der) auf diese Art Vokabeln lernt, wird schnell merken, dass eine solche Lerntechnik wenig hilfreich ist, weil zunehmend Vokabeln wiederholt werden, die längst bekannt sind, wogegen die „harten Nüsse" viel zu selten abgefragt werden. Je länger auf diese wenig effektive Art gelernt wird, desto mehr prägt sich das Gehirn weniger die zu lernenden Vokabeln, als vielmehr die Reihenfolge der im Vokabelheft auftauchenden Vokabeln ein, mit der Konsequenz, dass etwas gelernt wird (hier: die Reihenfolge der Vokabeln im Heft), was aber so gar nicht gelernt werden soll. Somit wird permanent unnötig Energie und Zeit auf etwas verschwendet, was den Lernprozess in keiner Weise sinnvoll unterstützt.

Genau diese Erkenntnis macht sich das Prinzip des „Karteikasten" zunutze. Dabei handelt es sich ursprünglich um eine rechteckige, etwa schuhkartongroße Kiste, die in fünf Fächer eingeteilt wird. Das erste Fach ist ca. 1 cm breit, das zweite Fach 2 cm, das dritte Fach 4 cm, das vierte Fach 8 cm sowie das fünfte Fach etwa 15 cm. Gefüllt wird der Karteikasten mit i. d. R. DIN-A7-großen Karteikarten (Zettel), bei denen auf der Vorderseite z. B. eine englische Vokabel, und auf der Rückseite deren deutsche Übersetzung notiert wird.

Zunächst wird der Karteikasten dann mit einer geringen Menge von etwa 30 Karteikarten im ersten Fach gefüllt. Der Lernprozess läuft dann wie folgt ab: Die erste Karteikarte wird aus dem ersten Fach genommen. Nun gibt es zwei Möglichkeiten: Entweder der (die) SchülerIn kennt die richtige Antwort, dann wandert diese Karteikarte in das zweite Fach des Karteikasten, oder die Antwort ist falsch, dann wird diese Karteikarte zurück an das Ende des ersten Faches gesteckt.

Sobald nun das erste Fach sich leert, können neuen Karteikarten in das System eingespeist werden. Die ebenso einfache wie hoch effektive Idee dabei ist, dass der (die) SchülerIn nur noch Energie und Zeit auf solche Vokabeln verwenden muss, die sich individuell als besonders schwierig erweisen. Vokabeln dagegen, die bei einem Kontrollvorgang gewusst werden, wandern jeweils ans Ende des nächsten Faches, so dass sich die Abfrageintervalle von Mal zu Mal absichtlich vergrößern. Diese Lerntechnik berücksichtigt, dass sich Lernprozesse sehr individuell gestalten, und dass keine unnötige Zeit und Energie auf etwas verschwendet wird, was letztlich nur Desinteresse und Frust beim Lernen erzeugte.

Vokabeln, die beispielsweise bei einem Wiederholvorgang im zweiten, dritten, vierten oder fünften Fach nicht gewusst werden, wandern jeweils ans Ende des ersten Faches zurück, damit sie eine neue Chance bekommen, dauerhaft im Gehirn der Lernenden verankert zu werden.

Diese Technik des Karteikasten eignet sich grundsätzlich für alle Schulfächer, bei denen es darum geht, Faktenwissen zu trainieren. Neben dem Klassiker des Vokabeln lernen, bieten sich u. a. auch folgende Fächer an: Deutsch (z. B. Grammatiktraining), Mathematik (z. B. Formeltraining), Sachkunde (z. B. Lernen geographischer Daten), Musik (z. B. Komponisten lernen), Physik, Chemie, Biologie (z. B.

Fachbegriffe trainieren) usw. Kurz: Die Einsatzmöglichkeiten dieser Lerntechnik sind sehr breit gefächert.

Neben den unbestreitbar günstigen Auswirkungen beim Lernen von Faktenwissen, bietet sich diese Lerntechnik vor allem auch schon für GrundschülerInnen an. Einerseits deshalb, weil das Lernprinzip sehr einfach ist, anderseits auch deswegen, weil es sich schon mit einem sehr geringen Mitteleinsatz realisieren lässt. Im Elementarfall reicht schon ein Schuhkarton sowie ein Paket Schreibpapier, das in entsprechend große Karteikarten geschnitten wird.

Entscheidend ist also weniger eine überladene Optik (wie sie sich z. B. bei vielen Computerspielen zeigt), als vielmehr das zugrundeliegende – wissenschaftlich fundierte – Lernprinzip. Auch an diesem Beispiel lässt sich zeigen, dass es oftmals die einfachen und vermeintlich „billigen" Dinge sind, die sich überaus günstig auf Lernprozesse auswirken können. Es ist also keineswegs so, dass Eltern unverhältnismäßig viel Geld in eine Ausstattung investieren müssen, um ihren Kindern günstige Lernvoraussetzungen zu schaffen, sondern vielmehr entscheidend ist, dass Eltern und LehrerInnen ein Verständnis bei Kindern dafür wecken, dass es nicht selten die „kleinen Dinge" sind, die ihnen sehr hilfreich sein können.

Im Zeitalter der PC und Smartphones gibt es selbstverständlich auch entsprechende Programme (neudeutsch: Apps), die dieses ebenso einfache wie sinnvolle Lernkonzept in computergerechter Form anbieten. Neben Originalversionen, wie sie vom Erfinder dieser Lerntechnik, Sebastian Leitner, im Internet angeboten werden, gibt es auch kostenlose

Versionen. Eine davon lässt sich z. B. unter der Adresse: *http://www.karteikartentrainer.de/* schnell und einfach downloaden. Zudem werden auf dieser Seite auch bereits fertige Karteikarten-Dateien zum kostenlosen Download angeboten, so dass sich bereits damit eine kleine Basisausstattung bereit stellen lässt.

Schaut man im Internet unter dem Stichwort „Sebastian Leitner", so finden sich dort u. a. auch Hinweise auf Anbieter, die ihrerseits verschiedenartige Weiterentwicklungen auf den Markt gebracht haben. Zuweilen wird in diesem Zusammenhang auch versucht, das fraglos effiziente und sehr nützliche Karteikastenkonzept zu diskreditieren. Der Autor dieses Buches hier kann nicht nur aus eigener Erfahrung, sondern auch vor dem Hintergrund vieler seiner PrivatschülerInnen bestätigen, dass eine regelmäßige Nutzung des Karteikastenkonzepts in sehr vielen Schulfächern überaus hilfreich ist. Die verehrten LeserInnen mögen bitte selbst entscheiden, ob die zuweilen wenig freundlichen Aussagen gegen das Karteikastenkonzept primär nur zum Ziel haben könnten, eigene Weiterentwicklungen verkaufen zu können...?! (ein Schelm, der Böses denkt...)

- *Zuverlässigkeit*

Eine Verhaltensweise, die für viele Kinder (und auch Erwachsene) ein Fremdwort zu sein scheint, ist Zuverlässigkeit. Auch diese Eigenschaft ist keineswegs ein lästiger Nebenschauplatz, der nur mehr von Lehrkräften eingefordert wird, die so manches Kind und so manche Eltern einer Generation zuordnen möchten, die zuweilen nicht mehr als zeitgemäß betrachtet wird. Eher das Gegenteil ist der Fall. Fehlende Zuverlässigkeit im Umgang miteinander sowie eine nicht ausgeprägte Zuverlässigkeit bei der Anfertigung zu erledigender Hausaufgaben, wirken sich perspektivisch ungünstig auf den weiteren Schul- und Lebensverlauf aus.

Einen Satz, den man heutzutage als LehrerIn des Öfteren im Unterricht zu hören bekommt, lautet sinngemäß: „Ist doch egal....". In diesem kurzen Satz drückt sich eine Geisteshaltung aus, die bedauerlicherweise nicht selten auch von manchen Eltern und einigen Lehrkräften praktisch vorgelebt wird. Ein typisches Beispiel aus dem Schulalltag sieht beispielsweise wie folgt aus: Schüler X kommt zum Lehrer Y, um von diesem seine Aufgaben kontrollieren zu lassen. Der Lehrer Y bemängelt, dass die Aufgaben schlampig angefertigt worden seien, und bittet den Schüler X, er möge doch bitte ordentlich arbeiten und die Aufgabe erneut sauber in sein Heft schreiben. Darauf antwortet Schüler X: „Ist mir doch egal...." Auf die Rückfrage seitens des Lehrers, warum er denn eine offenbar schlampig angefertigte Arbeit nicht ordentlich in sein Heft schreiben möchte, antwortet dieser stereotyp, dass dies andere SchülerInnen doch auch nicht machten.

Mit Blick drauf, dass derart inakzeptable und zudem sich ungünstig auf konstruktive Lernprozesse auswirkende Aussagen offenbar zum Schulalltag gehören, muss die Frage gestellt werden, was mögliche Ursachen für solche negativen Verhaltensmuster sind?

Vor dem Hintergrund, dass unser Schulwesen eingebettet ist in gesamtgesellschaftliche Strukturen, lässt eine leicht nachvollziehbare Antwort nicht lange auf sich warten. Im Alltag gibt es schließlich unzählige Beispiele dafür, dass manche Menschen erkennbar Probleme damit haben, klare und verbindliche Regeln,

die primär im Interesse aller Beteiligten aufgestellt werden, anzuerkennen. Wie sollen aufwachsende Kinder zu verantwortungsbewussten Menschen erzogen werden, wo sie doch tagtäglich erleben, wie so mancher Erwachsene sich – nicht selten absichtlich – über bestehende Regeln hinweg setzt?
Ein ebenso typisches wie bedenkliches Beispiel liefert die Teilnahme am Straßenverkehr. Jeder, der mit offenen Augen am Straßenverkehr teilnimmt, kann nahezu täglich beobachten, in welcher nicht selten extremen Rücksichtslosigkeit wichtige Verkehrsregeln mutwillig missachtet werden.

AutofahrerInnen, die nach eigenem Gutdünken entscheiden, ob sie an einer roten Ampel anhalten möchten, Missachtung von Rotlichtzeichen an Fußgängerampeln, Spurwechsel ohne Blinken, Überhöhte Geschwindigkeiten in Tempo-30-Zonen (nicht selten sogar in unmittelbarer Nähe von Schulen!), Missachtung von Parkverboten usw. Diese Aufzählung ließe sich problemlos noch deutlich erweitern.

Zudem ist zu beobachten, dass eine nicht unerhebliche Zahl von Verkehrsteilnehmern zunehmend aggressiv darauf reagiert, spricht man sie auf eigenes Fehlverhalten an. Einsicht, geschweige denn Respekt, sucht man oftmals vergebens.

Dies alles wäre sicher schon schlimm genug, doch damit nicht genug. Schaut man sich nun einmal an, mit welchen Mitteln derartige – zuweilen extrem gefährliche Verhaltensweisen – geahndet werden, drängt sich einem aufmerksamen Beobachter der Verdacht auf, dass dieser Irrsinn womöglich sogar gewollt sein könnte. Warum dies? Nun, organisatorisch und rechtlich dürfte es wohl kein ernsthaftes Problem sein, VerkehrsteilnehmerInnen, die sich erkennbar und mutwillig nicht an bestehende Verkehrsregeln halten, sehr viel härter als bisher zu bestrafen. Die aktuellen Sanktionen sind nicht nur in vielen Situationen nur als „lächerlich" zu bezeichnen, sondern sie sind oftmals äußerst verantwortungslos. So ist es doch wohl mehr als bedenklich, wenn z. B. AutofahrerInnen in einer Tempo-30-Zone mit 60 Stundenkilometern (und mehr!) unterwegs sind. Das ist keineswegs ein Kavaliersdelikt, sondern das ist im höchsten Maße verantwortungslos. Bußgelder, die in einer Größenordnung liegen, wo viele Leute nur „darüber lachen", oder ein Alibi-Fahrverbot von vielleicht einem Monat, wird solchen rücksichtslosen Regelübertretungen nicht einmal ansatzweise gerecht. Kurz: Leute, die sich erkennbar und nicht selten wiederholt rücksichtslos über bestehende Regeln hinweg setzen, sollten und müssen – nicht zuletzt im Interesse von oftmals schutzlosen Kindern – erheblich härter bestraft werden, als dies bisher über weite Strecken geschieht. Wie unglaublich ignorant muss eine Gesellschaft eigentlich sein, zu akzeptieren, dass in jedem Jahr eine komplette Kleinstadt nur dadurch „ausgelöscht" wird, weil es erschreckend viele Leute gibt, die offenbar ernsthaft glauben, sie könnten Regeln nach Belieben missachten?

Obwohl es sich hier – zumindest auf den ersten Blick – um ein Beispiel handelt, das zunächst in keinem Zusammenhang mit dem Thema „Zuverlässigkeit & Respekt im Schulalltag" zu stehen scheint, wird dennoch bei etwas näherer Betrachtung schnell klar, dass es offenbar Verhaltensmuster grundsätzlicher Art gibt, die sich wie ein unheilvolles Geschwür durch sehr viele Bereiche des Alltags ziehen, und somit keineswegs nur auf spezifische Teilbereiche beschränkt bleiben.

Im Interesse unserer Kinder sowie *im* Interesse unserer gesamten Gesellschaft kann der Rat nur lauten, wieder deutlich rücksichtsvoller miteinander umzugehen, denn eines dürfte wohl klar sein: Eine fortwährende Rücksichtslosigkeit, wie sie von manchen Menschen in nicht selten unverantwortlicher Art und Weise ausgelebt wird, richtet sich perspektivisch schlussendlich nicht mehr nur gegen einzelne Menschen, sondern vielmehr gegen unsere Gesellschaft insgesamt. Kurz: Rücksichtsloses Verhalten trägt die systemimmanente Eigenschaft in sich, zum Bumerang zu werden. Hat man dies erst einmal in seiner voller Tragweite durchschaut, ist es ebenso klar wie zwingend, entschieden gegen jede Art von Rücksichtslosigkeit und Respektlosigkeit vorzugehen – im Interesse all' der Leute, die ein verbindliches Regelwerk auch als das verstanden wissen möchten, für das es i. d. R. auch geschaffen worden ist: Eine Orientierungshilfe im Interesse aller Beteiligten.

- *Empathische Begleitung*

Neben ausgeprägten fachlichen und pädagogischen Fähigkeiten, sollten hilfreiche Lernprozesse vor allem auch durch eine empathische Unterstützung seitens der Eltern sowie seitens der LehrerInnen begleitet werden.

Leider gibt es auch auf diesem Sektor einen unübersehbaren Nachholbedarf, der sowohl auf Seiten mancher Eltern, wie auch in Teilen bei der Lehrerschaft, eingefordert werden sollte. Eltern, die oftmals nicht die nötige Zeit für eine empathische Begleitung der Lernprozesse ihrer Kinder aufbringen, tun dies – positiv unterstellend – in den wenigsten Fällen wohl in einer bösen Absicht. Dennoch ist es aber faktisch so, dass heranwachsende Kinder sich regelmäßig und meist auch gern bei ihren Eltern rückversichern möchten, dass sie gute Lernfortschritte gemacht haben. Kindern, denen diese elementare Lernvoraussetzung über längere Zeit entzogen wird – ganz gleich aus welchen Gründen – werden somit elementare Bausteine vorenthalten, die aber für eine hilfreiche Lernentwicklung unentbehrlich sind.

Im schulischen Bereich gibt es – neben vielen pädagogisch wertvollen Lehrkräften – leider aber auch solche, denen erkennbar jegliches pädagogische Geschick abgesprochen werden muss. Da gibt es beispielsweise Lehrkräfte – oder besser gesagt solche, die sich selbst so nennen – deren pädagogische Befähigung sich derart äußerst, dass Kinder, die ohnehin schon einen stark verunsicherten Eindruck machen, angebrüllt werden mit so bedenklichen Sätzen wie: „Mann, bist du zu dumm, um hier richtig zu rechnen? Das hab' ich dir doch schon so oft erklärt". Begleitet werden solche pädagogisch und menschlich wenig Vertrauen einflößenden Aussagen dann u. a. auch durch eine dunkelrote Farbe, die in den Kopf selbsternannter Pädagoginnen & Pädagogen aufsteigt.

Kinder, die derartige Erfahrungen machen „dürfen", tragen nicht selten unübersehbare Folgeschäden davon. Hier wünschte man sich von so mancher Lehrkraft sehr viel mehr Fingerspitzengefühl und deutlich mehr Geduld sowie Einfühlungsvermögen in kindgerechte Verhaltensmuster. Anderseits können solche „Auswüchse" nicht wirklich überraschen, wenn man bedenkt, dass mitunter die gleiche Lehrkraft, die in einer bestimmten Situation beispielsweise ihre minderwertigen, pädagogischen Fähigkeiten an Kindern austestet, sich auch Kolleginnen und Kollegen gegenüber, die sich – nicht nur aus formalen Gründen –

mindestens „auf Augenhöhe" bewegen, in einer ebenso ungehobelten Art und Weise verhält.

Eine empathische Begleitung sollte nicht damit verwechselt werden, Kindern jedes aufkeimende Bedürfnis unmittelbar und vollständig zu befriedigen. Eltern, die ihre Kinder beispielsweise dadurch „ruhig stellen möchten", indem sie kindlichen Quengeleien durch Ersatzgüter, wie z. B. „Geschenke", unterbinden wollen, handeln perspektivisch sowohl gegen die Interessen der Kinder, wie auch gegen ihre eigenen Interessen. Verantwortungsbewusste Eltern werden frühzeitig und konsequent dafür sorgen, Kindern ein Gespür dafür zu vermitteln, dass eben nicht jedes aufkommende Bedürfnis immer unmittelbar und vollständig befriedigt werden muss, sondern dass es vielmehr ein Zeichen persönlicher Stärke ist, eigene Wünsche auch zurückstellen zu können.

Entgegen teils noch immer zu hörenden und zu lesenden Kommentaren, die – wider vielfach bestätigter Beobachtungen – behaupten, man müsse Kindern möglichst viel Entfaltungsspielraum anbieten, und man dürfe nicht korrigierend eingreifen, belegen unzählige Gespräche mit Kindern unterschiedlichster Schulformen und verschiedenster Altersklassen, dass der weitaus überwiegende Teil der SchülerInnen vielmehr solche Lehrkräfte bevorzugt, die einerseits fachlich kompetent und gerecht sind, anderseits aber auch klare und verbindliche Strukturen vorgeben, und deren Einhaltung auch konsequent einfordern. Es ist also keineswegs so, wie einige Pädagoginnen und Pädagogen immer wieder behaupten, dass sich Kinder in einem „regellosen Raum" günstig entwickeln. Genau das Gegenteil ist der Fall. Jeder, der den Schulalltag mit offenen Augen und offenen Ohren betrachtet, wird in vielen Fällen den

Eindruck gewinnen müssen, dass es oftmals nicht mehr die LehrerInnen sind, die klare und verbindliche Rahmenbedingungen vorgeben, sondern vielmehr eine wachsende Zahl solcher SchülerInnen, die jede noch so gut gemeinte Unterrichtsidee schon im Ansatz durch allerlei chaotische Verhaltensweisen, unterbinden.

Solche bedenklichen Zustände gehören seit geraumer Zeit zum Schulalltag, wobei es zwar – abhängig von der jeweiligen Schulform – statistisch relevante Abweichungen hinsichtlich der jeweiligen Ausprägungen gibt, was aber prinzipiell wenig daran ändert, dass es für LehrerInnen zunehmend schwieriger geworden ist, Unterricht in einer Form anzubieten, wie er einerseits oftmals nötig wäre, und wie er seitens vieler Lehrkräfte grundsätzlich auch gern angeboten würde. Chaotische Zustände in so mancher Schulklasse haben mittlerweile nicht selten eine höchst bedenkliche Eigendynamik entwickelt, so dass hier im Interesse all' der Kinder, die sachgerecht lernen möchten, dringend ein grundsätzlicher Korrekturbedarf attestiert werden muss.

- *Respekt*

Ein wesentlicher Elementarbaustein, der u. a. entscheidend mit dazu beitragen kann, günstige Voraussetzungen für ein hilfreiches Lernumfeld zu schaffen, fehlt heutzutage oftmals im Schulalltag. Die Rede ist von mangelndem Respekt. Dies ist nun keineswegs ein eher marginaler Teilaspekt, der sich vernachlässigen lässt, sondern mangelnder Respekt hat – wie sich tagtäglich im Schulalltag zeigt – perspektivisch dramatische Konsequenzen. Einerseits zunächst für solche Kinder, denen nicht beigebracht worden ist, dass LehrerInnen eben – entgegen manchen

Irrwegen in der Kuschelpädagogik – keine gleichrangigen „Spielpartner" sind, sondern Menschen, denen man aus einer ganzen Reihe von guten Gründen den ihnen gebührenden Respekt entgegen bringen sollte. Anderseits wirkt sich eine zunehmende Respektlosigkeit auch ungünstig auf eine Gesellschaft als Ganzes aus. Täglich lässt sich – nicht nur im schulischen Umfeld – beobachten, dass eine nicht unwesentliche Zahl Menschen überaus respektlos miteinander umgeht. Dabei ist es völlig unerheblich, ob es sich um eher nebensächliche Alltagsangelegenheiten handelt, oder um Situationen, deren Folgen mitunter auch sehr viel weitreichender sind.

Schaut man in so manche Klasse – ganz besonders im Grundschulbereich – sieht man nicht selten LehrerInnen, bei denen sich allenfalls noch durch die Körperlänge entscheiden lässt, dass es sich um eine Lehrkraft, und nicht etwa um eines der zu unterrichtenden Kinder handelt. Eine Unsitte, die vielfach zu beobachten ist, besteht darin, dass sehr viele Kinder – oftmals sogar ohne vorher gefragt zu haben – Lehrkräfte duzen. Ein in diesem Zusammenhang oft zu hörendes „Argument", dies erleichtere den Kindern den Umgang mit ihren Lehrern, ist so nicht stichhaltig. Weiter wird „argumentiert", Respekt habe nichts damit zu tun, ob man eine Lehrkraft duzt, oder nicht duzt, sondern zeige sich vielmehr im gesamten Verhalten.

Genau dies entpuppt sich – wie sich täglich beobachten lässt – als ein Scheinargument. Kinder, die ihre LehrerInnen duzen, verwischen eine Grenze, die aber für konstruktive Lernprozesse überaus hilfreich und notwendig ist. Warum? Nun, wenn ein Kind seine(n) LehrerIn duzt, vergisst es recht schnell, dass ihm eine Person gegenübersteht, die schon Kraft ihres Amtes auf einer völlig anderen Ebene operiert, als dies das Kind tun könnte. LehrerInnen sind eben keine gleichrangigen „Spielkameraden", sondern Menschen, die dafür ausgebildet worden sind, Kinder zu einem sachgerechten und perspektivisch erfolgreichen Lernverhalten zu erziehen. Zugegeben, es gibt durchaus Fälle, bei denen sich Kinder durch ein erlaubtes Duzen der Lehrkräfte dennoch günstig entwickeln; aber dies ist auf jeden Fall eher die Ausnahme. Vielmehr zeigt ein Blick in so manches Klassenzimmer, dass viele LehrerInnen keinerlei Respekt ihrer SchülerInnen mehr genießen, was u. a. auch darauf zurückzuführen ist, dass die Kinder durch ein inflationäres Duzen geradezu dazu genötigt werden, LehrerInnen als Gleichgesinnte zu betrachten, was sie aber faktisch eben nicht sind. Dass sich solche bedenklichen Tendenzen zuweilen schon verselbstständigt haben, lässt sich daran erkennen, dass LehrerInnen, die es – aus guten Gründen – ablehnen, von Schülerinnen und Schülern geduzt zu werden, als Menschen betrachtet werden, die offenbar „von einem anderen Stern kommen". Die Idee, dass es schließlich zu den Persönlichkeitsrechten einer Lehrkraft gehört, eigenständig und frei darüber zu entscheiden, ob sie auch für sich das inflationäre Duzen akzeptiert, oder nicht, kommt den meisten Schülerinnen und Schülern offenbar gar nicht mehr. Besonders ungünstig ist zudem, dass es auch viele Eltern und LehrerInnen gibt, die solche Kolleginnen und Kollegen dann „schräg anschauen", weil sie nicht verstehen, dass es nichts Ungewöhnliches ist, wenn eine Kollegin oder ein Kollege nicht von Kindern geduzt werden möchte.

Es ist völlig klar, dass sich Respekt ganz sicher nicht nur aus solchen Formalismen herleiten lässt. Respekt muss verdient werden; auch von Lehrkräften. Schon klar. Ebenso klar ist aber, dass eine systematisch herbei geführte Degeneration formaler Elementarbausteine, wie z. B. ein ungefragtes Duzen von Lehrkräften, mit dazu beiträgt, dass sich viele SchülerInnen zunehmend respektlos ihren Lehrerinnen und Lehrern gegenüber verhalten; nicht zuletzt deswegen, weil es ihnen durch einen Abbau bewährter „Hürden" mitunter viel zu einfach gemacht wird, sich daneben zu benehmen.

Konsequent zu Ende gedacht bedeutet dies, dass man den Kindern – zumindest in der überwiegenden Mehrheit – letztlich eben keine Gefallen tut, wenn man ihnen u. a durch ein inflationäres Duzen suggeriert, LehrerInnen seien so etwas wie gleichrangige LernpartnerInnen, mit denen man dann genauso „umspringen" könnte, wie mit gleichaltrigen Kindern. Genau das geht eben nicht.

Neben oftmals mangelndem Respekt den Lehrkräften gegenüber fällt auf, dass auch viele SchülerInnen untereinander sehr respektlos miteinander umgehen. Angefangen von kleineren, zuweilen subtilen Sticheleien, über nicht selten persönlich verletzende Hänseleien im Unterricht, bis hin zu unkontrollierten Gewaltausbrüchen, zeigt sich im Schulalltag eine breite Palette von Respektlosigkeiten, die in sehr vielen Fällen entscheidend mit dazu beiträgt, dass eine konstruktive Unterrichtsgestaltung vielfach entweder gar nicht mehr, oder nur noch stark eingeschränkt möglich ist.

Schaut man sich wesentliche Ursachen für eine in Teilen wachsende Respektlosigkeit an, fällt auf, dass es viele Kinder gibt, die seitens ihrer Elternhäuser offenbar nicht mehr dahingehend erzogen werden, fremdes Eigentum zu achten, sorgsam mit den Befindlichkeiten anderer Menschen umzugehen, Sorgfalt im Umgang mit Arbeitsmaterialien walten zu lassen usw. Kurz: Sehr viele der beklagenswerten Auswüchse, die sich u. a. im Schulalltag zeigen, sind ursächlich auf eine nicht sachgerecht vorhandene Erziehung zurückzuführen. Bedauerlicherweise gibt es - auch in Lehrerkreisen – Leute, die mangels analytischer Fähigkeiten gebetsmühlenartig suggerieren, „dass man nichts dagegen tun könne".

Einerseits beklagen viele LehrerInnen – völlig zu recht – dass ein guter Unterricht, wie sie ihn grundsätzlich gern anbieten möchten, nicht zuletzt infolge hoher Respektlosigkeit mitunter kaum mehr durchführbar ist. Andererseits hört man aber von den gleichen Lehrkräften Aussagen der Art: „Da können wir nichts gegen machen. Das ist Sache der Eltern, und mit denen legen wir uns lieber nicht an....". Eine solche Strategie, wie sie vielfach im Schulbetrieb zu beobachten ist, muss scheitern, weil sie entscheidende Ursachen für nicht selten chaotische Zustände im Schulalltag ausblendet; einerseits vielleicht aus dem Unvermögen heraus, elementare Lernvoraussetzungen, wie z. B. Respekt, verbindlich und entschieden einzufordern, andererseits sicher auch aus einer Angst heraus, im Kreis der Kolleginnen und Kollegen als jemand zu gelten, die / der sich eben nicht jede Respektlosigkeit gefallen lässt. Ein feiges Zurückweichen vor solchen offensichtlichen Problemen *löst* keine Probleme, sondern *schafft* zwangsläufig nur noch weitere Probleme, die eine systemimmanente Tendenz zur Eskalation haben. Auch hier kann ein ebenso guter wie effektiver Rat nur lauten: „Wehret den Anfängen".

- *Sport*

Neben fachlichen, pädagogischen, lerntechnischen, ergonomischen sowie psychologischen Lernvoraussetzungen, dürfen auch gesundheitliche Aspekte nicht vernachlässigt werden.

In diesem Zusammenhang ist vor allem darauf hinzuweisen, dass viele Kinder – teils schon im Grundschulbereich – nicht über altersgerechte, sportliche Fähigkeiten verfügen, die ihrerseits wichtige Bausteine im Rahmen günstiger Lernvoraussetzungen darstellen.

So gibt es beispielsweise Kinder, die schon bei elementaren Bewegungsabläufen auffällige Schwierigkeiten haben, Kinder, die unter teils gesundheitsbedenklichem Übergewicht leiden sowie Kinder, die schon bei kleinsten Anstrengungen körperlicher Art aus der Puste kommen.

Einmal abgesehen von medizinisch indizierten Krankheiten, die sich den Einflussmöglichkeiten von Eltern weitestgehend entziehen, sind es vor allem stark übergewichtige Kinder, deren Eltern sehr wohl eine Mitschuld daran gegeben werden muss, dass ihre Kinder diesbezüglich ungünstige Lernvoraussetzungen vorfinden. Warum? Nun, Kinder, die unter nicht ursächlich krankheitsbedingtem starkem Übergewicht leiden, sind offenbar deutlich zu lange schon von ihren Eltern nicht dazu angeleitet worden, angemessen Sport zu betreiben, so dass sich ein zuweilen extremes Übergewicht gar nicht hätte aufbauen können. Eltern, die solche Entwicklungen „verschlafen", verhalten sich aus vielerlei Gründen verantwortungslos ihren Kindern gegenüber, da diese viele – nicht selten schwerwiegende

Nachteile – im Schulalltag (und darüber hinaus) in Kauf nehmen müssen.

Einerseits führt starkes Übergewicht im Kindesalter statistisch signifikant im weiteren Lebensverlauf sehr häufig zu höchst unerfreulichen Folgeschäden, die sich u. a. in Gelenkschäden, Schädigungen des Herz-Kreislaufsystems usw. zeigen. Dies allein sollte schon Grund genug sein, rechtzeitig darauf zu achten, dass sich Kinder erst gar nicht zu fettleibigen Menschen entwickeln, die dann in ihrem weiteren Leben mit Beschwernissen unterschiedlichster Art zu kämpfen haben.

Neben diesen fraglos unbestrittenen, medizinischen Folgeschäden, führt starkes Übergewicht – gerade auch unter Kindern – sehr häufig zu psychischen Schäden derart, die sich nicht selten in Minderwertigkeitsgefühlen ausdrücken, da solche Kinder oftmals auch von Klassenkameradinnen und Klassenkameraden gehänselt werden. Viele derart geplagte Kinder ziehen sich oftmals zurück, leiden unter fehlenden Sozialkontakten und geraten nicht selten in eine perspektivisch verhängnisvolle Abwärtsspirale, aus der sie meistens ohne fachkundige Hilfe Dritter nicht mehr heraus finden.

Kurz: Starkes Übergewicht, meist verursacht durch eine über weite Strecken ungesunde Ernährung, kombiniert mit mangelnden Sportaktivitäten, führt nahezu zwangsläufig zu einer Fülle schädlicher Folgeschäden, so dass auch hier nur der ebenso einfache, wie effektive Rat gegeben werden kann, der da lautet: „Wehret den Anfängen". Dieser Appell richtet sich vor allem an Eltern und LehrerInnen, die Entwicklungsprozesse von Kindern aus naheliegenden Gründen über längere

Zeiträume begleiten, und von daher auch Einfluss nehmen können, nein, Einfluss nehmen müssen.

- *Klare Zeitstrukturen*

Ein ebenso wichtiger wie hilfreicher Elementarbaustein für günstige Lernvoraussetzungen ist darin zu sehen, Kindern frühzeitig ein Verständnis für den Sinn und Zweck klarer Zeitstrukturen zu vermitteln.

Klare Zeitstrukturen helfen nicht nur dabei Ordnung in den Tagesablauf zu bekommen, sondern sie können u. a. dafür sorgen, Kindern ein Gefühl der Sicherheit und Kontinuität zu geben, eben dadurch, dass es festgelegte Zeiten für zu erledigenden Aufgaben gibt. Konsequent angewendet helfen klare Zeitstrukturen auch entscheidend dabei, wertvolle Zeit zu gewinnen, die sich dann für weitere Aktivitäten einplanen lässt.

Leider haben viele Kinder in diesem Bereich erhebliche Defizite, da es beispielsweise oftmals zum Regelfall wird, Hausaufgaben zu beliebigen Zeiten anzufertigen. Kinder, die nicht selten Hausaufgaben erst spät abends, kurz vor dem Zu-Bett-Gehen anfertigen, oder Kinder, die morgens früh, noch in Windeseile vor der Abfahrt zur Schule ihre Hausaufgaben machen, schaffen sich somit sehr ungünstige Rahmenbedingungen. Einerseits deswegen, weil die Fehlerquote bei einer hektischen Anfertigung nahezu zwangsläufig steigt, anderseits auch deshalb, weil wichtige Lernprozesse nicht genügend Entfaltungszeit bekommen, und schließlich vor allem auch deswegen, weil somit eine schädliche und zudem völlig unnötige Hektik in den Schulalltag Einzug hält, die sich wenig förderlich auf das Lernverhalten von Kindern auswirkt.

Nun ist es aus verständlichen Gründen völlig klar, dass hier nicht primär die Kinder ermahnt werden müssen, sondern vielmehr solche Eltern, die derartige Negativprozesse nicht entschieden und konsequent unterbinden. Eltern, die es zulassen, dass ihre Kinder die Hausaufgaben „nach Lust und Laune" anfertigen, und die nicht darauf achten, dass Kinder ein auch zeitlich geordnetes Umfeld vorfinden, handeln verantwortungslos. Ganz besonders schädlich sind solche zeitlich unstrukturierten Arbeitsweisen im Grundschulalter. Kinder brauchen, und Kinder wollen ausdrücklich geordnete Strukturen, die ihnen vor allem auch ein Gefühl der Geborgenheit und Sicherheit vermitteln. Und genau das lässt sich eben nicht dadurch erreichen, indem man Kinder nach eigenem Gutdünken gewähren lässt, sondern entscheidend dadurch, indem man ihnen mittels praktischer Anschauung vermittelt, wie hilfreich klare Zeitstrukturen sind.

Verantwortungsbewusste Eltern sollten jeweils – in Abstimmung mit den aktuellen Stundenplänen der Kinder – einen Zeitplan aufstellen, bei dem möglichst genau festgelegt wird, welche Aufgaben zu welchen Zeiten erledigt werden sollen. Wichtig dabei ist, dass die Zeitvorgaben nicht zu optimistisch geplant werden, so dass nicht von daher schon im Ansatz der Frust vorprogrammiert ist. Ein kindgerechter Zeitplan sollte im wesentlichen folgende Details enthalten:

- Zeit zum Aufstehen
- Frühstückszeit
- Abfahrt zur Schule
- Schulzeiten
- Hausaufgabenzeiten
- Freizeitaktivitäten
- Abendessen
- Zu-Bett-Geh-Zeit

Zeitpläne dieser Art sind keineswegs „Fesseln für eine kindliche Entfaltung", wie es einige Pädagoginnen und Pädagogen behaupten, sondern vielmehr das Gegenteil ist richtig. Gut strukturierte, an kindliche Bedürfnisse angepasste Zeitpläne tragen vielmehr entscheidend dazu bei den kindlichen Tagesablauf zu optimieren, mit der nicht zuletzt auch für die Kinder angenehmen Konsequenz, dass Zeit, die ansonsten durch eine unkoordinierte Vorgehensweise verschwendet worden ist, nunmehr für Aktivitäten genutzt werden kann, die einer günstigen, kindlichen Entwicklung zuträglich sind.

Nicht nur der tägliche Ablauf kann durch sinnvolle Zeitpläne entscheidend optimiert werden, sondern mit Blick auf erstrebenswerte, günstige Lernvoraussetzungen helfen Zeitpläne u. a. auch dabei, die oftmals vor Klassenarbeiten aufkommende „Panik" signifikant zu entschärfen. Kinder, die frühzeitig gelernt haben, dass sie sich durch eine vernünftige Zeiteinteilung selbst den größten Gefallen tun, werden dieses Strukturmittel schon bald als einen selbstverständlichen Bestandteil ihres Schulalltags schätzen lernen. Insbesondere Kinder im Grundschulalter müssen aus verständlichen Gründen seitens der Eltern oder seitens der LehrerInnen konstruktiv bei der Entwicklung und praktischen Umsetzung zu erstellender Zeitpläne unterstützt werden. Die aufzuwendende Zeit, die z. B. Eltern für eine solche Planungsarbeit leisten sollten, wird sich in der Folgezeit schon sehr bald mehr als gelohnt haben, da die Kinder zunehmend entspannter und zielsicherer arbeiten werden.

Aussagen der Art, wie man sie zuweilen von einigen Eltern vernehmen kann: „Lass' mich mal in Ruhe, ich hab' jetzt keine Zeit usw." zeugen nicht nur von einer oftmals unverantwortlichen Ignoranz kindlichen Bedürfnissen gegenüber, sondern sie sind vor allem überaus kurzfristig gedacht, und wenden sich mit an Sicherheit grenzender Wahrscheinlichkeit über kurz oder lang doch wieder gegen die Eltern, da Kinder nun erst einmal lernen müssen, wie sich Arbeits- und Lernprozesse sinnvoll gestalten lassen.

Von daher sind Eltern gut und klug beraten, frühzeitig dafür zu sorgen, dass ihre Kinder lernen, den eigenen Schulalltag durch die Nutzung sinnvoller Zeitpläne wesentlich angenehmer und optimaler zu gestalten.

KritikerInnen, die hier vorschnell darauf verweisen, man dürfe doch Kinder nicht in so „enge Zeitstrukturen" pressen, verkennen offenbar, dass eine unkoordinierte Arbeitsweise, zu der auch ein achtloser Umgang mit der wertvollen Ressource Zeit gehört, eine Fülle sehr ungünstiger Konsequenzen hat, die sich alles andere als günstig auf eine kindliche Entwicklung auswirken.

Jeder, der schon einmal beobachtet hat, wie chaotisch und unstrukturiert so mancher Tagesablauf einiger Schulkinder ist, wird gesehen haben, dass Kinder, die derart „freie Gestaltungsmöglichkeiten erhalten", vielfach alles andere als glücklich wirken. Dies kann auch nicht überraschen, denn insbesondere jüngere Kinder drohen geradezu zu „ertrinken" im täglichen Schulchaos, da ihnen oftmals viel zu wenig dabei geholfen wird, klare und verbindliche Strukturen zu entwickeln, die aber gerade fundamental entscheidend für perspektivisch günstige Lernprozesse sind.

Eltern oder LehrerInnen, die dies schlichtweg ignorieren, nehmen den Kindern schon frühzeitig viele konstruktive Entwicklungschancen, die sich in einem nicht selten unstrukturierten Umfeld erst gar nicht entwickeln können.

Im Zusammenhang mit einem klugen Zeitmanagement darf auch der Hinweis nicht fehlen, dass viele Kinder schon in frühen Jahren erleben, dass auch viele Erwachsene es mit dem Thema Pünktlichkeit offenbar nicht so genau nehmen.

Ein Blick in so manche Schule zeigt oft, dass es bedauerlicherweise auch LehrerInnen gibt, die den Kindern durch einen eigenen, schlampigen Umgang mit dem Thema Pünktlichkeit, praktisch vorleben, dass dies wohl eher eine Tugend aus „einer längst vergangenen Zeit" sei, die für moderne Menschen – oder solche, die sich dafür halten – nicht mehr zu gelten habe. Kinder, die solche ungünstigen Verhaltensmuster lernen, noch dazu von den eigenen Lehrkräften, sehen dann aus verständlichen Gründen ihrerseits eben auch keinen Grund mehr, pünktlich zum Unterricht zu erscheinen. Schnell ist dann ein Zustand erreicht, bei dem LehrerInnen, die einen guten Unterricht anbieten möchten, oftmals im Minutentakt durch in ein Klassenzimmer herein kommende SchülerInnen unterbrochen werden, weil diese es offenbar nicht für nötig befinden, pünktlich zum Unterricht zu erscheinen.

Einmal abgesehen davon, dass dieses Procedere bei einer nicht selten täglich mehrfach zu beklagenden Situation extrem nervt, zerstört es vor allem wesentliche Grundlagen einer geordneten Unterrichtsführung. Sowohl LehrerInnen, wie auch solche SchülerInnen, die erkennbar einen guten Unterricht praktizieren möchten, werden durch solche Schlampereien regelmäßig und nachhaltig bei notwendigen und gewünschten

Lernprozessen gestört, da es oftmals gar nicht mehr möglich ist, eine auch nur halbwegs koordinierte Gedankenkette zu einem Abschluss zu bringen, die nicht immer wieder durch undisziplinierte, zu spät kommende SchülerInnen mutwillig unterbrochen wird.

Kurz: Ein achtloser und respektloser Umgang mit dem Faktor Zeit führt geradezu zwangsläufig dazu, dass wertvolle Ressourcen, die für ein günstiges Lernumfeld benötigt werden, mutwillig verschwendet werden. Von daher ist also die Forderung nach einem deutlich disziplinierteren Umgang mit dem Thema Pünktlichkeit keineswegs eine altbackene, längst überholte Ansicht einer LehrerInnen-Generation aus „vergangenen Tagen", sondern vielmehr eine ebenso notwendige wie sinnvolle Voraussetzung dafür, dass SchülerInnen eine sinnvolle Lernumgebung vorfinden.

05.   *Überforderte Eltern?*

Eine Überforderung von Eltern kann sich in vielfältiger Weise zeigen. Wenngleich auch die Ursachen für unterschiedliche Arten einer Überforderung sehr vielfältig sein können, so haben dennoch alle eines gemeinsam: Überforderte Eltern können ihren Kindern keine sachgerechte und perspektivisch hilfreiche Erziehung in dem Maße angedeihen lassen, wie dies notwendig, und meistens wohl auch gewünscht sein dürfte.

Zu unterscheiden sind u. a. folgende Arten einer Überforderung:

- Überforderung aufgrund unzureichender wirtschaftlicher Rahmenbedingungen
- Überforderung aufgrund fehlender oder mangelhafter Erziehungskonzepte
- Überforderung aufgrund fachlicher Defizite
- Überforderung aufgrund ungünstiger Sozialkontakte
- Überforderung aufgrund gesundheitlicher Einschränkungen
- Überforderung aufgrund mangelnder Fähigkeit zur Empathie

In einer Zeit wachsender Arbeitslosigkeit, bei der vielen Menschen oftmals die wirtschaftliche Grundlage entzogen wird, verschlechtern sich in vielen Fällen nahezu zwangsläufig die finanziellen Rahmenbedingungen, mit nicht selten dramatischen Folgen für die Betreffenden. Neben wirtschaftlichen Schwierigkeiten, stellen sich aus verständlichen Gründen nicht selten auch psychische Probleme ein, bedingt dadurch, dass viele Menschen den Glauben an eine fundamentale Verbesserung ihrer Situation verloren zu haben scheinen. Wer könnte ihnen das auch verübeln? Nach vielleicht 100 oder mehr erfolgloser Bewerbungen dürften auch hartgesottene Zeitgenossen ins Grübeln geraten, womit nicht selten ein verhängnisvoller Teufelskreis beginnt. Zu den finanziellen Problemen gesellen sich dann oftmals noch Minderwertigkeitskomplexe, die meistens darauf zurückzuführen sind, dass derart gebeutelte Menschen nicht mehr an ihre Selbstwirksamkeit glauben, womit eine Abwärtsspirale geradezu vorprogrammiert ist.

Dass unter solchen teils schlimmen Rahmenbedingungen vor allem die Schwächsten, d. h. die Kinder, zu leiden haben, lässt sich täglich an unterschiedlichsten Stellen beobachten.

Kinder, die täglich erleben, dass ihre Eltern „ums Überleben kämpfen", Kinder, deren Eltern – aus nachvollziehbaren Gründen – in einem Wust aus Bewerbungsschreiben & Mahnungen – zu ertrinken drohen, Kinder, die nicht mehr genügend Zuwendung erfahren, finden eine Umgebung vor, die sich kaum förderlich auf die eigene Entwicklung auswirken kann. Nur allzu oft wird das Entwicklungspotenzial unter solch' schwierigen Rahmenbedingungen verschüttet.

Es ist ein Skandal, dass in einem der reichsten Länder unserer Erde dermaßen viele Kinder unter teils schlimmen und schlimmsten Bedingungen aufwachsen müssen, die ihnen schon von Anbeginn an viele ihrer in ihnen schlummernden Möglichkeiten nehmen. Es bedarf keiner prophetischen Fähigkeiten um prognostizieren zu können, dass sich ein solcher Trend perspektivisch nicht mehr nur gegen die ohnehin schon bedauernswerten Kinder, sondern vielmehr gegen unsere Gesellschaft als Ganzes, richten wird.

Kinder, die schon früh erleben müssen, dass jeder neue Tag ein „Kampf ums Überleben" ist, tragen – das zeigen viele Statistiken – eine überdurchschnittlich hohe Wahrscheinlichkeit in sich, eben solche negativen Trends (i. d. R. ungewollt) im Erwachsenenleben fortzusetzen. Kurz: Eine Negativspirale größeren Ausmaßes gewinnt schnell und beängstigend an Eigendynamik.

Was ist zu tun? So richtig und so lobenswert auch vielerlei Versuche sind, Kindern aus schwierigen Verhältnissen dahingehend zu helfen, ihnen z. B. auch im Rahmen von Ganztagsschulen vielfältige Angebote zu unterbreiten, bei denen schlummernde Entwicklungspotenziale geweckt werden könnten, so sehr muss doch klar und deutlich gemacht werden, dass somit lediglich Folgeerscheinungen, nicht aber Ursachen „therapiert" werden, die entscheidend dafür verantwortlich sind, dass eine skandalös hohe Zahl von Kindern in Verhältnissen aufwächst, die gute Entwicklungsoptionen oftmals schon im Ansatz zu ersticken drohen.

Ein Zusammenhang zwischen wachsender Arbeitslosigkeit einerseits, mit all' ihren negativen Facetten, und ungünstigen Entwicklungsmöglichkeiten für Kinder andererseits, ist unübersehbar.

Wer nun womöglich vorschnell argumentiert, dass dies doch wohl eher Probleme seien, die nur solche Familien träfen, bei denen ohnehin wesentliche Voraussetzungen, wie z. B. eine gute Schulbildung, anerkannte Berufsabschlüsse usw. fehlten, verkennt offenbar, dass die Geißel der Arbeitslosigkeit sich schon seit längerer

Zeit wie ein Geschwür durch nahezu alle gesellschaftlichen Schichten zieht. Es ist demnach schlichtweg falsch, zu behaupten, Arbeitslosigkeit betreffe nur Menschen aus dem Prekariat, sondern sie ist eine Erscheinung, die zunehmend auch solche sozialen Schichten durchdringt, die sich bis dahin oftmals „auf der sicheren Seite wähnten"; ein Trugschluss, wie immer mehr Menschen erkennen.

Neben teils ungünstigen wirtschaftlichen Verhältnissen, sind es vielfach auch fehlende Erziehungskonzepte, die ursächlich dafür verantwortlich sind, dass sich manche Eltern mit der Erziehung ihrer Kinder überfordert fühlen.

Eltern, die teils selbst empfindliche Defizite im sozialen Verhalten zeigen, tun sich aus verständlichen Gründen meistens sehr schwer ihren Kindern eine sinnvolle Erziehung zuteil werden zu lassen. Zum einen deswegen, weil sie entweder oftmals den Zusammenhang zwischen schlechter Erziehung und daraus resultierenden ungünstigeren Entwicklungschancen nicht begreifen, zum anderen auch deswegen, weil sie oftmals über keinerlei konstruktive Erziehungskonzepte verfügen, die ihnen dabei behilflich sein könnten, ihre Kinder in einer Art und Weise zu erziehen, die es ihnen ermöglichte, konstruktiv am gesellschaftlichen Leben teilnehmen zu können.

Es ist schon absurd und bedenklich zugleich, zu sehen, dass wir in einem Land leben, bei dem man einerseits auch für vergleichsweise „lächerliche" Tätigkeiten zunächst einen offiziellen Befähigungsnachweis zu erbringen hat, anderseits aber sieht, dass für eine der anspruchsvollsten und schwierigsten Aufgaben, sprich:

Kindererziehung, offenbar keinerlei nachgewiesene Qualifikationen zu erbringen ist. Entscheidend verbessern ließe sich ein schlussendlich für eine Gesellschaft als Ganzes bedenklicher Trend vor allem dadurch, dass werdende Eltern zur Teilnahme an Erziehungskursen verpflichtet werden, bei denen durch entsprechende Prüfungen nachgewiesen werden müsste, dass zumindest elementare Erziehungskenntnisse vorhanden sind. Eine solche Maßnahme, die womöglich auf den ersten Blick sehr „anmaßend" erscheinen mag, könnte entscheidend dazu beitragen, dass viele beklagenswerte Folgeerscheinungen, wie sie täglich in manchen Familien zu beobachten sind, entweder erst gar nicht aufträten, oder zumindest signifikant gemildert werden könnten.

Vorschnelle KritikerInnen, die z. B. auf einen „Eingriff in Persönlichkeitsrechte" verweisen, sollten nicht vergessen, welche fraglos zuweilen dramatischen Konsequenzen eine mangelhafte Erziehung für die betreffenden Kinder hat. Hier sollte dringend eine Güterabwägung vorgenommen werden, die bei einer nüchternen Betrachtung der Fakten geradezu zwingend zu der Schlussfolgerung gelangen müsste, dass eine verpflichtende Teilnahme an Erziehungskursen für werdende Eltern nicht etwa eine Kann-Lösung, sondern vielmehr eine Muss-Lösung werden sollte.

Nicht zuletzt unzählige Gespräche mit Eltern, denen die Erziehung ihrer Kinder erkennbar „über den Kopf gewachsen ist", bestätigen klar, dass verpflichtende Erziehungskurse von den meisten Eltern eben nicht als Gängelung, sondern vielmehr als eine überaus hilfreiche Idee empfunden würden. Kurz: Ein permanentes Klagen darüber, dass es – zugegeben – manche Eltern gibt, die erkennbar nicht in der Lage sind, Kinder sinnvoll zu

141

erziehen, hilft keinem der Beteiligten. Einzig ein ebenso konsequentes wie nachhaltiges Handeln kann entscheidend dazu beitragen, dass es perspektivisch weniger Eltern gäbe, die sich mit der Kindererziehung überfordert fühlten.

Eine Überforderung in fachlicher Hinsicht ist ebenfalls für einige Eltern ein ernstes Problem. Dabei geht es keineswegs nur um spezifische Anforderungen, wie sie z. B. in den höheren Klassen weiterführender Schulen gestellt werden, bei denen manche Eltern aus verständlichen Gründen schnell an den Rand ihrer Hilfsfähigkeiten stoßen, sondern nicht selten ist zu beobachten, dass es vor allem Eltern aus – wie es neuerdings oft zu hören und zu lesen ist – „bildungsfernen Schichten" sind, die schon mit manchen Leistungsanforderungen im Grundschulbereich überfordert scheinen. Für die Kinder solcher Eltern ist dies insofern ungünstig, weil wesentliche Grundlagen, die im Grundschulbereich gelegt werden sollten, oftmals nicht zeitnah und sachgerecht begleitet werden können. In Kombination damit, dass es bedauerlicherweise auch LehrerInnen gibt, die sich offensichtlich wenig Mühe bei der Vermittlung von Lerninhalten geben, wird für die so betroffenen Kinder eine perspektivisch ungünstige „Mischung angerührt", deren Konsequenzen sich spätestens beim Übertritt in weiterführende Schulen zeigen. Weiter erschwert wird dieser ungünstige Trend noch dadurch, dass manche Eltern den Zusammenhang zwischen kindlichen Entwicklungsdefiziten im Grundschulbereich sowie den daraus vielfach zwangsläufig resultierenden, reduzierten Chancen im weiteren Schulverlauf, entweder gar nicht zu kennen scheinen, oder ihn schlichtweg ignorieren. *Im* Interesse der betreffenden Kinder kann man nur hoffen, dass es zumindest genügend LehrerInnen gibt, die den Kindern aus einer sich so abzeichnenden Sackgasse heraus zu helfen versuchen. Die tägliche Praxis zeigt leider oftmals ein anderes, trauriges Bild. Häufig werden Kinder „zwischen den Fronten" geradezu aufgerieben. Auf der einen Seite findet man teils Eltern, für die schon Aufgaben vom Schwierigkeitsgrad einer dritten Grundschulklasse eine unüberwindliche Hürde zu sein scheinen. Auf der anderen Seite gibt es leider auch solche LehrerInnen, von denen man eigentlich kraft ihrer pädagogischen Ausbildung annehmen müsste, *dass* sie über derartige Zusammenhänge Bescheid wissen, bei denen man aber zuweilen sieht, dass sie nur wenig Engagement für solche benachteiligten Kinder zeigen.

Zuweilen ist zu beobachten, dass elterliche Überforderungen aus ungünstigen Sozialkontakten entstehen, bei denen sich Kinder in einem Umfeld bewegen, das sich wenig förderlich auf die eigene Entwicklung auswirkt.

Kinder beispielsweise, die sich Spielkameradinnen und Spielkameraden suchen, die ihrerseits in schwierigen Verhältnissen leben, nehmen aus nachvollziehbaren Gründen häufig Verhaltensmuster an, die einen ohnehin schon ungünstigen Entwicklungstrend noch negativ verstärken.

Von daher sollten verantwortungsbewusste Eltern darauf achten, dass sich ihre Kinder nach Möglichkeit mit Kindern umgeben, die sich vermutlich eher günstig auf kindliche Entwicklungsprozesse auswirken. Kinder, die beispielsweise durch undiszipliniertes oder gewalttätiges Verhalten auffallen, bieten aus naheliegenden Gründen eine wenig vielversprechende Perspektive. Kinder, die aus Elternhäusern stammen, die keine klaren Strukturen erkennen lassen, wirken sich ebenfalls eher ungünstig auf heranwachsende Kinder aus, so dass auch solche sozialen Umfelder nach Möglichkeit gemieden werden sollten.

Überforderungssituationen können teils auch gesundheitlich bedingt sein. Kinder, die beispielsweise Arbeiten zu verrichten haben, die kindliche Möglichkeiten ggf. deutlich übersteigen, wie z. B. Pflege langfristig kranker Eltern, regelmäßige Haushaltsarbeiten usw., belasten Kinder – insbesondere jüngere Kinder – über Gebühr. Daraus entwickeln sich nicht selten für alle Beteiligten belastende Abhängigkeitsverhältnisse. Einerseits die Eltern, die sich krankheitsbedingt nicht in der Art und Weise um ihre Kinder kümmern können, wie sie dies im Regelfall sicher gern möchten, anderseits die Kinder, die zwar ihren Eltern gern helfen möchten, dies aber faktisch oftmals nicht können. Kurz: Eine Situation, die weder für die Kinder, noch für die Eltern auf die Dauer angenehm sein kann.

Eine elterliche Überforderung, die sich besonders ungünstig auf kindliche Entwicklungsprozesse auswirkt, ist darin zu sehen, dass es manchen Eltern offenbar außergewöhnlich schwer zu fallen scheint, mitunter sogar gänzlich unmöglich ist, ihren Kindern vorbehaltlos mit Empathie zu begegnen. Genau dies ist aber für heranwachsende Kinder überaus wichtig. Kinder brauchen das Gefühl und die Sicherheit, dass sie vorbehaltlos von ihren Eltern geliebt und angenommen werden; ganz gleich, was sich im Alltag auch ergeben mag.

Schaut man in so manche Familie, ist deutlich zu sehen, dass zuweilen hilflose Kinder von noch hilfloseren

144

Eltern umgeben sind, die bedauerlicherweise nur eigene, ungünstige Erfahrungen der eigenen Kindheit unreflektiert weitergeben. Derart bedauerliche wie für eine Gesellschaft insgesamt bedenkliche Verhaltensmuster lassen sich nicht dadurch beseitigen, indem Menschen der beschriebenen Art ausgegrenzt werden, sondern vielmehr dadurch, dass man ihnen dabei hilft, zu begreifen, dass eine Fortsetzung sich bereits als schlecht herausgestellter Erziehungsmethoden wenig sinnvoll ist, sondern vielmehr dazu beiträgt, schwierige Verhältnisse sogar noch weiter zu zementieren. Wichtig wäre es, Eltern, die aufgrund eigener schlechter Erziehungserlebnisse überdurchschnittlich häufig zu einer eben solchen Fortsetzung tendieren, frühzeitig und konsequent dahingehend zu unterstützen, ihnen Mittel und Wege aufzuzeigen, die zu einer konstruktiven Verbesserung im familiären Umfeld führen könnten. Klagen allein hilft keinem der Beteiligten. Entscheidend ist, den so betroffenen Eltern Einsicht in mögliche Konsequenzen ungünstiger Erziehungsmuster zu vermitteln. Nicht zuletzt in psychologischen Beratungsgesprächen wird immer wieder deutlich, dass Eltern ungünstige Erziehungsmethoden nicht etwas deswegen anwenden, weil sie so unglaublich viel Freude daran hätten, sondern vielmehr aus der Not heraus, keine besseren Mittel kennengelernt zu haben. Eltern, denen beispielsweise im Rahmen einer psychologischen Beratung deutlich vor Augen geführt wird, welche enormen Folgeschäden sie z. B. dann anrichten, wenn sie ihre Kinder schlagen (einmal abgesehen davon, dass dies einerseits gesetzlich verboten ist, und dass es zudem verachtenswert ist!) erleben im Gespräch meistens sehr schnell, dass sie lediglich Verhaltensmuster fortsetzen, die sie als Kind selbst leidvoll erfahren mussten. Eines sollte und muss an dieser Stelle klar gesagt werden: Eltern, oder generell Erwachsene, die Kinder schlagen, machen sich nicht nur im juristischen Sinn strafbar, sondern sie fügen ihren Kindern Schäden zu, an denen diese nicht selten das ganze Leben lang zu „knabbern" haben. *Dass* dies tatsächlich so ist, lässt sich nicht nur in der Fachliteratur bestätigen, sondern vor allem in psychologischen Beratungsgesprächen, die mit Eltern geführt werden, die in ihrer Kindheit selbst geschlagen wurden.

Sprüche der Art, wie sie noch immer zu hören sind: „Ein Schlag in den Nacken hat noch keinem geschadet", sind nicht nur restlos dumm, sondern sie zeugen von einer schrecklichen Unkenntnis über fatale Folgeschäden, denen derart gezüchtigte Kinder ausgesetzt werden. Zudem belegen sie nur eine auffällige Hilflosigkeit so handelnder Erwachsener, die es offenbar bis dahin nicht gelernt haben, dass Gewalt in der Erziehung niemals ein adäquates Mittel sein darf. Nahezu immer mangelt es schlichtweg an brauchbaren Alternativen, die dazu führen, dass Kinder in einigen Familien noch immer mit Gewalt erzogen werden sollen.

Nicht nur in psychologischen Beratungsgesprächen wird meistens schnell klar, dass es – im wahrsten Sinne des Wortes – eine oftmals anzutreffende „Sprachlosigkeit" ist, die Eltern zu gewalttätigen Erziehungsmaßnahmen greifen lässt. Eltern, die selbst nicht gelernt haben, dass sich Erziehungsprobleme – ganz gleich welcher Art - eben nicht mit Gewalt, sondern nur im konstruktiven Dialog lösen lassen, tun sich oftmals besonders schwer, sprachliche Mittel zur Konfliktlösung anzuwenden. Weist man solche Eltern auf deren grobes Fehlverhalten hin, zeigen diese nicht selten eine ebenso typische, wie dumme Reaktion, derart, dass z. B. „sprachliche Lösungsmodelle" vorschnell ins Lächerliche gezogen werden, anstatt einmal ernsthaft zu reflektieren, dass sie selbst es sind, die sich lächerlich, um nicht zu sagen, verantwortungslos verhalten.

Eine besondere Brisanz ist auch darin zu sehen, dass es auch Lehrkräfte in verantwortlichen Positionen gibt, die – obwohl sie ausdrücklich darauf aufmerksam gemacht wurden, dass Gewalt gegen Kinder ausgeübt wird – es offenbar nicht für nötig befinden, zeitnah und konsequent für Abhilfe zu sorgen. Vielmehr besteht die ebenso feige wie verachtenswerte Strategie zuweilen darin, sich hinter allerlei „faulen Ausreden" zurück zu ziehen, um nur bloß nicht „ein Fass aufzumachen", bei dem man die betreffenden Eltern mit aller gebotenen Härte und Konsequenz auf ihr inakzeptables Erziehungsverhalten hinweisen müsste. Stattdessen flüchtet sich so manche Person in „leitender" Position lieber in Nebenschauplätze, da dies einfacher und bequemer erscheint. Natürlich ist es z. B. leichter, den Überbringer einer solchen Botschaft (häusliche Gewalt gegen Kinder) mit einem lächerlichen Nebenschauplatz zu befassen, anstatt sich um das beschriebene Kernproblem zu kümmern. Da gibt es beispielsweise LehrerInnen, die einem nachweislich überaus erfolgreichen Dozenten, der über Jahre hinweg tauende von Menschen unterschiedlichster Bildungsschichten im Fachbereich Informatik ausgebildet hat, ernsthaft die Kompetenz bestreiten, entscheiden zu können, wie sich z. B. die mathematischen Leistungen eines Grundschulkindes bewerten ließen. Eher amüsant ist in diesem Zusammenhang, dass es genau die gleichen LehrerInnen sind, die wiederholt offenbar unfähig zu sein scheinen, Klassenarbeiten zuverlässig und fehlerfrei zu korrigieren. Wäre es nicht so traurig, könnte man über solche selbstverliebten, verhaltensgestörten Lehrkräfte nur noch lachen, denn einige merken offenbar gar nicht, wie überaus lächerlich sie sich machen. Ein externer Dienstleister, der nachweislich über eine sehr viel breitere fachliche Qualifikation verfügt, als dies die meisten LehrerInnen einer Schule haben, kann über derart alberne Machtspielchen, wie sie zuweilen vorkommen, nur lachen.

Bedauerlicherweise bleibt in einem derart strukturierten schulischen Umfeld das „auf der Strecke", was eigentlich Ziel sein sollte, nämlich dafür zu sorgen, dass Kinder gewaltfrei erzogen werden, unterstützt durch LehrerInnen, die weniger auf persönliche Eitelkeiten, sondern vielmehr auf das Wohl der ihnen anvertrauten Kinder achten. Es ist unübersehbar, dass es eine nicht unerhebliche Zahl LehrerInnen gibt, die hier einen deutlichen Nachholbedarf derart zu haben scheinen, zu unterscheiden zwischen Situationen, die unbedingt *im* Interesse der Kinder gelöst werden müssen, und persönlichen Machtspielchen, die man mit Menschen austrägt, die erkennbar Erfolge im Umgang mit Kindern vorzuweisen haben, die ihnen selbst bis dahin verwehrt geblieben sind.

06. *Lehrkörper*

Was mögen wohl mögliche Gründe dafür sein, dass sich jemand dazu entschließt, LehrerIn werden zu wollen? Vielleicht der Wunsch Wissen zu vermitteln? Eventuell der Wunsch mit Kindern und Jugendlichen arbeiten zu können? Womöglich eine Fortsetzung einer Familientradition? Unter Umständen gar Machtgelüste gegenüber Menschen, die schon situationsbedingt eher in einer schwächeren Position sind? Möglicherweise der Wunsch nach Wiedergutmachung? Vielleicht die Hoffnung auf einen noch immer vergleichsweise sicheren Arbeitsplatz? Möglicherweise die Aussicht auf konkurrenzlos lange Urlaubszeiten? Unter Umständen auch eine mehr oder weniger diffuse Angst davor, sich in der freien Wirtschaft nicht durchsetzen zu können? Oder gar der Wunsch danach, erzieherisch und meinungsbildend auf heranwachsende Kinder und Jugendliche einwirken zu können?

Kurz: Die persönlichen Motive, die junge Menschen dazu bringen den Beruf einer / eines Lehrerin / Lehrers zu wählen, sind recht vielfältig. Bestimmt gibt es viele Studentinnen und Studenten, die zunächst mit viel Enthusiasmus und Engagement ihr Lehramtsstudium absolvieren. Bedauerlicherweise scheint es aber so zu sein, dass wesentliche Komponenten, die für den späteren Lehrberuf in der Praxis zwingend benötigt werden, im Studium entweder gar nicht, oder nur äußerst knapp, angeboten werden.

Fähigkeiten, wie beispielsweise Einfühlungsvermögen, psychologisches Geschick, Verständnisbereitschaft, kindgerechte Rhetorik, alles das sind Bausteine, die im Schulalltag permanent und in unterschiedlichsten Situation dringend benötigt werden, die aber vielfach von Lehrkräften nicht in einem ausreichenden Maße beherrscht bzw. angewendet werden.

So lassen sich zwar im Lehramtsstudium theoretisch viele Themenkreise behandeln, aber von einer praxistauglichen Anwendung derselben sind manche LehrerInnen sehr weit entfernt. Ein theoretisch erbrachter Nachweis durch im Lehramtsstudium erworbene „Scheine" beispielsweise hinsichtlich psychologischer oder rhetorischer Konzepte, führt keineswegs automatisch zu einer Befähigung, theoretisch angeeignete Konzepte im Schulalltag auch im Interesse von Kinder und Jugendlichen praktisch umsetzen zu können.

Man beobachte in diesem Zusammenhang nur einmal Absolventen eines Rhetorikseminars, die anschließend zwar mitunter hervorragend theoretisch Auskunft über allerlei Begriffe empfehlenswerter Kommunikationsformen geben können, bei denen sich aber oftmals schnell zeigt, dass es sich bei dem angeeigneten Fachwissen um ein oftmals „aufgesetztes" Wissen handelt, das in der praktischen Anwendung nicht selten gestelzt, unsicher oder schlichtweg albern wirkt. Ebenso, wie sich rhetorische Fähigkeiten nur begrenzt erlernen lassen, so lassen sich qualitativ gute Pädagoginnen und Pädagogen auch nicht ausschließlich dadurch rekrutieren, indem Studentinnen und Studenten an den Universitäten mit theoretischen Kommunikationsmodellen in Kontakt kommen. Gute Pädagoginnen und gute Pädagogen überzeugen vielmehr durch ihre gesamte Persönlichkeit, nicht aber primär durch Detailwissen, das zwar im Einzelfall durchaus sehr tief sein mag, das aber häufig wenig dazu beiträgt, Schülerinnen und Schülern gegenüber selbstsicher und überzeugend auftreten zu können.

Viele Kinder und Jugendliche haben im übrigen meist ein feines Gespür dafür, ob sie es mit Lehrkräften zu tun haben, die primär „antrainierte Verhaltensmuster" zur Schau stellen, oder ob ihnen LehrerInnen gegenübertreten, die durch ihr gesamtes Auftreten einen glaubwürdigen und Sicherheit vermittelnden Eindruck ausstrahlen. Und genau das sind Eigenschaften, die sich im Lehramtsstudium eben nicht jedem Menschen gleichermaßen antrainieren lassen.

Jemand, der beispielsweise schon von seiner Persönlichkeitsstruktur her Verhaltensweisen zeigt, die sich wenig für einen konstruktiven Umgang mit Kindern und Jugendlichen eignen, wird auch durch noch so viele Workshops und Seminare kaum jemals ein/e gute/r LehrerIn werden können, da schlichtweg elementare Persönlichkeitsmerkmale fehlen, die sich auch nicht einfach so ausgleichen lassen.

Im Interesse aller Beteiligten wäre es sinnvoll und wünschenswert, LehramtsanwärterInnen würden vor Studienbeginn eingehend dahingehend beraten, dass es neben dem sich anzueignenden Fachwissen für die später zu unterrichtenden Schulfächer, Fähigkeiten gibt, die einen zunehmend höheren Stellenwert bekommen haben, und die sich nur sehr bedingt aneignen lassen, sofern diese nicht zumindest schon erkennbar in der betreffenden Persönlichkeit angelegt sind.

Allen Beteiligten, sowohl den zukünftigen Lehrkräften, wie auch den dann zu unterrichtenden Kindern und deren Eltern, blieben viele unerfreuliche und zudem unnötige Negativerfahrungen erspart, verursacht durch LehrerInnen, die dann im Schulalltag selbst deutlich spüren – womöglich auch ohne es offen zuzugeben – dass sie die Anforderungen, die der Lehrerberuf mit sich bringt, in wesentlichen Teilen offenbar falsch eingeschätzt haben, wäre im Vorfeld deutlich vermittelt worden, dass zu einer / einem guten Pädagogin / Pädagogen erheblich mehr vonnöten ist, als nur die Aneignung von Lehrstoffen.

Schaut man in so manche Schule, fällt sofort auf, dass es eine nicht zu unterschätzende Zahl von Lehrerinnen und Lehrern gibt, die offensichtlich mit einer umfassenden, über die reine Wissensvermittlung hinausgehenden Unterrichtsgestaltung, sichtbar überfordert scheinen.

Die Reaktionen auf diese Erkenntnis sind in den allermeisten Fällen wenig konstruktiv. Einerseits sehen wir LehrerInnen, die für sich selbst längst realisiert haben, *dass* sie überfordert sind, andererseits sehen wir SchülerInnen, die solche Überforderungen meistens gnadenlos ausnutzen. Einerseits sehen wir LehrerInnen, die sich in ihrer beruflichen Situation als „Gefangene im System" erleben, andererseits sehen wir SchülerInnen, die durch schwächelnde LehrerInnen perspektivisch ungünstig in ihrer Lernentwicklung beeinträchtigt werden. Kurz: Eine ebenso ungünstige wie grundsätzlich überflüssige Negativverkettung, die entscheidend dadurch verhindert werden könnte, klärte man zukünftige LehrerInnen sehr viel offener und schonungsloser über das auf, was sie im Schulalltag – neben der reinen Wissensvermittlung – erwartet.

LehrerInnen, die heutzutage an öffentlichen Schulen tätig sind, müssen schon längst über die Fähigkeiten eines umfangreicheren Berufs-Cocktails verfügen. Im einzelnen sind das z. B.:

- WissensvermittlerIn
- Pädagogin / Pädagoge
- SozialarbeiterIn
- Psychologin / Psychologe
- Familientherapeutin / Familientherapeut
- KonfliktmanagerIn
- Logopädin / Logopäde
- SeelsorgerIn
- U. e. m.

An dieser Stelle muss einmal klar gesagt werden, dass eine derartige Fülle qualifizierter Fähigkeiten wohl nur äußerst selten in nur einer Person konzentriert zu finden sein dürfte. Doch genau die hier genannten Fähigkeiten – und sicher noch einige mehr – werden aber nahezu täglich im Schulalltag von Lehrerinnen und Lehrern eingefordert. Da ist es schon beachtlich, dass es – trotz so mancher Negativbeispiele – noch LehrerInnen gibt, die eben diesen Spagat mehr oder weniger gut hinbekommen.

An dieser Stelle sollte klar werden, dass der Lehrberuf aus nachvollziehbaren Gründen nicht für Menschen geeignet ist, die ernsthaft glauben, es handele sich hierbei um einen Halbtagsjob, der sich „mal so eben" erledigen ließe, sondern es muss klar sein, dass die Voraussetzungen einerseits sehr breit gestreut, und in Teilen auch sehr tiefgehend sein müssen. Wer dies ignoriert, schadet nicht nur sich selbst, sondern entscheidend auch den dann zu unterrichtenden Kindern.

Eine besondere Brisanz ergibt sich dann auch noch im Zusammenhang mit dem noch relativ jungen Konzept der Offenen Ganztagsschule, in dessen Folge vermehrt auch externe Dienstleister in den Schulbetrieb eingebunden werden. Konnte sich so manche/r pädagogisch wenig begnadete LehrerIn bis dahin noch in einem festgefügten Lehrerkollegium verstecken, wird spätestens durch den Einsatz externer Lehrkräfte deutlich, dass es eben keineswegs nur die „offiziellen LehrerInnen" sind, die einen qualitativ hochwertigen und didaktisch wertvollen Unterricht zu erteilen vermögen, sondern durchaus auch externe Anbieter, die mittlerweile in ansehnlicher Zahl im Bereich Offener Ganztagsschulen zum Einsatz kommen.

Dass es sich dabei um eine für alle Beteiligten neuartige Situation handelt, liegt auf der Hand. Dass dies insbesondere in einer Einführungsphase auch Probleme schaffen kann, ist ebenso klar. Entscheidend ist aber, wie die Betreffenden mit dieser neuartigen Situation umzugehen verstehen. Hier zeigt sich dann schnell, ob es einigen Lehrerinnen und Lehrern tatsächlich um eine oftmals zur Schau getragenen „Qualitätssicherung" geht, oder doch eher vielmehr nur darum, externe Dienstleister nach Möglichkeit ein „Schattendasein" fristen zu lassen.

LehrerInnen, bei denen Worte und Taten übereinstimmen, bemühen sich erkennbar darum, im Interesse der zu unterrichtenden Kinder, sinnvolle und hilfreiche Absprachen mit externen Dienstleistern anzustreben. LehrerInnen, die jedoch plötzlich sehr praktisch erleben, dass eigene pädagogische Fähigkeiten sichtbar und nachweislich von dem einen oder anderen externen Anbieter überboten werden – nicht selten dadurch dokumentiert, dass vor allem die unterrichtenden Kinder oftmals Aussagen der Art machen: „Bei Herrn LC ist der Unterricht viel besser als bei Frau X. Herr LC kann viel besser erklären, als meine Lehrerin Y, usw.", greifen leider zuweilen zu ebenso verwerflichen wie letztlich unsinnigen

Methoden gezielten Mobbings, indem sie solche externen Dienstleister mit ebenso plumpen wie dümmlichen Anfeindungen zu behelligen versuchen. Die Palette niederträchtiger Verhaltensmuster reicht dabei von offenen Anfeindungen bis hin zu subtilen Methoden, die aber alle eine gemeinsame Ursache haben, die da lautet: „Angst". Angst davor, dass womöglich ein externer Dienstleister erkennbar mehr positives Feedback bekommt, als so manche „offizielle" Lehrkraft. Das ist ein Gefühl, mit dem so manche/r LehrerIn offenbar nicht gelernt hat konstruktiv umzugehen. LehrerInnen, die ihr angeschlagenes Selbstwertgefühl offenbar nur durch Diffamierungen, Mobbing usw. aufzuwerten können glauben, empfiehlt sich eine umfangreiche psychologische Beratung, deren wesentliches Ziel darin bestehen sollte, den betreffenden Leuten klar zu machen, dass es im Schulalltag eben nicht primär um die Befriedigung persönlicher Eitelkeiten, sondern entscheidend darum geht, den zu unterrichtenden Kindern ein in jeder Hinsicht möglichst optimales Lernumfeld zu schaffen. Dass dies durchaus auch von externen Dienstleistern erreicht werden kann, ist einerseits schon aus statistischen Gründen naheliegend, anderseits auch im praktischen Schulalltag unbestritten.

Im Interesse sich verbessernder schulischer Rahmenbedingungen ist es durchaus sinnvoll und wünschenswert, dass vor allem solche verkrusteten Strukturen in bestehenden Schulen durch externe Dienstleister aufgebrochen werden, in deren Umfeld es sich manche LehrerInnen nur zu bequem gemacht haben. Wie auch an anderer Stelle, so gilt auch hier: Pauschalurteile haben die systemimmanente Tendenz falsch zu sein. So ist beispielsweise der Eindruck, der zuweilen erweckt werden soll, dass es in unserem Land überwiegend nur noch unqualifizierte und pädagogisch unfähige LehrerInnen gebe, ebenso absurd wie diffamierend, wie eine auch in jüngster Zeit zu hörende Aussage, dass es nicht verantwortbar sei, dass zunehmend externe Dienstleister in den Schulalltag integriert werden sollten.

Im Interesse der Kinder wäre zu wünschen, so manche Lehrkraft verwendete weniger Energie darauf, zu überlegen, wie man den einen oder anderen externen Dienstleister möglichst hinterhältig mobben kann, sondern mehr Energie darauf, zu überlegen, wie sich *im* Interesse der zu unterrichtenden Kinder insgesamt die in weiten Teilen unübersehbar bedenklichen Zustände an so mancher Schule gemeinsam verbessern ließen.

Zugegeben, dies setzt eine gewisse Charakterstärke voraus sowie auch die Fähigkeit zur Selbstkritik; und die scheint offenbar der einen oder anderen Lehrkraft zu fehlen. *Dass* dies faktisch so ist, das wissen alle Beteiligten: LehrerInnen, Kinder, Eltern, Externe Dienstleister usw. Nur kaum jemand traut sich dies auch offen zuzugeben. Traurig, aber dennoch wahr. Es wird allerhöchste Zeit, dass sich das ändert!

07.   *Ganztagsschule: Eine gute Lösung?*

Mit Blick darauf, dass es zunehmend Familien gibt, in denen beide Elternteile arbeiten, oder vor dem Hintergrund, dass es viele alleinerziehende Eltern gibt, die zur Sicherung ihres Lebensunterhalt ganztägig arbeiten müssen, bietet das Konzept der Ganztagsschule gute und hilfreiche Möglichkeiten für die betreffenden Kinder.

Kinder, die sich ansonsten des Öfteren allein überlassen sähen, finden in einer Ganztagsschule einen Ort, an dem sie in vielerlei Hinsicht betreut werden. Eine Betreuung bis 16 Uhr, ein Mittagstisch, eine Hausaufgabenbetreuung sowie vielfältige Bildungs- und Freizeitangebote gehören mittlerweile zum guten Standard einer Ganztagsschule.

Das Konzept der Offenen Ganztagsschule vereint viele Vorteile in sich, die vor allem auch Kindern aus sozial benachteiligten Schichten zugute kommen können. Für so manches Kind ist das Mittagessen in der Offenen Ganztagsschule oftmals die einzige Mahlzeit des Tages, da entweder im häuslichen Umfeld kaum mehr richtig gekocht wird, oder auch deswegen, weil die finanziellen Mittel mitunter bedenklich knapp geworden sind.

Auch die Idee eine Hausaufgabenbetreuung ist grundsätzlich sehr begrüßenswert. Dadurch sollen die Kinder die Möglichkeit bekommen, ihre Hausaufgaben direkt im Anschluss an das Mittagessen unter fachkundiger Anleitung anfertigen zu können, so dass sie dann mit dem Verlassen der Offenen Ganztagsschule gegen 16 Uhr tatsächlich auch für Freizeitaktivitäten mit den Eltern zur Verfügung stehen könnten. Soweit die Theorie.

Die tägliche Praxis sieht allerdings über weite Strecken weniger rosarot aus. Durchschnittlich etwa 20 Kinder verschiedener Klassenstufen versammeln sich mehr oder weniger chaotisch in einem Hausaufgabenraum. Die Leitung im Bereich der Hausaufgabenbetreuung wird oftmals von externen Dienstleistern übernommen, deren fachliche Qualifikation höchst unterschiedlich ist. Auf der einen Seite gibt es u. a. Mütter, die sich auf diese Art und Weise etwas dazu verdienen möchten, oder die auch nur den verständlichen Wunsch nach Außenkontakten pflegen. Die fachliche Qualifikation ist dabei zuweilen wenig dazu angetan, Kinder sachgerecht und zielsicher bei der Anfertigung ihrer Hausaufgaben begleiten zu können. Auf der anderen Seite gibt es externe Anbieter, die vielfach aus dem Lehr- und Ausbildungssektor kommen, und die von daher schon über entsprechend umfassendere fachliche Qualitäten verfügen. Ein weiterer Anteil wird durch eigene Kolleginnen und Kollegen abgedeckt.

Alle Varianten zeigen auffällige Eigenarten, die im Interesse der zu unterrichtenden Kinder unbedingt verbindlich abgestimmt werden sollten.

So wird beispielsweise eine Mutter, die in den meisten Fällen kaum über die fachlichen und pädagogischen Qualitäten verfügt, eine Hausaufgabenbetreuung völlig anders gestalten, als dies beispielsweise ein externer Anbieter kann, der nicht selten über viele Jahre hinweg tausende von Menschen unterschiedlichster Bildungsschichten verantwortlich unterrichtet hat. Kurz: Die Rahmenbedingungen, unter denen eine Hausaufgabenbetreuung in den Offenen Ganztagsschulen angeboten wird, sind höchst unterschiedlich.

Ein Problem, das aus naheliegenden Gründen entstehen kann, ist auch darin zu sehen, dass die Vorstellungen darüber, wie eine qualitativ hochwertige Hausaufgabenbetreuung aussehen sollte, mitunter stark divergieren. So manche/r LehrerIn scheint eine Hausaufgabenbetreuung mehr als eine Art „Verwahranstalt für Kinder" zu verstehen, bei der es primär darauf ankommt, die Kinder mehr oder weniger sinnvoll „über die Zeit zu bringen". Hier klaffen Anspruch und Wirklichkeit zuweilen sehr auseinander.

So hört es sich beispielsweise auf Elternabenden zunächst einmal gut an, den Eltern zu sagen, ihre Kinder bekämen die ach so tolle Möglichkeit einer schulinternen Anfertigung der täglichen Hausaufgaben. So suggeriert so mancher Faltprospekt und so manche Internetpräsenz, die integrierte Hausaufgabenbetreuung sei ein innovatives Konzept zum Vorteil der Kinder.

Tatsächlich sieht es aber zuweilen eher so aus, dass externe Anbieter, die nicht selten mit sehr viel Engagement eine Hausaufgabenbetreuung verantwortlich leiten, seitens so mancher Schulleitung und seitens so mancher Lehrkraft „im Regen stehen gelassen werden".

Sind z. B. die disziplinarischen Probleme innerhalb *einer* Schulklasse nicht selten schon überaus schwierig, so verdichten sich solche Probleme in einer Hausaufgabenbetreuung teils bis ins Unerträgliche. Warum das? Nun, ein nicht unerheblicher Teil der nahezu täglich zu beobachtenden Probleme resultiert nicht zuletzt daraus, dass in einer Hausaufgabenbetreuung auch Kinder unterschiedlicher Altersklassen aufeinander treffen, so dass sich schon allein deswegen Probleme ergeben, die innerhalb nur einer Jahrgangsstufe statistisch deutlich weniger auftreten.

Hier wäre es im Interesse all' der Kinder, die eine Hausaufgabenbetreuung als das verstehen möchten, für was sie ursprünglich eingerichtet worden ist, nämlich als einen Ort, an dem sie unter fachkundiger Anleitung in einer ruhigen Atmosphäre arbeiten können, wichtig, dafür zu sorgen, dass vor allem auch seitens der Schulleitungen dafür gesorgt wird, Rahmenbedingungen zu ermöglichen, die eben diesen Ansprüchen auch faktisch genügen. Leider gibt es aber auch in diesem Bereich unübersehbare Defizite, die z. B. auch darin begründet liegen, dass diesem für die Ausbildung der zu unterrichtenden Kinder so wichtigen Teil zuweilen ein mehr stiefmütterliches Dasein zugedacht wird.

So mancher Blick in die Arbeitshefte vieler Kinder zeigt leider deutlich, dass es offenbar viel zu viele LehrerInnen gibt, die entweder gar keine, oder nur eine höchst unbefriedigende Kontrolle der Hausaufgaben mehr durchführen. Abgesehen von nicht selten chaotischen und verdreckten Heften, die schon auf den ersten Blick erkennen lassen, dass elementarste Voraussetzungen für konstruktive Lernprozesse nicht sachgerecht eingefordert werden, bis hin zu einer nicht selten unverhältnismäßig hohen Fehlerzahl – bei angeblich bereits seitens der LehrerInnen korrigierten Aufgaben – lässt sich hier nur vielfach die traurige Schlussfolgerung ziehen, dass hier zum Schaden der Kinder den Hausaufgaben oftmals nicht mehr die Rolle zuteil wird, die ihr aber grundsätzlich zustehen sollte.

LehrerInnen, die nicht selten geradezu systematisch nur schlampige Hausaufgabenkontrollen durchführen, schaden den Kindern massiv, da sie diesen gegenüber völlig falsche Signale setzen. *Dass* dies ein ernstes Problem ist, zeigt sich u. a. auch darin, dass viele Kinder sinngemäß so argumentieren: „Ist doch egal, meine Lehrerin guckt da sowieso nicht richtig nach....". Fälle der hier beschriebenen Art sind leider keineswegs unrühmliche Ausnahmen, sondern sie lassen sich nahezu täglich im schulischen Umfeld beanstanden.

Weiter verschärft wird eine solche Situation auch noch dadurch, indem zuweilen externe Dienstleister, die den Kindern klar und deutlich vor Augen führen, dass es eben nicht in Ordnung sei, Hausaufgaben wiederholt schlampig anzufertigen, mehr oder weniger offen dafür gerügt werden, dass sie – und zwar *im* Interesse der Kinder – es gewagt haben, die teils offensichtlichen Schlampereien so mancher LehrerIn freundlich anzusprechen. Hier zeigt sich sehr deutlich, dass es einigen Lehrkräften eben nicht um eine oftmals zur Schau getragene Fürsorge den Kindern gegenüber geht, sondern erkennbar eher darum, möglichst „schlank an offensichtlichen Schlampereien vorbei zu kommen". Statt also z. B. externe Dienstleister, die nicht selten ein breites Qualifikationsprofil in ihre Arbeit einbringen können zu unterstützen, nutzen einige LehrerInnen ihre Energie offenbar teils lieber in dem Sinn, „Außenstehende" zu mobben, in dem sie diesen unter allerlei nicht selten abenteuerlichen Vorwänden deren fraglos vorhandene Kompetenz abzusprechen versuchen. LehrerInnen dieser Art, die es leider gibt, handeln eben nicht *im* Interesse der Kinder, *sondern* klar gegen sie. Es bedarf dabei meistens keiner tiefergehenden Analyse, um zu erkennen, dass es vor allem persönliche Machtspielchen sind, die manche LehrerInnen derart destruktiv handeln lassen. Hier wäre auf jeden Fall eine psychologische Beratung angezeigt, bei der „gestörte" LehrerInnen lernen könnten, dass ein

161

externer Dienstleister, der erkennbar zur Verbesserung der angebotenen Qualität (hier: Hausaufgabenbetreuung) beiträgt, nicht als „böse Konkurrenz", sondern vielmehr als eine ebenso sinnvolle wie hilfreiche Ergänzung verstanden werden sollte, deren Motivation es nicht ist, „offiziellen Lehrkräften" deren Job streitig zu machen, sondern vielmehr dahingehend, eine sachgerechte und hilfreiche Unterstützung sein zu wollen, die andernorts sowohl aus organisatorischen, wie teils auch aus fachlichen Gründen nicht geleistet werden kann.

LehrerInnen, oder sonstige im Rahmen einer Offenen Ganztagsschule tätigen Personen, die dies nicht begreifen können und / oder begreifen wollen, entziehen den ihnen anvertrauten Kindern wertvolle Erfahrungen, die ihnen so manche „offizielle Lehrkraft" schon allein deswegen nicht vermitteln kann, da diese nur allzu oft in das starre Gefüge eines bestehenden Lehrerkollegiums eingebunden sind, so dass sie schon aus formalen Gründen viele Veränderungen – von deren Notwendigkeit sie durchaus überzeugt sind – nicht in dem Maße durchführen können, wie dies ein externer Dienstleister tun könnte.

Im Interesse einer hohen Qualität für Offene Ganztagsschulen, sollte verstärkt darauf geachtet werden, dass Anspruch und Wirklichkeit auch nachprüfbar übereinstimmen. Es muss dafür gesorgt werden, dass sich eine „gute Zusammenarbeit" zwischen einer Offenen Ganztagsschule und den externen Dienstleistern nicht primär darin zeigt, indem beispielsweise auf Einladungskonferenzen oder Elternabenden „schöne Sonntagsreden" gehalten werden, sondern es sollte vielmehr im praktischen Schulalltag erkennbar sein, dass sich auch die

Schulleitungen sowie die Lehrerkollegien in Teilen deutlich effektiver und kommunikativer aufeinander abstimmen, als dies bisher teils zu beobachten ist. Schulleitungen, die – wider besseres Wissen – nicht aktiv und zeitnah dafür sorgen, dass offensichtliche Defizite, die seitens externer Dienstleister wiederholt angemahnt werden, zu beseitigen versuchen, handeln ignorant und somit auch verantwortungslos.

Falls das Konzept einer Offenen Ganztagsschule auf Dauer Erfolg haben soll, wäre es notwendig und wünschenswert zugleich, unangemeldete Leistungskontrollen dahingehend durchzuführen, inwieweit eine konstruktive und effektive Zusammenarbeit zwischen den Lehrerkollegien und den externen Dienstleistern seitens der zuständigen Rektorinnen und Rektoren faktisch unterstützt wird. Zuweilen drängt sich da bisher eher der Eindruck auf, dass hier in weiten Teilen nicht miteinander, sondern eher gegeneinander gearbeitet wird, wobei nicht selten übelste Mobbingmethoden zum Einsatz kommen.

Zum Konzept der Offenen Ganztagsschule gehören nicht zuletzt auch vielfältige Bildungs- und Freizeitangebote, die jeweils im Anschluss an den Schulunterricht stattfinden. Wesentliche Motivation zur Einrichtung solcher Angebote ist einerseits, Kinder möglichst sinnvoll zu beschäftigen, anderseits dafür zu sorgen, den Kindern eine breite Palette interessanter Themenkreise anzubieten, aus denen sie dann einige Angebote auswählen.

Besonders hilfreich sind solche AGs (Arbeitsgemeinschaften) für Kinder aus Familien, die wenig Möglichkeiten dazu haben, innerhalb des eigenen familiären Umfelds abwechslungsreiche und sinnvolle

Beschäftigungen anzubieten. Die Themenpalette reicht von Sprachkursen, über Sportangebote, Kochkurse, Bastelkurse, Musikkurse, EDV-Kurse bis hin zu Schachkursen usw.

Geleitet werden solche Kurse i. d. R. von externen Anbietern, die sich aus einem breiten, beruflichen Umfeld rekrutieren. Die Motivationen zur verantwortlichen Übernahme solcher Kurse sind sehr vielfältig. Neben Leuten, die Freude an der Wissensvermittlung haben und beseelt sind von dem Wunsch dieses Wissen an Kinder weitergeben zu können, gibt es Anbieter, die eine Zusammenarbeit mit einer Offenen Ganztagsschule als einen nützlichen Karrierebaustein betrachten. Dann gibt es Leute, die eine verantwortliche Leitung von Kursen als Trainingscenter für die eigene, berufliche Weiterentwicklung betrachten sowie externe Anbieter, die dazu beitragen möchten, einige der verkrusteten Strukturen im Schulalltag mit neuen Ideen zu beleben. Nicht zuletzt gibt es auch Leute, die ihre Einsamkeit dadurch zu mindern suchen, indem sie sich mit viel Engagement um Kinder in einer Offenen Ganztagsschule kümmern. Kurz: Die Palette möglicher Gründe zur Mitarbeit in einer Offenen Ganztagsschule ist sehr vielseitig.

Betrachtet man einmal sowohl die zeitliche, wie auch die inhaltliche Gewichtung zwischen den „Pflichtveranstaltungen der Kinder im Vormittagsbereich", und den „Wahlveranstaltungen im Nachmittagsbereich", wird schnell klar, dass die im Rahmen einer Offenen Ganztagsschule angebotenen AGs einen nicht unwesentlichen Raum einnehmen. Ein typischer Tag für Kinder eine Offenen Ganztagsschule sieht etwa so aus, dass die Kinder in der Zeit zwischen 8:00 und ca. 13:00 Uhr am Schulunterricht teilnehmen, dann das Mittagessen einnehmen, anschließend in die Hausaufgabenbetreuung gehen und schließlich an der einen oder anderen AG teilnehmen. Tatsächliches Ende eines Schultages ist etwa gegen 16:00 Uhr.

Sowohl die zeitliche Gewichtung, wie entscheidend vor allem auch die transportierten Inhalte im Nachmittagsbereich, machen deutlich, dass es sich bei den angebotenen Kursen nicht – wie offenbar von einigen Kinder, Eltern und Lehrkräften angenommen – um Lückenfüller handelt, sondern vielmehr um eine sinnvolle Ergänzung des vormittäglichen Schulunterrichts, bei der die daran teilnehmenden Kinder viele Kursangebote zur persönlichen Bereicherung wahrnehmen können.

Im Interesse einer ebenso sinnvollen wie auch glaubhaften Vorgehensweise wäre es wichtig, dass externe Dienstleister eben nicht – wie zuweilen zu beobachten – als lästige und „gefährliche" Fremdkörper in einer bis dahin so „wohlig eingerichteten Schule" betrachtet werden, sondern vielmehr als eine in vielfacher Hinsicht fruchtbare Bereicherung, von der alle Beteiligten profitieren könnten. Es liegt in der Natur der Sache, dass festangestellte LehrerInnen in Teilen andere Organisationsformen anwenden, als dies freiberuflich tätige Dienstleister zu tun pflegen. Es ist weiterhin nicht überraschend, dass externe Dienstleister in Teilen andere pädagogische Vorgehensweisen praktizieren, als dies ein größerer Teil eines festangestellten Lehrerkollegiums macht. Aber, *anders* heißt eben nicht – wie von einigen Lehrkräften unterstellt – schlechter, sondern eben schlichtweg *anders*. Spätestens an dieser Stelle sind offenbar Reibungspunkte vorprogrammiert, weil es manche LehrerInnen offenbar noch immer als eines ihrer

Exklusivrechte betrachten, einzig und allein in der Lage zu sein, Kinder pädagogisch wertvoll zu unterrichten. Dass dies in einer derart undifferenzierten Form schlichtweg falsch ist, lässt sich nahezu täglich in unterschiedlichen Kursen einer Offenen Ganztagsschule belegen. Schon aus statistischen Gründen ist klar, dass es bei den festangestellten und bei den freiberuflich tätigen Lehrkräften eine breite Leistungspalette gibt. Einerseits LehrerInnen, die hervorragende pädagogische Arbeit leisten, anderseits LehrerInnen, die sowohl in ihrem eigenen Interesse, wie dem der Kinder, besser niemals den Lehrerberuf ergriffen hätten, da sie erkennbar über nur äußerst mangelhafte, pädagogische Fähigkeiten verfügen. Eben solches gibt es auch im Bereich freiberuflich tätiger Anbieter. Kurz: *Im Interesse zu unterrichtender Kinder empfiehlt sich auf jeden Fall eine differenziertere Betrachtung, die den individuellen Voraussetzungen gerecht wird.*

Nicht zuletzt einige der auch in dieser Zeit publizierten Meinungsäußerungen so mancher „Möchtegern-Pädagoginnen/Pädagogen", zeigen deutlich, dass es weniger um eine oftmals plakativ geäußerte Sorge um die pädagogische Qualität im Schulbereich geht, sondern entscheidend darum, eigene Pfründe sichern zu wollen, aus Angst davor, einige externe Dienstleister könnten womöglich teils sogar qualitativ bessere Leistungen anbieten, als man dies selbst zu leisten in der Lage wäre. Gerade *im* Interesse unserer Kinder wäre hier sehr viel mehr Ehrlichkeit notwendig, denn nicht zuletzt unzählige Rückmeldungen seitens vieler Kinder und deren Eltern, belegen klar und deutlich, dass einige freiberuflich tätige Dienstleister als eine sehr hilfreiche Belebung erfahren werden, deren fachliche und pädagogische Fähigkeiten sich hinter denen der meisten festangestellten Lehrkräfte keineswegs zu verstecken brauchen. Im Gegenteil: Vor allem Kinder verfügen meistens über ein sicheres Gespür dafür, welche Menschen ihnen wohlgesonnen sind, und welche eher einen „Dienst nach Vorschrift" ableisten.

All' die unzähligen Machtspielchen und Mobbingaktionen, wie sie teils gegen externe Dienstleister angestrengt werden, fußen schlussendlich auf elementaren Grundannahmen, die da lauten könnten: „So ein Ärger. Da kommen nun zunehmend „Leute von draußen" in unsere Schule, die uns erklären möchten, was sich so alles anders und besser gestalten lässt. Hier brechen zusehends Leute in unseren bis dahin unangetasteten Machtbereich ein. Das müssen wir mit allen uns zur Verfügung stehenden Mitteln verhindern. Es kann und es darf doch einfach nicht sein, dass es „Leute von draußen" gibt, die tatsächlich eine pädagogisch höherwertige Qualität anbieten, als einige unserer Lehrkräfte dies können. Obwohl wir zwar wissen, dass es hervorragende externe Dienstleister gibt, dürfen wir das aber so nicht zugeben, denn dadurch gefährden wir unsere eigene Basis. Also, lasst uns schulintern überlegen, wie wir solche „Störenfriede" nach Möglichkeit in ihren Entfaltungsmöglichkeiten behindern können, damit sie uns nicht gefährlich werden können."

Schulleitungen und LehrerInnen, die sich in einer solchen Beschreibung wiedererkennen, sollten einmal sehr ernsthaft darüber nachdenken, wem gegenüber sie eigentlich verpflichtet sind?! Verantwortungsbewusste und intelligente Rektorinnen und Rektoren sowie entsprechende LehrerInnen werden nämlich externe Dienstleister als das begreifen, was sie faktisch in vielen Fällen auch sind: Eine nützliche und sinnvolle Bereicherung bestehender Strukturen. Nicht jedoch

Störfaktoren, deren primäres Ziel darin besteht, „alles Bestehende über den Haufen zu werfen", sondern vielmehr Leute, die ihre reichhaltigen Erfahrungen aus „dem Leben da draußen" konstruktiv in den Schulalltag einfließen lassen möchten. Hier ist noch sehr viel Überzeugungsarbeit zu leisten, denn eine menschliche Urkraft, die Angst vor Kontrollverlust, führt bei so manchen Leuten zu Verhaltensweisen, die sich – aus einer Metaposition betrachtet – nur noch als absurd und krankhaft bezeichnen lassen.

Das Konzept einer Offenen Ganztagsschule kann sehr wohl überaus sinnvoll und nützlich sein, allerdings nur dann, wenn sich die sprichwörtlich „entscheidenden" Leute mehr auf die ihnen anvertrauten Kinder konzentrierten, als darauf, nach Möglichkeiten zu suchen, wie man sich gegenseitig das Leben unnötig erschweren kann.

08. *Kindesmisshandlungen*

Was hat das Thema „Kindesmisshandlung" mit dem Thema „Bildungs- und Erziehungsdefizite" zu tun? Auf den ersten Blick möglicherweise wenig, auf den zweiten Blick aber sicher schon erheblich mehr. Wie ist das möglich?

Zunächst einmal ist es wichtig, den Begriff „Kindesmisshandlung" genauer zu definieren, als dies zuweilen in der öffentlichen Wahrnehmung geschieht. Kaum eine Woche vergeht, in der nicht in den Medien von schrecklichen Kindesmisshandlungen berichtet wird. In der Mehrzahl der Fälle geht es dabei um sexuellen Missbrauch von Kindern, oder um unterschiedliche Ausprägungen häuslicher Gewalt, die sich vor allem darin zeigen, dass Kinder nicht nur körperliche Schäden, sondern vor allem auch seelische Folgeschäden erleiden, die sie nicht selten ihr Leben lang begleiten. Abgesehen davon, dass es sich dabei um juristisch relevante Straftaten handelt, die mit aller gebotenen Härte bestraft werden müssen, soll der Fokus hier noch auf einen weiteren Bereich von Kindesmisshandlungen gelegt werden, der bis dato nur zu selten im öffentlichen Bewusstsein repräsentiert zu werden scheint.

Die Rede ist hier von täglich in diversen Fernsehsendern angebotenen Talkshows, deren Qualität in vielerlei Hinsicht ernsthaft bestritten werden muss. Eines muss man manchen Fernsehmachern lassen: Sie verstehen es geradezu meisterhaft - wenngleich auch auf eine perfide Art - einen multiplikativen Mehrfachnutzen daraus zu ziehen, einerseits pseudo-pädagogische Sendungen zu produzieren, die auf den ersten Blick sehr lobenswerte Ansätze zu transportieren scheinen, anderseits sorgen sie aber durch eine bedenkliche hohe Anzahl minderwertiger und destruktiver Talkshows sowie brutaler Filme erst für einen Nährboden, auf dem zu einem nicht unerheblichen Teil erst solche Auswüchse entstehen können, wie sie dann seitens pseudo-pädagogischer Fachkräfte korrigiert werden. Kinder und Jugendliche, die tagtäglich mit Talkshows und Seifenopern traktiert werden, denen erkennbar jegliche Konstruktivität fehlt, gleiten nicht selten schnell in eine ebenso hirnlose wie bedenkliche Scheinwelt ab, deren Themenkatalog ebenso beschränkt wie perspektivisch schädlich ist. Ein verantwortungsbewusster Fernsehsender sollte vielmehr darauf achten, dass geistige Ausschussware der beschriebenen Art erst gar nicht ins Programm aufgenommen wird, um dann andernorts Sendungen mit pseudo-korrektivem Charakter anzubieten. Eine billige und perfide Strategie, die zunächst dafür sorgt, geistigen Müll zu verbreiten, um diesen dann anschließend zu "therapieren". Absurd.

Nahezu täglich „jagt" auf einigen Fernsehsendern eine hirnlose Talkshow die nächste; und das meistens zu einer Sendezeit, bei der anzunehmen ist, dass nicht zuletzt auch viele Kinder und Jugendliche zuschauen. Ergänzt werden derart minderwertige Talkshows, deren Themenkatalog sich oftmals auf solche Bereiche wie „Treuetest, Vaterschaftstest, Abzocken bei staatlichen Transferleistungen, Schönheitsoperationen, Fremdgehen u. ä." beschränkt, durch pseudo-seriöse Gerichtsshows. Doch auch dort ist der Themenkatalog der „aufzuklärenden" Fälle meist sehr einseitig. Da geht es beispielsweise um Auseinandersetzungen zwischen Menschen, denen erkennbar jeder respektvolle Umgang mit anderen Menschen fremd zu sein scheint, um Betrugsfälle, Vergewaltigungen sowie Mobbing. Kurz:

Alles Themen, bei denen heranwachsende Kinder nahezu zwangsläufig den Eindruck gewinnen müssen, dass ihr Umfeld nur noch aus Betrügern, Mördern, Vergewaltigern u. ä. verachtenswerten Gestalten besteht.

Einmal abgesehen davon, dass derartige Ausschussware keinerlei konstruktiven „Nährwert" hat, ist es mehr als bedenklich, dass solche Fernsehsendungen zum einen überhaupt produziert und ausgestrahlt werden, und zum anderen auch noch zu Zeiten, zu denen vor allem auch Kinder vor den Fernsehern sitzen. Da es sich hierbei um eine mehr als naheliegende Überlegung handelt, muss davon ausgegangenen werden, dass es einige Fernsehmacher gibt, die solche überaus schädlichen Tendenzen ganz bewusst dadurch schüren, indem sie nicht nur die absolute Zahl solcher „Ausschussware" erhöhen, sondern diese dann auch noch zu Zeiten anbieten, die vor allem heranwachsenden Kindern und Jugendlichen gegenüber nur als verantwortungslos bezeichnet werden müssen.

Da nun kaum anzunehmen ist, dass einige Fernsehmacher freiwillig auf die Verbreitung solch' bedenklicher Sendungen verzichten werden, ist es um so wichtiger, dass vor allem Eltern darauf achten, Kinder vor solchen Sendungen zu schützen, indem gewährleistet wird, dass ein unkontrolliertes Konsumieren so gar nicht mehr möglich ist. Technisch ist dies allemal möglich, wobei aber schon die elterliche Fürsorgepflicht ausreichend sein sollte, dies zu unterbinden.

Es ist schlichtweg absurd und verachtenswert zugleich, einerseits Sendungen mit fraglos minderwertigen Inhalten zu produzieren, diese dann u. a. auch Kindern und Jugendlichen zugänglich zu machen, um sich dann überrascht und schockiert darüber zu zeigen, dass immer mehr Kinder die ihnen im Fernsehen gezeigten Verhaltensmuster bedenklichen Inhalts in ihr eigenes Leben integrieren. Eine solche Strategie ist im Kern heuchlerisch und schädlich zugleich, da sie perspektivisch wesentliche Bausteine eines gedeihlichen und friedvollen Miteinanders systematisch untergräbt.

Längst hat sich hier eine gefährliche Eigendynamik ergeben, bei der sich zunehmend der Eindruck aufdrängt, dass die in Teilen bedrohlich steigende Zahl hirnloser Sendungen offenbar nur noch für eine Zielgruppe produziert wird, die sich ohnehin schon lange von der Teilnahme an einem „gesellschaftlich wertvollen und befriedigenden Leben" verabschiedet zu haben scheint. Auch in diesem Zusammenhang kann der Rat nur lauten: Wir erreichen substanzielle Verbesserungen hinsichtlich des Bildungs- und Erziehungsniveaus nicht dadurch, indem wir aus der Not mancher Menschen auch noch Kapital zu schlagen versuchen, dadurch, dass solche Menschen z. B. in billigen Talkshows zur Schau gestellt werden, sondern vielmehr dadurch, indem ihnen gezeigt wird, welche konstruktiven Alternativen es gibt, die ihnen dabei behilflich sein könnten, diesem „Teufelskreis" zu entkommen.

Wie zynisch müssen Moderatorinnen und Moderatoren sein, denen es offenbar sogar auch noch Spaß bereitet, Menschen geradezu „vorzuführen", denen erkennbar zivilisierte Kommunikationsformen fremd sind? Was sind das für Moderatorinnen und Moderatoren, die primitivste Auseinandersetzungen, wie man sie täglich in einigen Talkshows beobachten kann, auch noch bewusst anzuheizen versuchen, indem sie nicht rechtzeitig eingreifen? Kurz: Es macht wenig Sinn, einerseits an unterschiedlichen Stellen zu beklagen, dass es mit dem Bildungsniveau in Teilen unserer Gesellschaft nicht gerade gut bestellt ist, gleichzeitig aber Sendungen höchst fragwürdiger Güte zu produzieren, bei denen eigentlich klar sein sollte, dass sie die ohnehin schon bedauerlichen Zustände in Teilen unserer Gesellschaft nicht nur noch weiter zementieren, sondern solche bedenklichen Trends geradezu auch noch aktiv fördern. Es wird höchste Zeit, dass unsere Kinder, unsere Jugendlichen und letztlich wir alle von Sendungen der hier beschriebenen Machart verschont werden, denn eben diese tragen entscheidend mit dazu bei, *dass* Teile der Gesellschaft immer mehr verrohen.

Verantwortliche Eltern sollten also konsequent darauf achten, dass ihre Kinder keine Fernsehsendungen konsumieren, bei denen erkennbar ist, dass dort Inhalte transportiert werden, die für heranwachsende Kinder nicht zuträglich sind.

Entsprechendes sollte auch für den Bereich von Computerspielen gelten. Es ist fraglos sinnvoll, dass auch schon Kinder im Grundschulalter an das Medium PC herangeführt werden. Entscheidend dabei ist aber, dass eine PC-Nutzung nicht völlig unkontrolliert stattfindet – wie dies vielfach zu beobachten ist – sondern vielmehr in altersgerechter Art und Weise. Zu diesem Zweck ist es wichtig, dass verantwortungsbewusste Eltern sowohl die Inhalte der Computerspiele, wie auch das Mengenprofil kennen, dem sich ihre Kinder aussetzen.

Didaktisch wertvoll gestaltete Lernprogramme beispielsweise können bedingt dazu beitragen, Kinder für schulrelevante Themen zu interessieren. Nicht zuletzt eine überaus reichhaltige Auswahl im Internet – größtenteils sogar kostenlos – trägt dazu bei, dass sich sinnvolle Programmbibliotheken auf dem heimischen PC einrichten lassen, die dann auch zielgerichtet von Kindern genutzt werden können. Soweit so gut. Schaut man sich nun aber so manchen heimischen PC etwas genauer an, fällt oftmals auf, dass dort „Spiele" lagern, die keineswegs für heranwachsende Kinder geeignet sind. Da gibt es nicht selten Gewalt verherrlichende Spiele, bedenkliche Actionspiele u. ä., die von so manchen Kindern mit besonderer Präferenz konsumiert werden.

Kinder, die nicht selten regelmäßig derartige „Spiele" konsumieren, eignen sich – oftmals sehr schleichend – Verhaltensmuster an, die alles andere als konstruktiv sind. Die Auswirkungen auf das tägliche Leben zeigen sich dann oftmals darin, dass solche Kinder die in den sog. Computer-„Spielen" vorgelebten Verhaltensmuster auch in ihren Alltag zu integrieren versuchen. Nicht selten verschwimmen dabei die Grenzen zwischen einer virtuellen Computerwelt einerseits, und den Erlebnissen im Schulalltag, so dass derart konditionierte Kinder mitunter erhebliche Orientierungsschwierigkeiten aufweisen.

Neben den teils bedenklichen Inhalten, die in so manchen Computer-„Spielen" vermittelt werden, gibt es noch einen weiteren zu beobachtenden Trend, der sich bei manchen Kindern abzeichnet. Manche Kinder verbringen unverhältnismäßig viel Zeit vor dem PC, so dass sich diverse negative Konsequenzen daraus ergeben, wie beispielsweise eine zunehmende soziale Vereinsamung, Bewegungsarmut, die sich dann ihrerseits wieder ungünstig auf die Gesundheit der Kinder auswirkt usw.

174

Kurz: Verantwortungsbewusste Eltern sollten verstärkt darauf achten, wie sich die Nutzung des PCs bei ihren Kindern konkret gestaltet; d. h. welche Programme genutzt werden, und welches Zeitprofil gestattet wird. Als Richtwert für Kinder im Grundschulalter kann gelten, dass eine tägliche Nutzung von maximal 30 – 45 Minuten gestattet wird. Zeitprofile, wie sie nicht selten vorliegen, von vielleicht zwei bis drei Stunden täglich, sind entschieden zu viel.

Im Internetzeitalter sind zunehmend auch PC, die inzwischen zur Grundausstattung der meisten Haushalte gehören, dazu geeignet, nahezu beliebig Programme aus dem Internet auf den heimischen PC downzuloaden. Dabei wird die Technik des Downloadens oftmals von Kindern ungleich besser beherrscht, als von so manchen Eltern. Im Interesse einer kindgerechten und altersgerechten Erziehung im häuslichen Umfeld, sollten Eltern unbedingt darauf achten, dass der PC, zu dem ihre Kinder freien Zugang haben, mit einigen hilfreichen Sicherheitstools ausgestattet wird. Neben den inzwischen auf den meisten PC schon selbstverständlichen Schutzprogrammen, wie einer Firewall und einem Antivirenprogramm, sollte auf PCn, die auch von Kindern genutzt werden, dafür gesorgt werden, dass benutzerspezifische Profile angelegt werden, die dafür sorgen, dass z. B. Internetseiten mit nicht kindgerechten Inhalten, nur durch ein Passwort geöffnet werden können, welches Sinnvollerweise nur den Eltern bekannt sein sollte. Technisch ist dies bei einem PC, der mit dem Betriebssystem WINDOWS arbeitet, kein Problem. Im Zweifelsfall sollten sich Eltern fachkundige Hilfe holen, denn die Konsequenzen aus einem unkontrollierten Internetzugang für Kinder, sind vielfach wenig günstig, so dass es sich auf jeden Fall empfiehlt, hier prophylaktisch tätig zu werden.

Eine Kindesmisshandlung ganz anderer Art soll hier auch nicht unerwähnt bleiben. Die Rede ist dabei von unserer Sprache. Sprache stellt – im Guten, wie im Schlechten – eine enorme Kraft dar. Ein Blick in so manches Elternhaus, in so manches Klassenzimmer usw. zeigt leider oft, dass manche Kinder eine zunehmend verrohte Sprache benutzen, bei der u. a. Schimpfwörter der übelsten Art verwendet werden. Da nun wohl kein Kind auf die Welt kommt, das von Anbeginn an eine unflätige und beleidigende Sprache benutzt, liegt die Vermutung mehr als nah, dass die vielfach zu beobachtende Sprachverrohung Folge einer mangelhaften und / oder extrem nachlässigen Erziehung sein muss.

Kinder, die täglich – sowohl im Elternhaus, wie auch in der Schule, wie auch in vielen Medien, erleben, dass es offenbar völlig in Ordnung sei, dass Menschen sich bei Meinungsverschiedenheiten auch verbal anpöbeln, Kinder, die erleben, dass die Benutzung unflätiger und beleidigender Schimpfwörter mitunter nicht nur geduldet, sondern zuweilen auch sogar noch als besonders lustig empfunden wird, entwickeln aus naheliegenden Gründen kaum ein Gespür dafür, dass sie mit einer derart verrohten Sprache im späteren Leben viele Widerstände provozieren werden, und sich somit nicht selten ins Abseits stellen.

Es ist unübersehbar, dass es auch im Schulalltag oftmals nicht dabei bleibt, unflätige Wörter nur zu benutzen, sondern eine fortgesetzte Nutzung einer verrohten Sprache trägt unweigerlich auch dazu bei, dass sich Kinder insgesamt in einer wenig konstruktiven Art und Weise entwickeln. Sprache transportiert nicht zuletzt auch Werte wie z. B. Respekt, Achtung usw. Zudem gibt es auffällige Korrelationen zwischen der Nutzung einer verrohten Sprache einerseits, und schulischen Leistungen, anderseits. Kinder, die durch eine unflätige Sprache auffallen, haben nicht selten dann auch schulische Probleme, die sich vor allem in schlechteren Leistungen ausdrücken.

Kinder, deren Eltern nicht konsequent darauf achten, dass sie nach Möglichkeit von Menschen und Medien ferngehalten werden, bei denen es offenbar der Normalzustand ist, Konflikte durch verbale Pöbeleien primitivster Form auszutragen, sind insofern stark gefährdet, weil sie noch nicht über die bei manchen Erwachsenen vorhandenen „Filter" verfügen, die sie erkennen lassen, dass die Benutzung einer verrohten Sprache vielerlei überaus ungünstige Folgeerscheinungen produzieren kann.

Dass die sprachliche Verrohung in Teilen so mancher Schule schon bedenklich weit voran geschritten ist, zeigt sich z. B. daran, dass mitunter sogar Lehrkräfte als „Hurensohn, Wichser o. ä." bezeichnet werden. Dies allein wäre schon schlimm genug. Doch damit nicht genug. Nur allzu oft werden derartige Unverschämtheiten nicht zeitnah und konsequent geahndet, so dass es für die betreffenden Verbalchaoten gar keinen Grund gibt, dieses inakzeptable Verhalten zu verändern. Da gibt es z. B. LehrerInnen und Rektorinnen / Rektoren, die – obwohl sie ausdrücklich über derartige Verfehlungen in Kenntnis gesetzt wurden – rein gar nichts unternehmen, um solche Unverschämtheiten zukünftig zu unterbinden. Die Motive für ein solch' ignorantes Verhalten sind nicht selten darin zu sehen, dass „entscheidende Leute" an einigen Schulen ganz offenbar Angst davor haben, dass dann die Eltern solcher Kinder in der Schule vorstellig werden könnten. Die ebenso feige wie letztlich unsinnige Devise einiger Lehrkräfte scheint hier zu lauten: „Bloß kein Aufsehen erregen. Das könnte unangenehm werden. Lieber schweigen, und eine Faust in der Tasche machen usw."

Es bedarf keiner prophetischen Fähigkeiten, zu prognostizieren, dass eine derartige Strategie perspektivisch zum Scheitern verurteilt sein muss. Offensichtliche und inakzeptable Missstände lassen sich eben nicht durch ignorantes, feiges Stillhalten beseitigen, sondern vielmehr durch ein zielgerichtetes, entschlossenes Handeln. LehrerInnen und SchulleiterInnen, die entweder nicht willens und / oder dazu fähig sind, unverschämte Verhaltensweisen ihrer SchülerInnen zu unterbinden, müssen sich den Vorwurf gefallen lassen, dass sie unverantwortlich handeln. Nur allzu oft ist nämlich zu beobachten, dass vor allem solche Kinder – die es glücklicherweise auch noch gibt – empfindlich unter nicht selten schlimmsten Verbalentgleisungen zu leiden haben, die ihre Schule als einen geschützten Raum erleben möchten, in dem sie konstruktiv lernen dürfen. Leider wird genau dieser sehr berechtigte Wunsch durch manche ignorante und feige LehrerInnen und Schulleitungen im Ansatz erstickt.

Da gibt es beispielsweise Rektorinnen, bei denen sich ernsthaft die Frage aufdrängt, ob sie entweder tatsächlich so blind für so manch' bedenkliche Verhaltensweisen einiger ihrer SchülerInnen ist, oder ob sie womöglich noch immer nicht erkannt haben, dass sich notorisch und bewusst provokant verhaltende Kinder eben nicht dadurch zu einem angemessenen Verhalten erziehen lassen, indem man sie nur endlos ermahnt, und die betreffenden Kinder sich dann sogar auch noch einen Spaß daraus machen, indem sie

Aussagen der Art tätigen wie: „Die Frau X macht doch sowieso nichts. Warum soll ich mich dann ändern?".

Aus der Sicht so argumentierender Kinder ist es leicht nachvollziehbar, dass sie ihrerseits keinerlei Grund zu einer Verhaltensänderung erkennen; wie denn auch? Die entscheidenden Erziehungsfehler werden vielmehr von solchen Lehrkräften gemacht, die sich – nur, um bloß kein Aufsehen zu erregen – nicht trauen, unübersehbare Unverschämtheiten auch als solche zu benennen, und diese dann ebenso entschieden zu unterbinden. Gerade im Interesse unserer Kinder brauchen wir LehrerInnen, die genügend Charakterstärke und Durchsetzungskraft haben, unübersehbare Entgleisungen rechtzeitig zu korrigieren. Lehrkräfte, die dazu nicht bereit und / oder fähig sind, schaden sowohl den Kindern, wie auch sich selbst. Warum das? Nun, in unzähligen Einzelgesprächen mit Lehrerinnen und Lehrern so mancher Schule, gewinnt man schnell den Eindruck, dass viele LehrerInnen – aus verständlichen Gründen – unter den teils bedenklichen Zuständen in so mancher Klasse zu leiden haben. Ebenso klar wird dann aber leider auch, dass es offenbar nur verhältnismäßig wenige LehrerInnen zu geben scheint, die dann auch den Mut aufbringen, zeitnah und entschieden Maßnahmen zu einer notwendigen und sachgerechten Korrektur einzuleiten.

Insgesamt bleibt festzuhalten, dass es sehr vielfältige Formen von Kindesmisshandlung gibt, die aber alle eine ebenso schlimme, wie nicht selten auch nachhaltig wirkende Gemeinsamkeit haben, die da lautet: Kindesmisshandlungen, ganz gleich in welcher Form, verschlechtern die schulischen Rahmenbedingungen sowie die Lebensperspektiven ganz entscheidend. Insofern gilt auch hier der Rat: „Wehret den Anfängen".

09.   Nachhilfe: Ein boomender Markt

Laut unterschiedlicher repräsentativer Befragungen sowie vor dem Hintergrund wissenschaftlicher Untersuchungen, nehmen etwa zwanzig Prozent (eher sogar noch mehr!) aller SchülerInnen Nachhilfeunterricht in Anspruch. Dabei fällt u. a. auf, dass vor allem auch der Anteil der GrundschülerInnen, die schon sehr früh Nachhilfeunterricht bekommen, seit längerer Zeit signifikant angestiegen ist. Wer nun vielleicht vorschnell vermutet, es handele sich dabei primär um einen Nachhilfeunterricht für ausländische Kinder, die womöglich im Fach Deutsch gefördert würden, sieht sich getäuscht. Ein erheblicher Teil der Grundschulkinder bekommt nicht selten schon ab der zweiten Klasse Nachhilfeunterricht in den Fachbereichen Mathematik, Rechtschreibung, Sachkunde usw. Dieser unübersehbar wachsende Bedarf an Nachhilfe ist ein deutliches Warnsignal, dass im deutschen Bildungssystem einiges nicht so abläuft, wie es notwendig, sinnvoll und wünschenswert wäre.

Mittlerweile geben Eltern etwa zwei Milliarden Euro jährlich für Nachhilfeunterricht aus, wobei etwa 25 % der Eltern monatlich mehr als 100 € für die außerschulische Nachhilfe aufwänden.

Eine Befürchtung, die viele Eltern sicher nicht zu unrecht äußern, besteht darin, dass es in unserem Land eine zunehmende Aufteilung dahingehend gibt, bei der *ein* Teil der Eltern den Kindern durch nicht selten beachtliche finanzielle Mittel einen Nachhilfeunterricht finanziert, wogegen der *andere* Teil sich einen solchen Luxus nicht leisten kann.

Sollte es nicht Aufgabe der Schulen sein, dafür zu sorgen, dass ihre SchülerInnen den Anforderungen des Unterrichts gerecht werden können? Dass es in Teilen unseres Schulalltags nicht „rund" läuft, ist unübersehbar. Allerdings wäre es sicher undifferenziert und unfair, wollte man die Schuld für diesen Missstand allein bei den Lehrkräften suchen. Anderseits darf aber auch nicht übersehen werden, dass es sehr wohl LehrerInnen gibt, die offensichtlich entscheidend dazu beitragen, dass eine so überaus große Zahl von Schülerinnen und Schülern privaten Nachhilfeunterricht in Anspruch nimmt, oder besser gesagt, in Anspruch nehmen muss.

Was sind mögliche Ursachen für einen wachsenden Bedarf an privater Nachhilfe? Nun, nicht zuletzt bei dieser Frage wird deutlich, dass sich der Schulalltag unserer Kinder nicht isoliert betrachten lässt, sondern dass er vielmehr eingebettet ist in ein höchst komplexes Geflecht von Ursache und Wirkung, das leider nur allzu oft ignoriert wird. Hier eine kleine Auswahl häufiger Gründe für eine Inanspruchnahme von privater Nachhilfe:

- Fachliche Probleme, bedingt dadurch, dass es LehrerInnen gibt, deren Stärke offenbar nicht darin besteht, Kindern Sachverhalte kindgerecht zu erklären
- Persönliche Probleme im Umgang mit einigen Lehrkräften
- Konzentrationsschwäche, überwiegend bedingt durch unkontrollierten Medienkonsum
- Lernschwäche (sollte ärztlich abgeklärt werden)
- Familiäre Probleme, die Kinder stark belasten

- Fehlende Lernstrukturen (z. B. kein gutes Zeitmanagement)
- Nicht zeitnahes Korrigieren von Fehlern in Elementarbereichen (z. B. keine regelmäßigen und zuverlässigen Hausaufgabenkontrollen seitens mancher LehrerInnen)
- Phasen längerer Krankheit
- Umzugsbedingter Schulwechsel
- Altersbedingte „Durchhänger" (z. B. während der Pubertät)
- Fehlende innerfamiliäre Unterstützung

Diese Liste ließe sich problemlos noch sehr erweitern. Entscheidend ist die Erkenntnis, dass die Gründe für eine Inanspruchnahme eines privaten Nachhilfeunterrichts sehr vielseitig sind. Wie für andere Lebensbereiche gleichermaßen, gilt auch hier: Bevor eine sachgerechte Entscheidung getroffen werden kann, ob bzw. in welcher Form ein privater Nachhilfeunterricht sinnvoll ist, sollte im Vorfeld unbedingt geklärt werden, welche individuellen Rahmenbedingungen jeweils vorliegen.

Ein/e SchülerIn, der / die beispielsweise über Verständnisprobleme in einem eng umgrenzten Themenkreis klagt, benötigt einen völlig anders strukturierten Privatunterricht als zum Beispiel ein/e SchülerIn, der / die erkennbar größere Lücken hinsichtlich wichtiger Elementarkenntnisse aufweist, die mitunter mehrere Jahre zurückreichen. Ein/e SchülerIn, der / die aufgrund innerfamiliärer Probleme unter Konzentrationsschwäche leidet, muss anders unterrichtet werden, als ein Kind, das erwiesenermaßen unter ADHS (Aufmerksamkeit-Defizit-Hyperaktivität-Syndrom) leidet. An dieser Stelle darf der Hinweis nicht fehlen, dass der Begriff ADHS seit einigen Jahren geradezu inflationär verwendet wird. Urplötzlich soll es nun so sein, dass eine unverhältnismäßig große Zahl von Kindern unter ADHS leiden?! Nein, es sieht vielmehr so aus, dass dieser Modebegriff nur allzu gern für jedes unkontrollierte, unbequeme, chaotische Verhalten missbraucht wird, bei dem sich so manche/r LehrerIn – teils sicher auch mangels Wissen – aus der Verantwortung stiehlt. Der weitaus überwiegende Teil von Kindern, die durch übermäßigen Bewegungsdrang, unkontrollierte Verhaltensweisen, undiszipliniertes Verhalten, Konzentrationsschwäche usw. auffallen, leiden keineswegs immer sogleich unter ADHS, sondern vielmehr darunter, dass sie nicht selten in einem chaotischen Umfeld aufwachsen, dem jegliche geordneten Strukturen fremd zu sein scheinen. So ist beispielsweise Konzentrationsschwäche, eine der Hauptursachen für schulischen Misserfolg, nur in den seltensten Fällen (ca. fünf Prozent) auf ein ärztlich diagnostiziertes ADHS zurückzuführen, sondern vielmehr darauf, dass viele Kinder in einem für sie überaus schädlichen Maß Medien vielfältigster Art konsumieren. Kinder, die täglich oft stundenlang vor dem PC sitzen, dort dann „Spiele" nutzen, denen oftmals jeglicher konstruktive Sinn abgesprochen werden muss, „Spiele", die nicht selten extrem hektisch sind, tragen nicht gerade dazu bei, Kindern eine gute Grundlage zur Konzentration zu geben. Kinder, die täglich mit Fernsehsendungen überschüttet werden, bei denen hektische Bildfolgen gezeigt werden, die eine kindliche Auffassungsgabe erkennbar überstrapazieren, haben somit „beste" Voraussetzungen dafür, in der Folgezeit unter Konzentrationsschwäche zu leiden. Kurz: ADHS ist – sofern es sich um eine ärztlich gesicherte Diagnose handelt – ein sehr ernstzunehmendes Beschwerdebild, das vor allem auch das Umfeld solcher Kinder sehr stark beansprucht.

Kinder, die tatsächlich unter ADHS leiden, können und müssen zudem in einer Art und Weise unterrichtet werden, die die fachlichen Kompetenzen der meisten NachhilfelehrerInnen signifikant übersteigen. Das liegt vor allem daran, dass ADHS-Kinder Lerntechniken anwenden, die sich oftmals deutlich von denen „normaler" Kinder unterscheiden. NachhilfelehrerInnen, die diese elementaren Kenntnisse entweder nicht besitzen, oder sie womöglich ignorieren, schaden den ADHS-Kindern mehr, als sie ihnen nutzen.

Eine in vielen Teilen unserer Gesellschaft auffällige Zunahme von Hektik, ist eine der entscheidenden Ursachen dafür, dass kindliche Lernprozesse empfindlich gestört werden. Besonders dramatisch sind solche Tendenzen im Grundschulbereich, weil viele Kinder dort zu einer für sie immens wichtigen Zeit beim Aufbau elementarer Fähigkeiten behindert werden; bedingt dadurch, dass Hektik und Chaos ein ebenso schädlicher wie „treuer" Begleiter im Schulalltag vieler Kinder sind. Schaut man in viele Klassen, sieht man mit einer Mischung aus Erstaunen und Besorgnis, dass es LehrerInnen gibt, die schon längst davor kapituliert haben, an solch' bedenklichen Zuständen entscheidend etwas zu verändern. Kinder, die täglich in einem schulischen Umfeld lernen sollen, das von Hektik und Chaos durchdrungen ist, verlieren aus verständlichen Gründen meist sehr schnell die Freude am Lernen. Unzählige Einzelgespräche mit Kindern und deren besorgten Eltern, zeigen immer wieder deutlich, dass viele Kinder schon resigniert haben, da sie nämlich – im Gegensatz zu so mancher Lehrkraft – längst gemerkt haben, dass hektische und chaotische Rahmenbedingungen im Klassenraum keinerlei konstruktive Voraussetzungen für hilfreiche Lernprozesse darstellen. So manches Kind, das sehr

184

wohl zu einer guten Leistung fähig wäre, wird zwischen chaotischen Mitschülerinnen und Mitschülern einerseits, und untätigen Lehrkräften anderseits, aufgerieben. Genau das ist sehr häufig der Moment, an dem Eltern, die es sich leisten können, private Dienstleister um Hilfe bitten, da sie über lange Zeiträume haben erfahren müssen, dass seitens mancher LehrerInnen keinerlei sachgerechte Hilfe beim Abbau der oftmals schlimmen Zustände in so manchem Klassenzimmer zu erwarten ist.

Dass ein zunehmender Bedarf an außerschulischen Hilfsangeboten besteht, ist unübersehbar. Dies haben nicht nur die marktführenden Franchise-Ketten „Studienkreis" und „Schülerhilfe" für sich entdeckt. Das Angebot für privaten Nachhilfeunterricht reicht von Schülerinnen und Schülern, die sich durch einige Stunden etwas Taschengeld verdienen möchte, über pensionierte LehrerInnen, die auch über ihre Pensionierung hinaus den Kontakt zu Kindern und Jugendlichen nicht verlieren möchten, über festangestellte Lehrkräfte, die sich ein Zubrot verdienen möchte, über die schon genannten kommerziellen Anbieter, bis hin zu Dienstleistern, die aufgrund eigener beruflicher Tätigkeitsfelder mitunter auch interdisziplinär tätig werden, so dass sich der Nachhilfeunterricht nicht mehr nur auf eine schulfachliche Unterstützung, sondern vielmehr auf eine umfassende Hilfe bezieht, die nicht zuletzt auch Aspekte des individuellen Lernumfeldes sinnvoll berücksichtigt.

Ob, bzw. welche spezielle Art von Nachhilfeunterricht für Kinder oder Jugendliche sinnvoll ist, hängt von vielen Faktoren ab, mit deren sachgerechter Beurteilung viele Eltern aus verständlichen Gründen oftmals überfordert sind. Häufig mag es naheliegend und sinnvoll erscheinen, zunächst die zuständigen FachlehrerInnen oder KlassenlehrerInnen dahingehend zu befragen, ob bzw. welche Art von Nachhilfeunterricht sinnvoll sein könnte. Leider ist es aber so – wie in anderen Lebensbereichen auch – dass die Qualität einer solchen Einschätzung entscheidend davon abhängt, inwieweit der / die um Rat gefragte LehrerIn fachlich dazu in der Lage ist, sachgerecht einschätzen zu können, welche Aspekte zu einer sinnvollen Entscheidung herangezogen werden müssen, so dass schlussendlich auch eine Entscheidung im Interesse des Kindes, und nicht womöglich gegen eben dieses zustande kommt. LehrerInnen beispielsweise, für die Begriffe wie „konstruktive Lerntechniken", „intelligentes Zeitmanagement", „Unterscheidung zwischen ADHS und schlechter Erziehung" allenfalls noch Begriffe sind, von denen sie „sehr dunkel während ihres Studiums gehört zu haben glauben", die aber im praktischen Schulalltag erkennen lassen, dass sie zuweilen einen pädagogisch höchst zweifelhaften Unterrichtsstil praktizieren, sind wenig dazu geeignet, um Rat suchende Eltern sinnvoll bei einer Entscheidungsfindung zu unterstützen. Neben nicht selten fachlichen Defiziten, die für eine gute Beratung aber zwingend nötig wären, spielen zuweilen auch persönliche Gründe eine wesentliche Rolle, die vor allem dadurch motiviert sein könnten, in dem boomenden Nachhilfemarkt eine perspektivisch ernstzunehmende Konkurrenz zu sehen, die mit allen lauteren und unlauteren Mitteln bekämpft werden muss.

Verantwortungsbewusste LehrerInnen sowie verantwortungsbewusste Eltern sollten selbstkritisch hinterfragen, inwieweit sie fachlich dazu in der Lage sind, sachgerecht entscheiden zu können, welche spezifische Art von Nachhilfeunterricht im Einzelfall angezeigt erscheint. *Im* Interesse der Kinder sollten persönliche Befindlichkeitsstörungen, wie sie zuweilen zwischen festangestellten Lehrkräften und externen Anbietern festzustellen sind, keine seriöse Entscheidungsgrundlage darstellen.

Welche wesentlichen Nachhilfetypen sind zu unterscheiden?

- SchülerInnen, die fachliche Hilfe in einem klar umgrenzten Fachbereich benötigen
- SchülerInnen, die aufgrund längerer Krankheit den Anschluss wiederherstellen möchten
- SchülerInnen, die eine durchgängige Begleitung bei der Anfertigung ihrer Hausaufgaben wünschen
- SchülerInnen, die unter Motivationsproblemen leiden
- SchülerInnen, die primär aufgrund mangelhafter Konzentration schlechte Schulleistungen erbringen
- SchülerInnen, die gezielt für eine Versetzung trainiert werden sollen
- SchülerInnen, deren Eltern größten Wert darauf legen, dass ihre Kinder möglichst optimal gefördert werden
- SchülerInnen, die bis dahin über keine geordneten Lernstrukturen verfügen
- SchülerInnen, die – lernpsychologisch gesichert – unter Lernstörungen leiden
- SchülerInnen, die – medizinisch gesichert – unter ADHS leiden
- SchülerInnen, bei denen anzunehmen ist, dass es sich um Grenzfälle von Legasthenie und / oder Dyskalkulie, handelt

187

- SchülerInnen, die im häuslichen Umfeld keine sachgerechte Unterstützung erfahren
- SchülerInnen, die aus sozial schwierigen Familien kommen
- Usw.

Kurz: Die Gründe für eine notwendige und sinnvolle Inanspruchnahme sind sehr vielfältig. Ebenso vielfältig sind die Qualifikationsprofile derer, die privaten Nachhilfeunterricht anbieten. Schon ein schneller Blick in die obige Auflistung macht deutlich, dass die Anforderungen, die an qualitativ hochwertige NachhilfelehrerInnen gestellt werden (müssen), in Teilen sehr weit über ein Maß hinaus gehen, was ein/e „normale/r" LehrerIn im Regelfall zu leisten vermag.

So muss beispielsweise unterschieden werden zwischen einem Nachhilfeunterricht, der sich primär auf einen Ausgleich schulfachlicher Defizite konzentriert, oder einem Nachhilfeunterricht, der Elemente einer sinnvollen Lerntechnik integriert, oder einem Nachhilfeunterricht, bei dem zunächst einmal eine verhaltensgerechte Grundlage erarbeitet wird, auf deren Basis dann ein konstruktiver Unterricht stattfinden kann. Nicht selten führen auch innerfamiliäre Probleme dazu, dass Kinder einen Privatunterricht in Anspruch nehmen. Spätestens dann sind „normale" Lehrkräfte oftmals überfordert, weil es vor allem auch darauf ankommt, psychologisch tätig zu werden. Schulfachliche Qualitäten allein reichen bei komplexeren Problemfällen – wie sie inzwischen in größerer Zahl auftreten – für einen sachgerechten Privatunterricht nicht mehr aus. Insbesondere solche Hilfen, die zwar durchaus positiv motiviert sein mögen, denen aber die fachlichen Qualitäten fehlen, richten mitunter mehr Schaden an, als sie den betreffenden Kindern gut täten.

Von daher sollten vor allem Eltern darauf achten, einen Anbieter zu wählen, der erwiesenermaßen über die notwendige Fachkompetenz sowie über entsprechend gute Referenzen verfügt, bevor sie ihr Kind einem für es bis dahin fremden Menschen anvertrauen.

Welche Vorgehensweise empfiehlt sich bei der Entscheidung, ob bzw. in welcher Form ein Kind Nachhilfeunterricht nehmen sollte?

Zunächst einmal gilt es, herauszufinden, ob es sich um inhaltlich und zeitlich begrenzte Defizite handelt, die vergleichsweise kurzfristig beseitigt werden könnten, oder ob es sich mehr um einen „schleichenden Prozess" handelt, bei dem sich die Leistungen eines Kindes über einen längeren Zeitraum kontinuierlich verschlechtert haben. Bevor Rat von fachkundigen Dritten eingeholt wird, sollten Sie in jedem Fall vorab ein intensives und offenes Gespräch mit Ihrem Kind führen, um zu erfahren, was aus kindlicher Sicht mögliche Gründe für schlechte Schulleistungen sein könnten. In einem solchen Eltern-Kind-Gespräch lassen sich häufig schon entscheidende Ansätze zur Verbesserung erkennen. Möglicherweise hat Ihr Kind persönliche Probleme im Umgang mit der einen oder anderen Lehrkraft? Womöglich fühlt sich Ihr Kind in der Klassengemeinschaft nicht wohl? Unter Umständen wird Ihr Kind im Klassenverband gemobbt (das ist mittlerweile gar nicht mal so selten)? Vielleicht hat Ihr Kind Schwierigkeiten, den Erklärungen der Lehrkräfte zu folgen? Möglicherweise fühlt sich Ihr Kind krank, oder ist es vielleicht sogar? Eventuell leidet Ihr Kind unter einer bis dahin nicht erkannten Lernstörung?

Vielleicht bedrückt das Kind irgendetwas im familiären und / oder schulischen Umfeld, über das es bis dahin nicht zu sprechen gewagt hat? Kurz: Gründe für schlechte Schulleistungen gibt es sehr viele. Bevor hier vorschnell eine „Lösung von außen" angestrengt wird, sollte unbedingt geklärt werden, welche Aspekte ursächlich für schlechte Schulleistungen verantwortlich sind.

Sobald klar ist, wo genau die Ursachen für schlechte Schulleistungen zu suchen sind, gilt es, zu überlegen, wie eine sachgerechte Hilfe organisiert werden könnte. Als hilfreiche Orientierungspunkte können folgende Überlegungen dienen:

Handelt es sich um inhaltlich klar begrenzte Defizite, die nur einen engen Fachbereich betreffen (z. B.: Ein Kind hat das Schriftliche Dividieren nicht verstanden), wobei das Kind ansonsten keine auffälligen Defizite umfangreicherer Art und Weise erkennen lässt? In einem solchen Fall kann eine zeitlich begrenzte Nachhilfe älterer SchülerInnen oder einer studentischen Hilfskraft sinnvoll sein.

Liegen Defizite komplexerer Art vor – das ist oftmals der Regelfall – bei denen erkennbar ist, dass nicht zuletzt auch zeitlich zurückliegende Themen, die nicht verstanden worden sind, ursächlich für schlechte Schulleistungen verantwortlich sind, wobei das Kind aber ansonsten keine Verhaltensauffälligkeiten zeigt, so ist auf jeden Fall anzuraten, eine/n fachlich kompetente/n LehrerIn zu Rate zu ziehen, der / die auch in der Lage ist, größere Zusammenhänge sachgerecht in einen qualitativ guten Nachhilfeunterricht einfließen zu lassen.

Zunehmend ist zu beobachten, dass das Ursachengeflecht vieler SchülerInnen, die Nachhilfeunterricht in Anspruch nehmen, immer breiter und tiefer geworden ist. Häufig ist es so, dass es keineswegs mehr ausreicht, das eine oder andere „kritische Thema" sachgerecht aufzuarbeiten, da nicht selten elementare Fähigkeiten, die ihrerseits zur sinnvollen Bearbeitung eines bestimmtes Themas zwingend notwendig wären, entweder gar nicht, oder nur äußerst rudimentär vorhanden sind. Schon bei Grundschulkindern, spätestens aber in den Anfangsklassen weiterführender Schulen, wird überdeutlich, dass viele SchülerInnen, die aus den Grundschulen entlassen werden, in Teilen nur über sehr mangelhafte Kenntnisse in wesentlichen Kernbereichen verfügen. Da ist es beispielsweise keine Seltenheit, dass SchülerInnen einer sechsten Klasse ernsthaft sagen: „Wie, was? Den Begriff „Subjekt" habe ich noch nie gehört." Oder: „Wie, was? „Dividieren" Hä? Was? Wie? Keine Ahnung." Schnell wird dann klar, dass es in vielen Fällen eben keine „schnelle Hilfe" geben kann, die „mal so eben" Defizite aufarbeiten soll, die nicht selten weit in den Grundschulbereich zurückreichen? Kurz: In solchen Fällen muss ein verantwortungsbewusster Nachhilfeunterricht so organisiert werden, dass zunächst einmal eine sorgsame Bestandsaufnahme durchgeführt wird, die klar aufzeigt, wo genau die Ursachen für gezeigte, schwache Schulleistungen liegen. In sehr vielen Fällen wird dann weiterhin schnell klar, dass es oftmals auch an ungünstigen Rahmenbedingungen liegt, die entscheidend mit dazu beitragen, dass sich Kinder irgendwann in einem Dickicht aus „Konzentrationsschwäche, chaotischer innerfamiliärer Organisation, Frust, Traurigkeit, objektiven Wissenslücken usw." verlieren. Kurz: In solchen Fällen

191

muss der Nachhilfeunterricht von kompetenten Lehrkräften durchgeführt werden, die auch zu einer Gesamtschau fähig sind.

Eine weitere Variante, die sich in Teilen unserer Gesellschaft mit bedenklicher Geschwindigkeit ausbreitet, sieht so aus, dass es zusätzlich zu diversen fachlichen Problemen, Organisationsproblemen, sozialen Problemen usw. mitunter schwerwiegendere psychologische Probleme gibt; bedingt z. B. dadurch, dass „etwas in der Familie nicht stimmt". Häufig sind es Kinder alleinerziehender Eltern, die aus teils verständlichen Gründen oftmals mit der Erziehung ihrer Kinder überfordert sind. Eltern, die – teils aus einer wirtschaftlichen Zwangslage heraus, oder zuweilen auch mehr aus Egoismus – mehr mit sich selbst beschäftigt sind, als damit, zeitnah und sachgerecht zu beobachten, ob das eigene Kind womöglich „abdriftet", tragen einen entscheidenden Teil dazu bei, dass ein qualitativ guter Nachhilfeunterricht für so manches Kind der einzige „Hoffnungsanker" sein kann, da sie innerfamiliär zuweilen nicht die notwendige und gewünschte Zuwendung erfahren. Bei dieser Zielgruppe ist dringend anzuraten, dass der Privatunterricht ausschließlich von solchen Fachkräften durchgeführt werden sollte, die sowohl die schulfachliche Qualifikation, wie auch ausgeprägte pädagogische Fähigkeiten, wie auch nicht zuletzt eine psychologisch fundierte Beratung anbieten können. Dies ist eine Zielgruppe, die von „normalen" Lehrerinnen und Lehrern i. d. R. nicht mehr sachgerecht betreut werden kann, da entscheidende Voraussetzungen zur Durchführung eines Nachhilfeunterrichts fehlen.
Für Rat suchende Eltern stellt sich zudem die grundsätzliche Frage, ob sie ihr Kind besser einem der größeren Nachhilfeinstitute anvertrauen sollten, oder

besser einen privaten Einzelunterricht buchen? Beide Varianten haben spezifische Vorteile. Ein Gruppenunterricht, wie er überwiegend bei kommerziellen Anbietern zu finden ist, mag dann sinnvoll sein, wenn ihr Kind grundsätzlich gern und effektiv in einer Gruppe arbeiten kann. Zu bedenken ist aber grundsätzlich, dass es – je nach Anbieter – zuweilen sehr inhomogene Gruppen gibt, bei denen Kindern unterschiedlichen Alters, und unterschiedlicher Vorkenntnisse, in einer Gruppe zusammengefasst werden, so dass die Lernqualität zuweilen als nicht günstig bezeichnet werden muss. Ein wesentlicher Aspekt, von dem sich Eltern nicht blenden lassen sollten, sind die „auf den ersten Blick" oftmals „günstigen Tarife" kommerzieller Anbieter. Dabei darf nicht vergessen werden, dass es schon aus organisatorischen Gründen einen erheblichen Unterschied macht, ob z B. ihr Kind in einer Gruppe mit vielleicht sechs bis zehn weiteren Kindern unterrichtet wird, oder ob es bei einem privaten Nachhilfeunterricht die ungeteilte Aufmerksamkeit eines / einer Privatlehrers / Privatlehrerin, bekommt.

Das Preisgefüge für privaten Einzelunterricht reicht dabei von etwa 5 – 10 Euro je Unterrichtsstunde (45 Minuten) bei Schülerinnen und Schülern, etwa 8 – 15 Euro je Unterrichtsstunde bei Studentinnen und Studenten, etwa 15 – 30 Euro je Unterrichtsstunde bei Lehrerinnen und Lehrern, bis hin zu etwa 20 – 50 Euro bei Fachpersonal mit Mehrfachqualifikationen (z. B. schulfachliche Kompetenz zzgl. psychologische Beratung, Vermittlung von Lerntechniken usw.)
Der überwiegende Teil der NachhilfeschülerInnen erhält durchschnittlich etwa zwei Wochenstunden Privatunterricht; vorausgesetzt, es müssen keine „Baustellen" beseitigt werden, die mehr im

psychologisch-innerfamiliären Bereich zu suchen sind. In solchen Fällen werden nicht selten auch wöchentlich drei bis vier Unterrichtsstunden gebucht, wobei es häufig notwendig und sinnvoll ist, die gesamte Familie in den Prozess einzubinden. Schulische Probleme von Kindern, wie z. B. schlechte Noten, lassen sich zu einem erheblichen Teil darauf zurückführen, dass in den betreffenden Familien entweder gar keine, oder nur unzureichende Voraussetzungen für ein günstiges Lernumfeld gegeben sind. Von daher besteht ein nicht unerheblicher Teil heutigen Nachhilfeunterrichts zunehmend darin, überhaupt erst einmal Bedingungen zu schaffen, auf deren Grundlage die SchülerInnen dann perspektivisch sinnvoll und effektiv arbeiten können. Qualitativ gute NachhilfelehrerInnen müssen somit vielfältige Qualifikationsmerkmale aufweisen, die nicht selten deutlich über einen schulfachlichen Teil hinaus gehen. Oftmals kommt es vor, dass ein Nachhilfelehrer zugleich als Seelentröster, Psychologischer Berater, Spielkamerad, Beschützer gegenüber gewalttätigen Dritten (leider auch zuweilen innerfamiliär!) usw. fungiert.

Welche Chancen haben Eltern, qualitativ gute Nachhilfeanbieter ausfindig zu machen? Neben inzwischen diversen Internetbörsen, die sich über entsprechende Suchbegriffe leicht ausfindig machen lassen, ist die effektivste und zugleich sinnvollste Methode meist die, andere Eltern und Kinder dahingehend zu befragen, ob sie bereits eigene Erfahrungen mit einem speziellen Anbieter gemacht haben. Eine solche Vorgehensweise ist in den meisten Fällen günstiger, als eher wahllos einen bis dahin unbekannten Anbieter zu kontaktieren. Als Rat suchende Eltern sollten Sie eine/n potenziellen NachhilfelehrerIn fragen, ob Sie ggf. einige der genannten Referenzen direkt kontaktieren dürften, um sich dort über die angebotene Qualität kundig machen zu können. Qualitativ gute und seriöse Anbieter werden einem solchen Ansinnen in den meisten Fällen sicher gern zustimmen. Seriöse und kompetent arbeitende Dienstleister werden vorab auf jeden Fall eine sorgfältige Bestandsaufnahme durchführen. Dabei wird einerseits das individuelle Leistungsprofil des dann zu unterrichtenden Kindes sowie auch der familiäre Kontext analysiert. Für eine perspektivisch sinnvolle Nachhilfe ist es unabdingbar, dass sich potenzielle NachhilfelehrerInnen im Vorfeld einen möglichst detaillierten Überblick hinsichtlich spezifischer Defizite sowie hinsichtlich des Lerntyps, verschaffen. Ein ausführliches Kennenlern-Gespräch, bei dem Sie gemeinsam mit Ihrem Kind einen ersten Termin bei einem potenziellen Anbieter vereinbaren sollten, gehört zum ebenso notwendigen wie sinnvollen Standard solcher Anbieter, die eine qualitativ hochwertige Dienstleistung anbieten. Neben der fachlichen Kompetenz eines Nachhilfelehrers sollten Sie als Eltern auch darauf achten, ob die „Chemie" zwischen Ihrem Kind und dem jeweiligen Nachhilfelehrer stimmig ist. Im Interesse einer perspektivisch erfolgreichen Zusammenarbeit ist es wichtig, dass sich Ihr Kind im Umfeld des Anbieters wohl fühlt. Vorsichtig sollten Sie bei Anbietern sein, die Ihnen eine Erfolgsgarantie geben. Dabei handelt es sich im Zweifelsfall eher um Anbieter, denen es primär um „den schnellen Euro" geht, weniger aber um eine konstruktive Zusammenarbeit mit Ihrem Kind. Hilfreich kann es auch sein, wenn Sie einen potenziellen Anbieter nach den eingesetzten Lerntechniken und Motivationstechniken befragen. NachhilfelehrerInnen, die auf derartige Fragen keine befriedigenden Antworten zu geben vermögen, sollten eher mit

Vorsicht betrachtet werden. Für eine perspektivisch günstige Zusammenarbeit ist es auch wichtig, dass Sie regelmäßig seitens der NachhilfelehrerInnen über aktuelle Beobachtungen informiert werden, die sich aus der Zusammenarbeit mit einem Kind ergeben. Seriöse Anbieter werden ihrerseits bereits auf die Bedeutung einer guten Kooperation mit den Eltern hinweisen; geschieht dies nicht, ist Vorsicht geboten. Seriöse Anbieter erkennen Sie u. a. auch daran, dass man Ihnen nach einem absolvierten Erstberatungstermin eine ausführliche, schriftliche Analyse aushändigen wird, der sie folgende Details entnehmen können:

- *Aktuelles Leistungsprofil Ihres Kindes*
- *Festgestellte, fachliche Defizite*
- *Lerntyp*
- *Empfehlungen zur Vorgehensweise*

Ein weiteres Kriterium, das tendenziell auf einen seriösen Anbieter schließen lässt, besteht darin, dass ein/e potenzielle/r NachhilfelehrerIn grundsätzlich eine Bereitschaft signalisiert, ggf. auch eine Absprache mit dem / der KlassenlehrerIn Ihres Kindes vorzunehmen. Anderseits zeigt die Praxis, dass solche „Absprachen zwischen externen Dienstleistern und Klassenlehrerinnen / Klassenlehrern" zuweilen auch ein „zweischneidiges Schwert" sein können. Einerseits gibt es LehrerInnen, die ausgesprochen konstruktiv darauf reagieren, wenn sie erfahren, dass eine/r ihrer SchülerInnen einen externen Nachhilfeunterricht in Anspruch nimmt. Anderseits gibt es leider auch LehrerInnen, die in einem externen Nachhilfeunterricht eine mehr oder weniger diffuse, ungewollte Einmischung in ihren eigenen Kompetenzbereich vermuten – was in den allermeisten Fällen eher abwegig sein dürfte. Von daher rate ich Eltern dazu, im Vorfeld sorgsam zu prüfen, ob ihr Kind von einem / einer LehrerIn unterrichtet wird, bei dem / der Sie die begründete Vermutung haben dürfen, dass eine offizielle Bekanntgabe der Inanspruchnahme eines externen Nachhilfeunterrichts eher positiv aufgenommen wird, oder ob es sich womöglich um eine solche Lehrkraft handelt, die „mit Vorsicht zu genießen" ist? Im Interesse optimaler Ergebnisse ist eine rechtzeitige und fachkundige Abstimmung zwischen der Schule und einem externen Dienstleister auf jeden Fall empfehlenswert; dennoch sollte im Einzelfall sorgfältig geprüft werden, ob es ggf. nicht zuweilen klüger sein könnte, darauf zu verzichten.

Welches Mengenprofil ist empfehlenswert?

Sowohl die durchschnittliche Wochenstundenzahl, wie auch die Dauer eines privaten Nachhilfeunterrichts insgesamt, sollten in Abhängigkeit folgender Kenngrößen festgelegt werden:

- *Alter des zu unterrichtenden Kindes?*
- *Umfang der aufzuarbeitenden Fachdefizite?*
- *Berücksichtigung des Lernumfeldes?*
- *Angestrebtes Ziel des Privatunterrichts?*

Im einzelnen:

- *Alter des zu unterrichtenden Kindes?*

Vorausgesetzt, es handelt sich um ein normal entwickeltes Kind, das ansonsten unter keinen medizinisch-psychologisch diagnostizierten Defiziten leidet, können folgende Richtwerte als günstig angenommen werden:

197

a) Grundschulkinder der ersten und zweiten Klasse sollten pro Lerneinheit nicht mehr als eine Stunde am Stück unterrichtet werden. Pro Woche sind maximal drei Lerneinheiten zu je einer Stunde sinnvoll.

b) Grundschulkinder der dritten und vierten Klasse verkraften durchschnittlich etwa 90 bis 120 Minuten pro Termin. Insgesamt sollten maximal zwei Mal zwei Wochenstunden absolviert werden.

c) Kinder und Jugendliche der Klassen fünf bis sieben können pro Termin mit maximal 2,5 Stunden belegt werden, wobei die Gesamtstundenzahl pro Woche nicht mehr als fünf betragen sollte.

Wichtig bei allen Varianten ist, dass die Kinder ausreichend große Ruhepausen – auch innerhalb ein und desselben Termins zugebilligt bekommen. Als bewährte Grundregel gilt, dass jüngere Kinder Sinnvollerweise eher mit kleineren Lerneinheiten (ca. 15 – 20 Minuten), ältere Kinder und Jugendliche mit etwas längeren Lernsequenzen (ca. 30 – 45 Minuten) unterrichtet werden sollten.

Unabhängig von einem wöchentlich stattfindenden Privatunterricht, bieten manche Dienstleister auch Intensivkurse während der jeweiligen Ferien an. Bei solchen Ferienkursen sind die Lernsequenzen mitunter etwas komplexer organisiert. Sinnvoll sind zusätzliche Ferientermine z. B. dann, wenn sich herausstellt, dass ein Kind umfangreichere Defizite aufarbeiten muss, die im Rahmen eines wöchentlichen Stundenprofils nicht sachgerecht bedient werden könnten. Weiterhin können Ferientermine dann sinnvoll sein, wenn es darum geht, gezielt auf ein konkretes Prüfungsziel (z. B. ein bevorstehendes Zeugnis) hin zu arbeiten.

- *Umfang der aufzuarbeitenden Fachdefizite?*

Ein seriöser Anbieter wird im Vorfeld darauf achten, sorgsam zu analysieren, wie sich mögliche, fachliche Defizite bei einem Kind konkret darstellen. Erst nachdem dies sorgsam geprüft worden ist, lässt sich sinnvoll entscheiden, welches Mengenprofil für ein zu unterrichtendes Kind als günstig anzusehen ist. Als hilfreicher Richtwert darf davon ausgegangen werden, dass für die meisten NachhilfeschülerInnen ein wöchentliches Profil von zwei bis maximal drei Stunden ausreichend sein dürfte. Kinder, die – neben fachlichen Defiziten – auch unter Lernschwierigkeiten genereller Art zu leiden haben, benötigen durchschnittlich eine Stundenzahl, die sich hier am oberen Rand orientiert.

Der Zeitraum insgesamt, über den NachhilfeschülerInnen einen Privatunterricht in Anspruch nehmen, variiert zwischen nur wenigen Wochen und mehreren Jahren. Der überwiegende Teil liegt statistisch in einem Bereich von etwa einem Jahr. Grundsätzlich ist aber der Hinweis entscheidend, dass das Ziel eines qualitativ hochwertigen Privatunterrichts i. d. R. darin bestehen sollte, sich selbst überflüssig zu machen. Dies ist übrigens auch ein wesentliches Kriterium, anhand dem Sie als Rat suchende Eltern prüfen können, ob Sie es eher mit einem seriösen Anbieter zu tun haben, oder mehr mit einem, dem es vor allem darauf ankommt, Ihr Kind in ein möglichst langfristiges Abhängigkeitsverhältnis zu führen. Von daher sollten Sie als verantwortungsbewusste Eltern unbedingt darauf achten, dass Sie in regelmäßigen Zeitabständen seitens des Anbieters dahingehend informiert werden, wie sich die schulischen Fähigkeiten Ihres Kindes konkret entwickeln, damit Sie über ein konstruktives und aussagekräftiges Feedback verfügen. Seriöse Anbieter werden dies ohnehin schon ihrerseits vorschlagen, da sie wissen, wie enorm wichtig u. a. auch ein regelmäßiger Austausch mit den betreffenden Eltern ist.

- *Berücksichtigung des Lernumfeldes?*

Eine der fundamentalen Voraussetzungen für eine perspektivisch erfolgreiche Nachhilfe ist u. a. darin zu sehen, dass ein Privatanbieter auch das individuelle Lernumfeld eines Kindes berücksichtigt. Das ist vor allem deshalb wichtig, um abschätzen zu können, ob bzw. inwieweit konstruktive Maßnahmen, die im Rahmen eines privaten Nachhilfeunterrichts abgesprochen werden, auch faktisch innerhalb des Elternhauses sachgerecht und nachhaltig unterstützt werden. Kinder, die beispielsweise im Rahmen eines qualitativ hochwertigen Privatunterrichts sinnvolle Lerntechniken trainieren, die dann aber womöglich im häuslichen Umfeld nicht entsprechend intensiv begleitet werden, sind häufig sehr irritiert. Von daher muss ein wesentliches Ziel eines sinnvollen Privatunterrichts auch darin bestehen, die Eltern dahingehend zu sensibilisieren, ihre Kinder möglichst hilfreich zu unterstützen, indem Maßnahmen seitens des / der PrivatlehrerIn auch konkret unterstützt werden.

- *Angestrebtes Ziel des Privatunterrichts?*

Die Motive, die Eltern dazu veranlassen, Kinder bei einem privaten Nachhilfeunterricht anzumelden, sind recht vielseitig. Einerseits gibt es Eltern, die erkannt haben, dass ihre Kinder nicht selten im schulischen Umfeld nicht in dem Maße gefördert werden, wie es zur Erreichung wichtiger, schulischer Ziele notwendig und wünschenswert wäre. Vor dem weithin bekannten Hintergrund, dass ein bedenklich hoher Zeitanteil in vielen Klassen schon lange nicht mehr primär auf das Erlernen neuen Lernstoffs verwendet wird, kann dies nicht wirklich überraschen. LehrerInnen, die zunehmend damit beschäftigt sind, ein mehr oder weniges großes Chaos in den Klassenräumen zu managen, bedingt dadurch, dass eine mittlerweile oftmals übermäßig große Zahl undisziplinierter Kinder gebändigt werden muss, können aus naheliegenden Gründen oftmals keinen sachgerechten Unterricht derart mehr anbieten, wie er einerseits notwendig, anderseits aber auch seitens vieler ordentlich lernender Kinder ausdrücklich gewünscht wird. Insofern ist also ein qualitativ hochwertiger Privatunterricht in vielen Fällen keineswegs mehr nur ein Luxus, sondern zunehmend ein Muss geworden, damit manche Kinder überhaupt noch eine halbwegs realistische Chance bekommen, den Anforderungen im Schulalltag gerecht werden zu können. Auffällig ist in diesem Zusammenhang auch, dass es zunehmend SchülerInnen gibt, die grundsätzlich eher nicht als leistungsschwach eingestuft werden müssten, dennoch aber privaten Nachhilfeunterricht in Anspruch nehmen. Wie kann das sein? Nun, aus vielen Einzelgesprächen mit betroffenen Kindern und Eltern, lässt sich immer öfter heraus hören, dass viele Kinder – vor allem solche, die in der Schule noch konstruktiv lernen möchten – längst vor den nicht selten schlimmen Zuständen in so mancher Klasse resigniert haben. Immer häufiger kommt es dabei vor, dass Kinder sehr klar und deutlich einem Privatlehrer gegenüber kommunizieren, dass „...mein/e LehrerIn ja ohnehin nichts gegen die zuweilen chaotischen Zustände unternimmt...“. Wen kann es da noch ernsthaft wundern, dass inzwischen selbst leistungswillige und leistungsfähige SchülerInnen immer mehr in einen bedenklichen Abwärtsstrudel zu geraten drohen, bedingt dadurch, dass es leider allzu viele LehrerInnen, gibt, die nicht selten sehenden Auges entweder zu feige und / oder zu unfähig sind, dafür zu sorgen, dass Klassenräume, in denen Unterricht stattfinden soll, nicht immer weiter zu Höhlen des Chaos mutieren? Der seit längerer Zeit stark anwachsende Bedarf an qualitativ hochwertigen Privatanbietern ist nicht zuletzt auch ein sehr deutliches Signal dafür, dass einige sehr elementare Voraussetzungen für konstruktives Lernen in vielen Schulklassen schon lange nicht mehr in dem Maße gegeben sind, wie es aber dringend nötig wäre.

Eine zweite Gruppe, die häufig privaten Nachhilfeunterricht in Anspruch nimmt, sind Kinder, die wiederholt Schwierigkeiten beim Anfertigen ihrer Hausaufgaben haben. Tendenziell handelt es sich in solchen Fällen oftmals mehr um eine Art Hausaufgabenbetreuung, denn um einen „klassischen Nachhilfeunterricht“. Auch an dieser Stelle muss gefragt werden, wie es sein kann, dass eine zunehmende Zahl von Kindern – besonders auffällig sogar schon im Grundschulbereich – so überaus große Probleme beim Anfertigen der Hausaufgaben hat? Was können mögliche Ursachen für eine solche Entwicklung sein? Nun, einmal unterstellt, dass heutige Kinder im statistischen Mittel wohl kaum weniger intelligent sind, als Kinder, die vielleicht vor 20 oder 30 Jahren eine Schule besucht haben, müssen mögliche Ursachen an anderen Stellen gesucht werden. Fündig wird man z. B.

dann, wenn man sich einmal anschaut, wie Kinder heutzutage oftmals auf das Anfertigen ihrer Hausaufgaben vorbereitet werden. Ein typischer Dialog zwischen einem Kind und einem Privatlehrer lautet immer öfter:

Privatlehrer: „Bitte sag' mir doch mal, welche Hausaufgaben du erledigen sollst."
Kind: „Keine Ahnung. Weiß ich nicht...."
Privatlehrer: „Wieso weiß du denn nicht, welche Hausaufgaben du anfertigen sollst? Zeig' mir doch einfach bitte mal dein Hausaufgabenheft."
Kind: „Da steht doch eh' nichts drin."
Privatlehrer: „Warum denn nicht? Müsst ihr denn nicht eure Hausaufgaben dort eintragen? Kontrolliert das dein/e LehrerIn denn nicht?"
Kind: „Nö, das wird nicht kontrolliert."
Privatlehrer: „Das ist aber merkwürdig. Das Hausaufgabenheft dient doch dazu, zu wissen, welche Hausaufgaben jeweils anzufertigen sind. Bitte, zeig' mit dein Hausaufgabenheft trotzdem mal; ich möchte es mir gern einmal anschauen."
Kind: „Hier, bitte......"

Der Privatlehrer schaut sich das Hausaufgabenheft an, und sieht mit Entsetzen, dass sowohl der äußere Zustand, wie vor allem auch die nur sehr lückenhaft vorgenommenen Eintragungen fraglos keine konstruktive Hilfe für das Kind, sondern vielmehr eine Belastung darstellen. Wie soll ein schon äußerlich vergammeltes Hausaufgabenheft, dem im Inneren jegliche Struktur fehlt (keine korrekten Datumsangaben, unleserliche Schmierereien usw.) einem Kind dabei behilflich sein, einen konstruktiven Arbeitsprozess sinnvoll zu begleiten? Kurz: Auch der Blick in viele Hausaufgabenhefte reiht sich nahtlos in ein zunehmend chaotisches Lernumfeld ein, dem bedauerlicherweise immer mehr Kinder ausgesetzt werden. Wer hat hier versagt? Nun, ganz bestimmt nicht die betreffenden Kinder, die letztlich nur das ausleben, was ihnen Erwachsene, hier vor allem LehrerInnen durch Ignoranz vorleben. LehrerInnen, denen sehr wohl bekannt sein dürfte, in welch' bedauerlichem Zustand sich viele Hausaufgabenhefte befinden, die dann aber nicht zeitnah und konsequent für entsprechende Korrekturen sorgen, missachten schlichtweg elementare Bausteine konstruktiver Lernprozesse. Abgesehen von den oftmals unübersehbaren optischen Schlampereien, die eine Benutzung solcher Hefte nicht gerade günstig beeinflussen, mangelt es vielfach auch daran, den Kindern im Vorfeld kindgerecht zu erläutern, dass das ordentliche Führen eines Hausaufgabenheftes eben keineswegs eine lästige Pflicht ist, sondern vielmehr eine sinnvolle Hilfe, die es dem Kind ermöglicht, eigene Arbeitsprozesse klug zu organisieren.

Ein erheblicher Teil der Arbeit privater NachhilfelehrerInnen besteht demnach zunächst einmal darin, bei den Kindern ein Verständnis für den Sinn und Zweck begleitender Arbeitstechniken zu wecken, der leider in weiten Teilen öffentlicher Schulen so nicht mehr in dem Maße an die Kinder heran getragen wird, wie dies aber nötig wäre. So manches Kind, das Privatunterricht bekommt, ist zunächst einmal ebenso überrascht wie peinlich berührt, wenn da plötzlich jemand ist, der doch tatsächlich verlangt, dass ein verlässlicher und ordentlicher Arbeitsstil keineswegs als Luxus, sondern vielmehr als eine elementare Voraussetzung für perspektivisch günstige Lernprozesse anzusehen ist. Es ist schon mehr als bedenklich, erleben zu dürfen, dass nicht selten über Selbstverständlichkeiten mitunter endlose Diskussionen geführt werden sollen, wo doch völlig klar sein sollte, dass sich gute Lernergebnisse nur auf der Grundlage eines soliden Fundamentes erzielen lassen. Auch in diesem Punkt sollte man aber weniger den so „argumentierenden" Kindern einen Vorwurf machen, als vielmehr solchen Lehrkräften und Eltern, die Kinder nicht von Anbeginn an konsequent dazu anleiten, ordentlich und verlässlich zu arbeiten. Kinder, die immer wieder erleben, dass es offenbar keinerlei praktische Konsequenz für sie hat, wenn sie mal wieder schlampige Eintragungen in ihrem Hausaufgabenheft vorgenommen haben, Kinder, die nahezu täglich erleben, dass auch gröbste Schlampereien in den Arbeitsheften seitens mancher LehrerInnen nicht einmal mehr beanstandet werden, Kinder, deren Eltern einen Stil des „Ist-doch-egal" pflegen, sehen aus verständlichen Gründen keine Notwendigkeit zu einer Verhaltensänderung. Dramatisch und verwerflich ist dies vor allem deshalb, weil zumindest den Lehrkräften klar sein sollte, dass sich ein schlampiger Arbeitsstil, dessen Grundbausteine schon in der Grundschule gelegt werden, sich sehr häufig verselbstständigt, mit der ebenso unangenehmen wie unleugbaren Konsequenz, dass somit eine konstruktive Schullaufbahn völlig unnötig und fahrlässig erschwert wird. So gehört es beispielsweise zu einer regelmäßig zu machenden Beobachtung der meisten PrivatlehrerInnen, dass SchülerInnen weiterführender Schulen oftmals bereits einen überaus schlampigen Arbeitsstil internalisiert haben, der sich – wenn überhaupt – nur noch unter größten Anstrengungen wieder korrigieren lässt. Forscht man nach möglichen Ursachen für solche Schlampereien, zeigt sich ungewöhnlich oft, dass häufig mangelhafte Anleitungen im Grundschulbereich dafür verantwortlich sind.

Kinder, die im Rahmen eines qualitativ hochwertigen Privatunterrichts plötzlich merken, dass eine zuverlässige und ordentliche Anfertigung von Hausaufgaben keineswegs ein Selbstzweck ist, der womöglich nur dazu dient, der / dem LehrerIn oder den Eltern zu gefallen, sondern vielmehr ein effektives Werkzeug zur Grundsteinlegung für bessere Schulleistungen, gewöhnen sich in den meisten Fällen erfreulich schnell daran, die seitens eines Privatlehrers geforderten Ordnungskriterien in einem zunehmenden Maße einzuhalten.

Als langjährig tätiger Anbieter von Privatunterricht, kann ich immer wieder bestätigen, wie überaus positiv sich Kinder entwickeln, denen man eine faire Chance zum Erlernen sinnvoller und hilfreicher Arbeitstechniken, gibt. Kinder, die nicht selten im schulischen Umfeld unterzugehen drohen, deprimiert sind durch permanent schlechte Noten, erleben plötzlich, dass sich das eigene Leistungsvermögen schon allein dadurch signifikant steigern lässt, indem elementare Bausteine konstruktiver Lernprozesse auch faktisch praktiziert werden. Immer wieder ist zu beobachten, dass z. B. Kinder, deren Arbeitshefte bis dahin in einem schlimmen Zustand gewesen waren, urplötzlich auch Arbeitsmittel wie z. B. Lineale einsetzen, die ihnen dabei helfen, auch optisch ansprechender Hausaufgaben anzufertigen. Ein Eingreifen seitens des Privatlehrers wird zusehends weniger nötig, da das Kind gelernt hat, selbst darauf zu achten, ordentlich zu arbeiten. In den meisten Fällen dauert es nicht lange, bis dass sich Kinder dann sogar gegenseitig dahingehend motivieren, indem sie darauf verweisen, dass Unterstreichungen eben nicht mehr „frei Hand", sondern mit einem Lineal durchzuführen sind. Kurz: Entscheidend verantwortlich dafür, dass viele Schulhefte unserer Kinder derart chaotisch aussehen, sind in erster Linie solche LehrerInnen und Eltern, die offensichtliche Schlampereien nicht zeitnah und konsequent korrigieren. LehrerInnen, die vielfach offenbar entweder nicht willens und / oder dazu in der Lage sind, Kindern den Sinn und Zweck eines geordneten Arbeitsstils zu vermitteln, müssen sich sagen lassen, dass sie damit elementare, pädagogische Fehler begehen, deren Konsequenzen für die betreffenden Kinder nicht selten alles andere als günstig sind.

Unsere Schulen brauchen definitiv wieder deutlich mehr LehrerInnen, die genügend Willen und Durchsetzungskraft haben, Kinder vor allem auch in den Grundschuljahren dahingehend zu erziehen, einen Arbeitsstil zu entwickeln, auf dessen Basis sich perspektivisch erfolgreiche Schullaufbahnen ergeben können. Was Kinder ganz sicher nicht brauchen, sind LehrerInnen und Eltern, die oftmals einfach nur zu bequem sind, offensichtlichen Schlampereien sofort und entschieden Einhalt zu gebieten, aus Angst davor, Kinder könnten womöglich auch mal Widerstand leisten. Selbstverständlich leisten viele Kinder zunächst einmal kindlichen Widerstand, wenn ein/e LehrerIn ihnen sagt, dass eine schlampig angefertigte Hausaufgabe eben nochmals angefertigt werden muss. LehrerInnen und Eltern, die an solch' entscheidenden Punkten vorschnell nachgeben, begehen einen großen Fehler mit nicht selten unerfreulicher Tragweite. Wie verschroben das Denken vieler Kinder schon heute oftmals ist, zeigt sich in den nicht selten abenteuerlichen Diskussionen, die immer wieder in großer Zahl geführt werden, wenn es darum geht, offensichtliche Schlampereien zu korrigieren. Häufig ist es so, dass Kinder Verhaltensmuster derart gelernt haben, sich aus für sie unangenehmen Situationen herausmanövrieren zu wollen, indem oftmals endlos lang darüber diskutiert wird, ob nun die eine oder andere Zahl noch erkennbar sei, oder ob über den Rand geschrieben worden sei, oder nicht, anstatt kurz und knapp zu sagen: „Ja, stimmt. Das ist nicht in Ordnung. Also wird es korrigiert." Punkt. Ende der Diskussion. Schon von klein auf werden viele Kinder geradezu dazu genötigt, eigene Fehler, die klar erkennbar sind, mehr oder weniger geschickt zu leugnen. Somit senden manche LehrerInnen und manche Eltern sachlich falsche, und perspektivisch schädliche Signale an die Kinder aus, die ihrerseits – aus verständlichen Gründen – noch nicht sachgerecht einzuschätzen vermögen, dass sie sich durch eine fortgesetzt schlampige Arbeitsweise auf die Dauer ein unangenehmes „Eigentor" schießen werden. An dieser Stelle sind klar die Eltern und LehrerInnen gefordert, dafür zu sorgen, dass Kinder konsequent zu einem konstruktiven und ordentlichen Arbeitsstil erzogen werden.

Des weiteren gibt es Eltern, die ihre Kinder vor allem deshalb zu einem qualitativ hochwertigen Privatunterricht schicken, um ihnen die Möglichkeit zu geben, ein überdurchschnittliches Leistungspotenzial zu entwickeln. In einen solchen Privatunterricht kommen häufig Kinder und Jugendliche, deren Schulnoten durchaus als befriedigend oder gut bezeichnet werden können, die aber – entweder seitens besonders ehrgeiziger Eltern, oder auch aus eigenem Antrieb – bewusst deutlich bessere Leistungen erbringen möchten. Ein Privatunterricht für diese Zielgruppe muss sowohl inhaltlich, wie auch strukturell anders aufgebaut werden, als dies bei einem „klassischen Nachhilfeunterricht" der Fall ist.

Kinder und Jugendlicher dieser Zielgruppe werden - neben einer fachlich überdurchschnittlich anspruchsvollen Förderung - auch hinsichtlich intelligenter, fortgeschrittener Lerntechniken sowie hinsichtlich sozialer Zusatzkompetenzen gefördert, die darauf abzielen, später im Beruf bzw. im Studium besonders günstige Startvoraussetzungen vorzufinden.

Schlussendlich besteht ein weiteres Motiv zur Inanspruchnahme eines Privatunterrichts für einige Eltern auch darin, den eigenen Kindern ein zumindest stundenweise vorhandenes Umfeld zu ermöglichen, das sich signifikant von den eigenen Möglichkeiten unterscheidet. So muss beispielsweise Eltern, die zwar selbst über nur wenig schulische Bildung verfügen, die aber den enormen Wert einer guten Bildung ihrer Kinder sehr wohl erkannt haben, ein großes Lob ausgesprochen werden, wenn sie es schaffen, den eigenen Kindern die Option der Inanspruchnahme eines Privatunterrichts zu gewähren. In vielen Fällen ist eine solche Maßnahme dann für die betreffenden Eltern auch mit finanziellen Opfern verbunden, da z. B. 100 – 200 Euro Monatshonorar für weniger betuchte Eltern eine erhebliche Anstrengung bedeuten können.

Anderseits gibt es leider auch Eltern, die argumentieren, dass ein Privatunterricht für das eigene Kind viel zu teuer sei, und von daher nicht in Frage komme. Schaut man dann etwas genauer hin, sieht man mitunter, dass die gleichen Eltern unverhältnismäßig viel Geld für teure Unterhaltungselektronik, wie z. B. neueste Computer, Playstations, Gameboys, Computerspiele, MP3-Player, DVD-Player, Plasmafernseher usw. auszugeben bereit sind. Dies sind dann bedauerliche Beispiele dafür, dass offenbar entscheidende Prioritäten falsch gesetzt worden sind. Verantwortungsbewusste

Eltern, die sich zumindest darum bemühen, den unbestreitbaren Wert guter Bildung für ihre Kinder zu begreifen, werden im Zweifelsfall ein knappes Haushaltsbudget eher teils in die Bildung ihrer Kinder investieren, als in letztlich überflüssige und oftmals auch sinnlose Unterhaltungselektronik.

Seriöse PrivatlehrerInnen werden deshalb schon im Vorgespräch im Rahmen einer sorgsamen Bestandsaufnahme darauf aufmerksam machen, dass es nicht zuletzt die Eltern sind, die einen entscheidenden Beitrag dazu leisten müssen, gute Lernvoraussetzungen für ihre Kinder zu schaffen. Der leider immer wieder zu beobachtende Zusammenhang zwischen einem häuslichen Umfeld, das zwar einerseits oftmals mit teurer Unterhaltungselektronik ausgestattet ist, anderseits Kinder aber nicht zugleich sachgerecht und klug fördert, muss dringend aufgebrochen werden. Hier sind vor allem LehrerInnen gefragt, im direkten Elterngespräch darauf aufmerksam zu machen, wie überaus wichtig auch ein günstiger, familiärer Rahmen für die kindliche Entwicklung ist. *Dass* solche Gespräche oftmals sehr viel Kraft und Nerven kosten, sollte verantwortungsbewusste LehrerInnen und Privatanbieter nicht davon abhalten, *im* Interesse der Kinder immer wieder auf solche Zusammenhänge aufmerksam zu machen.

Woran liegt es, dass ein großer Teil der NachhilfeschülerInnen immer jünger wird?

Einmal abgesehen davon, dass es aus verständlichen Gründen verstärkt Deutschkurse für Kinder aus Migrantenfamilien gibt, in denen ihnen die deutsche Sprache soweit beigebracht wird, dass ein regulärer Schulbesuch überhaupt erst möglich wird, fällt auf, dass zunehmend GrundschülerInnen die Dienste von professionellen Nachhilfelehrern in Anspruch nehmen bzw. in Anspruch nehmen müssen, da ganz offenbar im regulären Schulbetrieb teils katastrophale Verhältnisse derart herrschen, die in Teilen nicht einmal ansatzweise das bieten, was man zurecht ein konstruktives Lernumfeld nennen darf.

Hier sind vor allem die LehrerInnen vor Ort in der Pflicht, sehr viel entschiedener als bisher in weiten Teilen zu beobachten, endlich dafür zu sorgen, geregelte und geordnete Unterrichtsabläufe zu organisieren, und Maßnahmen zu deren Durchsetzung ggf. auch zu erzwingen. Weiterhin wäre die eine oder andere Schulleitung zudem gut beraten sich nicht nur auf „Entscheidungen aus dem Elfenbeinturm heraus" zu beschränken, sondern entscheidend dazu beizutragen, dass nicht selten chaotische Zustände in Teilen unserer Schulen mit sehr viel mehr Mut und Entschlossenheit bekämpft werden. Leider ist nur zu oft zu beobachten, dass es an so mancher Schule mehr das gibt, was einem „Verschiebebahnhof" gleicht. Das Motto lautet häufig: *Bloß kein Aufsehen erregen. Nur ja keine unangenehmen Entscheidungen treffen, die womöglich von einigen Chaoten angezweifelt werden könnten. Nach außen hin immer schön so tun, als habe man die Lage fest im Griff. Das Interesse von Eltern lieber auf lustige Spielchen und Freizeitaktivitäten lenken, nicht aber auf solche Aspekte, die sehr viel entscheidender für einen geregelten Schulbesuch notwendig wären. Eltern, die es tatsächlich wagen, an der einen oder anderen Stelle die Kompetenz der einen oder anderen Lehrkraft in Frage zu stellen, sofort mundtot machen. QuerdenkerInnen aus den eigenen Reihen, die es wagen, sich gegen eine „Friede-Freude-Eierkuchen-Pädagogik" zu Wort zu melden, sofort diskreditieren.*

Externe Dienstleister, die im Zusammenhang mit dem Konzept der Offenen Ganztagsschule vermehrt tätig werden, nach Möglichkeit ausgrenzen – ganz gleich mit welchen Mitteln. Fachpersonal, das von außen in Teilbereiche Offener Ganztagsschulen integriert werden soll, mit nicht selten dümmlichsten „Argumenten" mobben. Sachargumente, und seien sie auch noch so offensichtlich, penetrant ignorieren.

Die Leidtragenden sind nahezu immer die Kinder, die oftmals mit sehr viel Freude und Motivation in eine Schule gekommen sind, dort dann aber tagtäglich erleben, dass es vor allem pädagogisch unfähige LehrerInnen sind – mehr oder weniger unterstützt von zuweilen noch unfähigeren Schulleitungen – die maßgeblich dafür verantwortlich sind, dass vielen Kinder die Freude am Lernen sehr schnell genommen wird. Allen verantwortungsbewussten Eltern, die nahezu täglich mitbekommen, unter welch' teils unwürdigen Zuständen manche Kinder heutzutage lernen sollen, kann nur dringend empfohlen werden, sich zu organisieren, damit solchen Rektorinnen und Rektoren sowie solchen Lehrkräften, denen erkennbar der Wille und die Fähigkeit zu fehlen scheint, offensichtliche Defizite im Interesse der zu unterrichtenden Kinder abzubauen, „auf die Füße getreten wird". Einer der wesentlichen Gründe dafür, dass es in vielen unserer Schulen teils so überaus bedenkliche Zustände gibt, und einer der Gründe dafür, dass solche teils chaotischen Systeme nicht schon längst wie ein Kartenhaus in sich zusammengefallen sind, liegt entscheidend daran, dass es leider noch immer viel zu viele Eltern gibt, die zwar einerseits die fürwahr schlimmen Zustände zu recht beklagen, anderseits aber nicht an die Stellen herantreten, die maßgeblich für eben solche chaotischen Zustände verantwortlich sind. Nicht zuletzt diese Publikation hier möchte einen kleinen Beitrag dazu leisten, sehr viel mehr Eltern dafür zu sensibilisieren, endlich mit deutlich mehr Entschlossenheit gegen teils unhaltbare Zustände in Teilen unserer Schulen vorzugehen. Notwendig ist ein solches Engagement auf jeden Fall, möglich auch – vorausgesetzt, sehr viel mehr Eltern bündeln ihren über lange Zeit zu recht aufgestauten Ärger über so viel Ignoranz und Unfähigkeit, wie sie in Teilen der Lehrerschaft sowie in so mancher Schulleitung vorherrschen.

Warum lassen sich schulische Leistungen durch einen professionellen Nachhilfeunterricht in vielen Fällen signifikant verbessern?

Es gibt vielfältige Gründe dafür, dass sich viele Schulleistungen durch einen qualitativ hochwertigen Privatunterricht verbessern lassen. Einige der wichtigsten Gründe seien hier genannt:

- *Verbesserung des Lernklimas*
- *Empathische Begleitung*
- *Nutzen hilfreicher Lerntechniken*
- *Motivationsschub*

- *Verbesserung des Lernklimas*

Häufig ist zu beobachten, dass sich spürbare Verbesserungen allein schon dadurch erzielen lassen, indem die SchülerInnen im Rahmen eines Privatunterrichts konsequent dazu angehalten werden, hilfreiche Arbeitsmittel, wie z. B. Lineal, gespitzte Stifte, saubere Arbeitshefte, geordnete Federmäppchen usw. einzusetzen. Für viele SchülerInnen ist es in der Anfangsphase eines Privatunterrichts oftmals so, dass sie zum ersten Mal in ihrem Leben praktisch erfahren, dass sich beispielsweise ein Lineal nicht nur als Katapult zum Verschießen kleiner Papierkügelchen verwenden lässt, sondern vielmehr als ein effektives und hilfreiches Arbeitsgerät, das ihnen entscheidend dabei hilft, konstruktiv und sorgsam zu arbeiten.

Ebenfalls ist es für viele SchülerInnen offenbar immer wieder eine völlig neue Erfahrung, zu erleben, dass es sich mit einem gespitzten Bleistift erheblich einfacher und sorgfältiger arbeiten lässt, als mit einem schon abgekauten „Besenstil", bei dem die Strichdicke mehr einem Pinsel gleicht, mit dem sich Wände tapezieren ließen.

So trivial sich dies auf den ersten Blick auch anhören mag – und faktisch auch ist – so unbestritten ist aber, dass es entscheidend schon solche elementaren Aspekte sind, die vielen Kindern oftmals im Schulalltag nicht mehr in dem erforderlichen Maße nahegebracht werden. Schon an diesem kleinen Beispiel wird deutlich, dass es eben keineswegs immer übermäßig teurer Anschaffungen bedarf, um Kindern eine sinnvolle Lernumgebung zu bieten, sondern vielmehr entscheidend ist, dass vielfach vorhandene Ressourcen sehr viel zielgerichteter eingesetzt werden. Hier sind vor allem LehrerInnen gefragt, die im Schulalltag bedauerlicherweise solche ebenso einfachen, wie aber höchst effektiven Elementarbausteine einer konstruktiven Arbeitsweise, nur allzu oft nicht in dem Maße einfordern, wie es aber für Kinder, die einen guten Arbeitsstil entwickeln lernen sollen, dringend nötig wäre.

- *Empathische Begleitung*

So manches Kind macht im Rahmen eines qualitativ hochwertigen Nachhilfeunterrichts zum ersten Mal in seinem Leben die Erfahrung, dass Lernen sogar Spaß machen kann. Vielfach mangelt es – sowohl im Elternhaus, wie auch in der Schule – an Mut machender Bestätigung, an kindgerechter Motivation sowie an Empathie.

Kinder, die z. B. seitens ihrer Eltern und / oder seitens ihrer LehrerIn des Öfteren zu hören bekommen, dass sie dies und das ohnehin nicht schaffen werden, haben aus verständlichen Gründen große Schwierigkeiten beim Aufbau und bei der Pflege einer so wichtigen Lernmotivation.

Bei einer Betrachtung der Kommunikation zwischen Kindern und Eltern, oder zwischen Kindern und Lehrern, fällt häufig auf, dass Kinder viel zu selten für erbrachte Leistungen gelobt werden. Nur allzu oft werden Leistungen, die für so manches Kind eine große Anstrengung bedeuten, kaum bzw. gar nicht entsprechend gewürdigt. Das trägt nicht gerade zur Stärkung des Selbstwertgefühls bei.

Wer z. B. als Privatlehrer immer wieder beobachtet, wie extrem verängstigt teils einige Kinder in den Unterricht kommen, dann Ursachenforschung betreibt, stellt häufig fest, dass es einerseits mitunter übermäßig hohe Erwartungshaltungen seitens einiger Eltern sind, anderseits mangelnde Motivationsunterstützung, die entscheidend dazu beitragen, dass Kinder in ihrem ansonsten grundsätzlich vorhandenen Leistungsvermögen gebremst werden. Jeder, der schon erlebt hat, wie sich bis dahin verängstigte Kinderaugen urplötzlich aufzuhellen beginnen, sobald da jemand ist, der Mut zu spricht, jemand, der klar macht, dass es völlig normal ist Fehler zu begehen, jemand, der erklärt, dass Lernen nicht etwa als Zwang, sondern vielmehr als Lustgewinn erlebt werden kann, wird bestätigen können, wie überaus wichtig es ist, Kinder altersgerecht und situationsgerecht zu unterstützen.

Immer wieder ist zu beobachten, dass Kinder, die im regulären Schulbetrieb „unterzugehen drohen", im Rahmen eines guten Privatunterrichts oftmals geradezu aufblühen. Entscheidende Ursachen dafür liegen nur zu einem Teil in der fachlichen Begleitung. Ein erheblicher Anteil des Erfolgs geht auf das Konto einer empathischen, psychologischen Unterstützung, die im regulären Schulalltag vielfach nicht gegeben wird bzw. teils auch nicht gegeben werden kann.

Es ist keineswegs so, dass signifikante Verbesserungen primär durch Begleitmedien, wie z. B. Bücher, Lernprogramme usw. erzielt werden können, sondern häufig vielmehr dadurch, den Kindern eine „Anlaufstelle" anzubieten, bei der sie ihre Sorgen und Nöte loswerden können. Ein gutes Gespräch mit einem Privatlehrer, der das zu unterrichtende Kind ernst nimmt, es sowohl konsequent wie auch empathisch zugleich begleitet, kann weder durch ein PC-Programm noch durch andere Medien ersetzt werden. Genau dieses

„Sich-Zeit-nehmen" für die Sorgen und Nöte eines Kindes ist ein entscheidender Schlüssel zur Problemlösung; fernab von aller schulfachlichen Hilfe, die sinnvoll erst dann einsetzen kann, wenn eine vertrauensvolle Plattform geschaffen worden ist, auf der sich dann konstruktiv aufbauen lässt. An dieser Stelle sollte klar werden, dass ein qualitativ hochwertiger Privatunterricht sehr viel mehr ist, als nur ein „Kontrollieren von Hausaufgaben", oder ein „Vorbereiten auf Klassenarbeiten". Wichtig ist vor allem, Kinder zunächst einmal in einen Zustand zu bringen, der es ihnen perspektivisch erst ermöglicht, effektiv und sachgerecht lernen zu können.

- *Nutzen hilfreicher Lerntechniken*

Schaut man sich einmal an – quer durch nahezu alle Schulformen – dass eine der wichtigsten Grundvoraussetzungen für effektive Lernprozesse (wie lernt man das Lernen?) entweder gar nicht, oder nur äußerst bruchstückhaft, gelehrt wird, wundert es nicht, dass täglich große Mengen unnützer Energie verschenkt werden, da es nur sehr wenige Kinder gibt, denen gezeigt worden ist, wie sie eigene Lernprozesse möglichst sinnvoll gestalten können. An dieser Stelle gibt es fraglos noch einen erheblichen Nachholbedarf, der im Interesse der Kinder sehr viel intensiver gefördert werden sollte, als dies bisher geschieht.

Kinder, die im Rahmen eines Privatunterrichts praktisch erleben, wie hilfreich z. B. auch Lerntechniken sind, von denen sie bis dahin nichts gehört haben, erledigen plötzlich Aufgaben, die ihnen bis dahin oftmals große Schwierigkeiten bereitet hatten. Die Zeit, die Kinder für das Erlernen hilfreicher Lerntechniken aufwenden, amortisiert sich erfahrungsgemäß recht schnell. Es lohnt sich, Kinder schon frühzeitig dahingehend zu erziehen, altersgerechte Lerntechniken einzusetzen, weil sich dadurch perspektivisch das eigene Leistungspotenzial erheblich effektiver ausschöpfen lässt.

Vielfach lassen sich schon mit vergleichsweise einfachen Mitteln Lerntechniken einsetzen, deren Wirkung unbestritten ist. Als Beispiel sei hier exemplarisch das Prinzip der „Lernkartei" genannt, das an anderer Stelle in diesem Buch schon angesprochen worden ist. Daneben hat sich gezeigt, dass ein Trainieren von Mnemotechniken sehr hilfreich im Schulalltag (und darüber hinaus) sein kann. Fachliteratur zu diesem Themen findet sich sowohl in gut sortierten Büchereien, wie auch im Internet – oftmals sogar kostenlos. Kurz: Es mangelt also nicht an Möglichkeiten, sondern es mangelt oftmals an Engagement mancher LehrerInnen und / oder Eltern, Kinder sachgerecht dahingehend zu begleiten, ihnen Mittel und Wege zur Optimierung des eigenen Leistungsvermögen aufzuzeigen.

- *Motivationsschub*

Ein wesentliches Schlüsselelement zur perspektivischen Verbesserung schulischer Leistungen besteht darin, Kinder darin zu bestärken, eigene Anstrengungen zur Erreichung wichtiger Teilziele zu entwickeln. Nur allzu oft wird manchen Kindern im regulären Schulbetrieb jegliche Anstrengungsbereitschaft im Ansatz genommen. Leider achten nur wenige LehrerInnen darauf, dass es vor allem solche Kinder sind, die ohnehin schon als leistungsschwach einzustufen sind, die übermäßig oft einfach nur bei Mitschülerinnen und Mitschülern „abschreiben", wenn es z. B. darum geht, eigenständig Aufgaben zu lösen. Zugegeben, es ist aus der Sicht der LehrerInnen sehr viel bequemer, solche Beobachtungen einfach nur zu ignorieren, anstatt sich darum kümmern, dass solche Fehlentwicklungen schon im Ansatz korrigiert werden. Die nahezu zwangsläufigen Folgen, die sich dann nicht selten auch bei der Anfertigung von Hausaufgaben zeigen, sehen oftmals so aus, dass es Kinder gibt, die sich ihre Hausaufgaben nur noch jeweils mehr oder weniger aggressiv bei anderen Mitschülerinnen und Mitschülern „zusammen klauen". Eigene Denkleistungen bleiben oftmals völlig auf der Strecke.

Von daher werden fachlich qualifizierte PrivatlehrerInnen u. a. auch darauf achten, Kinder möglichst frühzeitig dahingehend zu erziehen, eine angemessene Anstrengungsbereitschaft zu entwickeln, die sich nicht immer sofort erschöpft, sobald kleinste Hindernisse zu überwinden sind. Aus dem Umfeld der Hausaufgabenbetreuung lässt sich beispielsweise feststellen, dass es eine nicht unerhebliche Zahl SchülerInnen gibt, die sich angewöhnt haben, keinerlei eigene Anstrengung bei der Lösung anzufertigender Hausaufgaben mehr aufzubringen, da es doch sehr viel bequemer ist, immer sogleich „um Hilfe zu schreien". PrivatlehrerInnen, die ihre SchülerInnen zu eigenverantwortlichen und selbstständigen Persönlichkeiten erziehen, werden solche negativen Tendenzen – wie sie sich regelmäßig im Schulalltag beobachten lassen – entschieden unterbinden. Eine besondere Brisanz besteht oft darin, dass so manche/r PrivatschülerIn in der Anfangsphase eines Privatunterrichts erst einmal neu lernen muss, dass sich gute PrivatlehrerInnen eben nicht dadurch auszeichnen, den Schülerinnen und Schülern jede nur erdenkliche Anstrengung abzunehmen, sondern, dass es vielmehr darauf ankommt, einen Arbeitsstil zu entwickeln, der dadurch gekennzeichnet ist, zunächst einmal nach Möglichkeit selbst zu versuchen, anstehende Probleme zu lösen. *Dass* es überhaupt zu solch' teils extrem unterentwickelten Anstrengungsbereitschaften kommen kann, liegt u. a. daran, dass es LehrerInnen gibt, die – nur um möglichst schnell Ruhe vor fragenden Schülerinnen und Schülern zu haben – es sehenden Auges dulden, dass vor allem schwächere SchülerInnen des Öfteren schlichtweg nur noch „abschreiben". Dass somit keinerlei konstruktive Voraussetzungen für perspektivisch günstige Schulkarrieren geschaffen werden, sollte eigentlich klar sein; wird aber nahezu täglich an vielen Stellen ignoriert.

Qualifizierte PrivatlehrerInnen werden also darauf achten, SchülerInnen maßvoll und situationsgerecht zu motivieren, und ihnen verständlich zu machen versuchen, dass es sich lohnt, eigene Anstrengungsbereitschaft zu entwickeln. Wie überaus schädlich fehlendes Engagement ist, zeigt sich oftmals im weiteren Verlauf einer Schullaufbahn. Zuweilen drängt sich der Eindruck auf, dass sich manche SchülerInnen geradezu belästigt fühlen, wenn LehrerInnen verlangen, dass gewisse Mindestanforderungen zu erfüllen sind, um klar definierte Ziele zu erreichen. Dass es zur Erreichung eigener Ziele auch angemessener Anstrengungen bedarf, scheint für manche SchülerInnen völlig abwegig zu sein. Kinder dagegen, die frühzeitig dahingehend erzogen werden, altersgerechte Anstrengungen zu erbringen, haben im weiteren Schulverlauf meistens entscheidende Vorteile, weil sie sich nicht immer wieder mit „Nebenschauplätzen" aufhalten. Im Interesse einer guten Schulbildung sollten sowohl Eltern wie auch LehrerInnen wieder sehr viel mehr darauf achten, dass Selbstverständlichkeiten, wie z. B. „Ordnung, Fleiß,

Verbindlichkeit usw." auch also solche betrachtet und als solche eingefordert werden. Es ist geradezu absurd, dass ein erheblicher Teil der täglich aufzuwendenden Energie und Zeit oftmals nur noch dafür eingesetzt werden muss, unerzogene und chaotische SchülerInnen geradezu darum bitten zu müssen, sie mögen ihre Aufgaben doch bitte sorgsam und zuverlässig anfertigen. LehrerInnen, die solche groben Fehlentwicklungen unwidersprochen „laufen lassen", sind entscheidend mit dafür verantwortlich, dass wesentliche Grundbausteine für konstruktive Lernprozesse schon im Ansatz zerstört werden. Was wir hier sehr viel mehr brauchen, sind LehrerInnen, die sowohl den Mut wie auch die Durchsetzungskraft haben, SchülerInnen dahingehend zu erziehen, Selbstverständlichkeiten auch jeweils ohne endlose Diskussionen zuverlässig zu beachten. Jeder, der schon einmal erleben „durfte", wie schon Kinder im Grundschulalter zu wahren „Verhandlungsmeistern" mutieren, wenn es darum geht, offensichtliche Schlampereien zeitnah und konsequent zu korrigieren, merkt schnell, dass hier offenbar etwas grob schief läuft. Den Kindern, die solche „Tricks" anwenden, lässt sich kein Vorwurf machen; wohl aber solchen Erwachsenen, die Kindern durch eigenes Fehlverhalten praktisch vorleben, dass es besser sei, Schlampereien zu leugnen, als diese entsprechend zu unterlassen bzw. zu korrigieren.

10. Konsequenzen mangelnder Erziehungsarbeit

- Woran lässt sich mangelnde Erziehung erkennen?

Mangelnde oder schlechte Erziehung lässt sich quer durch alle Altersklassen und bei allen sozialen Schichten ausmachen. Besonders auffällig ist aber, dass es vor allem vielen Kindern und Jugendlichen erkennbar an einer guten Erziehung mangelt.

Kinder und Jugendliche, die z. B. durch schlechte Tischmanieren auffallen, gehören ebenfalls zum Alltagsbild, wie Kinder und Jugendliche, denen elementarste Anstandsregeln fehlen. Da wird sich beispielsweise nicht mehr bedankt, wenn man etwas geschenkt bekommt. Da betritt man wortlos einen Klassenraum, und fängt dann auch noch zu maulen an, wenn man freundlich darauf aufmerksam gemacht wird, dass es doch wohl angezeigt sei zumindest einen kurzen Gruß an die bereits Anwesenden zu richten. Da gibt es rüpelhafte Jugendliche, die sich unflätig über Sitzbänke öffentlicher Verkehrsmittel flegeln; auch dann, wenn z. B. ältere, erkennbar gebrechliche Leute dringend einen Sitzplatz benötigten. Da gibt es Kinder, denen offenbar die Bedeutung des Wortes „Nein" nicht bekannt zu sein scheint, und die nicht selten endlose Diskussionen mit ihren Eltern beginnen, wobei diese z. B. schon mehrfach gesagt haben, dass der eine oder andere Gegenstand bei einem Warenhausbesuch nicht gekauft wird. Da gibt es Kinder, die auch nach mehrfacher, freundlicher Aufforderung ihrer Eltern, es nicht für nötig halten, endlich den Aufforderungen nachzukommen. Da gibt es Kinder, die offenbar nicht gelernt haben, dass fremde Erwachsene, wie z. B. LehrerInnen, eben keine gleichrangigen Spielkameraden sind, die man ebenso unflätig wie respektlos zu behandeln glauben darf wie gleichaltrige Kinder. Kurz: Es ist vor allem auffällig, dass viele Kinder und Jugendliche heutzutage keinerlei Respekt Erwachsenen gegenüber mehr zeigen. Mag man im Privatbereich zuweilen noch darüber hinwegsehen, so zeigt sich spätestens in der Schule, dass eine mangelhafte Erziehung unübersehbare, i. d. R. sehr ungünstige Konsequenzen für die betreffenden Kinder, hat.

Das täglich zu beobachtende Störverhalten in vielen Schulklassen – verursacht durch eine mangelhafte Erziehung - ist nicht nur überaus lästig und belastend für die LehrerInnen, sondern es ist vor allem entscheidend mit dafür verantwortlich, dass ein konstruktiver und lehrreicher Unterricht über weite Strecken gar nicht mehr möglich ist. Täglich sind LehrerInnen in einem oft unverhältnismäßig hohen Maß damit beschäftigt, schlecht erzogene Kinder und Jugendliche dahingehend zu disziplinieren, da diese oftmals in einer extrem penetranten und unverschämten Art und Weise den Unterricht schon im Ansatz ersticken.

Schlechte oder mangelhafte Erziehung hat viele Facetten. Allen gemeinsam ist aber, dass die negativen Konsequenzen für alle Beteiligten unübersehbar sind. Insofern ist und bleibt eine mangelhafte Erziehung eben keineswegs mehr nur „Privatsache", sondern sie hat vielfältige Negativwirkungen auf unsere Gesellschaft im Ganzen.

- Kurzfristige, mittelfristige und langfristige Konsequenzen

Kurzfristige Konsequenzen einer mangelhaften Erziehung sind beispielsweise darin zu sehen, dass sich die Betreffenden situationsabhängig blamieren, und somit unangenehm auffallen. Kinder oder Jugendliche, deren Eltern nicht darauf achten, dass ihr Nachwuchs sich z. B. in der Öffentlichkeit bei einem Restaurantbesuch ordentlich zu benehmen weiß, fallen anderen Gästen oftmals unangenehm auf. Eine kurzfristige Konsequenz könnte dann ein Verweis sein, der für die betreffende Familie sehr peinlich ist.

Eine weitere, kurzfristige Konsequenz schlechter Erziehung ist z. B. darin begründet, dass es in vielen Alltagssituationen immer wieder zu unangenehmen Situationen kommen kann, bedingt dadurch, dass Kinder und Jugendliche extrem unfolgsam sind. Jeder, der schon einmal beobachtet hat, wie extrem unwohl sich Eltern fühlen, deren Kinder offenbar keinerlei Ansage akzeptieren, wird nachvollziehen können, wie ungünstig sich eine mangelhafte Erziehung auf ein gedeihliches Zusammenleben auswirken kann.

Mittelfristige Konsequenzen einer schlechten Erziehung sind u. a. darin zu sehen, dass sich schädliche Verhaltensmuster wie beispielsweise mangelnder Respekt, Egozentrismus o. ä. verselbstständigen, wobei die Betreffenden dann oftmals gar nicht mehr zu erkennen vermögen, warum sie an „allen Ecken und Kanten" im Umgang mit anderen Menschen auf Widerstand stoßen. Kinder und Jugendliche, die nicht frühzeitig gelernt haben, dass ein respektvoller Umgang mit anderen Menschen keineswegs ein Selbstzweck, sondern vielmehr ein Muss darstellt, haben es im weiteren Lebensverlauf ungleich schwerer sich in gewachsene Strukturen einzufügen, als dies bei Kindern und Jugendlichen der Fall ist, deren Eltern rechtzeitig auf eine konstruktive Erziehung geachtet haben.

Langfristige Konsequenzen einer mangelhaften Erziehung bestehen u. a. auch darin, dass sich solche Menschen potenziell gute Entwicklungschancen geradezu systematisch dadurch zerstören, indem sie schlichtweg unfähig sind, sich situationsgerecht verhalten zu können.

Ganz gleich, wie sich negative Konsequenzen einer mangelhaften Erziehung im Einzelfall auch zeigen mögen, so ist eines völlig klar: Es sind nicht die Kinder und die Jugendlichen, denen hier primär ein Vorwurf zu machen ist, sondern vielmehr solche Eltern und LehrerInnen, die heutzutage nicht mehr konsequent auf eine gute Erziehung achten. Vielfach ist es einfach nur Bequemlichkeit, dass manche Eltern und LehrerInnen nur noch weg schauen, wenn sie mal wieder eine grobe Verfehlung haben beobachten können, anstatt zeitnah und entschieden für eine angemessene Verhaltenskorrektur zu sorgen. Immer häufiger scheint es aber auch so zu sein, dass manche Eltern und LehrerInnen allein schon deshalb nicht mehr zu einer konstruktiven Erziehungsarbeit fähig sind, da sie selbst erkennbare Defizite aufweisen. Eltern und / oder LehrerInnen, die sich im Alltag selbst oftmals respektlos benehmen, geben denkbar schlechte Vorbilder für Kinder und Jugendliche ab. Beispiele für respektloses Verhalten von Erwachsenen lassen sich täglich in unterschiedlichsten Situationen ausfindig machen. Wie sollen z. B. Kinder lernen, dass eine Verkehrsampel, die gerade das Rotlicht zeigt, auch bedeutet, *dass* man bitte stehen zu bleiben hat, wenn sogar vor Schulen manche Eltern und LehrerInnen solche Signale oftmals absichtlich missachten. Wie sollen Kinder, deren Eltern es selbst mit verbindlichen Regeln nicht so streng nehmen, lernen, dass z. B. auch Regeln im Straßenverkehr keineswegs einen Selbstzweck darstellen, sondern vielmehr dazu gedacht sind, Sicherheit für alle VerkehrsteilnehmerInnen zu gewährleisten, wenn Eltern ihren Kindern gegenüber signalisieren, dass man heutzutage jede Regel nach eigener Lust und Laune ändern darf? Wie sollen Kinder eine gute Erziehung erfahren, wenn z. B. Eltern bei einem Supermarktbesuch ein bereits im Einkaufswagen befindliches Brot einige Gänge weiter achtlos in ein Obstregal legen, nur deswegen, weil sie zu faul sind, das Brot wieder an seinen ursprünglichen Bestimmungsort zurück zu legen?

So banal solche alltäglichen Beispiele auf den ersten Blick auch erscheinen mögen, so zeigen sie dennoch klar und deutlich, dass eine konstruktive Erziehung nicht erst dann beginnt, wenn Kinder bereits verhaltensauffällig geworden sind, sondern sie muss sich vor allem schon im Alltag bewähren. Eltern, die ihren Kindern vorleben, dass „... doch eh alles egal ist...", dürfen und sollten sich dann nicht wundern, wenn sich Erziehungsdefizite dahingehend verselbstständigen, dass ein geregeltes Zusammenleben ab einem gewissen Grad der Verwahrlosung faktisch nicht mehr möglich ist.

Nochmals zurück zum Thema „Disziplin im Straßenverkehr". Die Teilnahme am Straßenverkehr fokussiert in vielfältiger Art und Weise, ob bzw. in welcher Weise Menschen gut erzogen worden sind, oder nicht. Mit Blick darauf, dass sich aus naheliegenden Gründen sehr viele Menschen aller

Altersklassen in diesem Umfeld bewegen, lassen sich dort ebenso interessante wie nicht selten beängstigende Beobachtungen machen, die einen repräsentativen Charakter zeigen, der sich durchaus auch auf andere Lebensbereiche übertragen lässt.

AutofahrerInnen, die z. B. mit stark überhöhter Geschwindigkeit durch 30-er-Zonen rasen – zuweilen sogar vor Schulen, begehen keineswegs – wie die geradezu lächerlichen, um nicht zu sagen unverantwortlich niedrigen Bußgelder (Fahrverbote) suggerieren könnten – ein Kavaliersdelikt. Nein, dabei handelt es sich um extrem rücksichtslose und verantwortungslose Erwachsene, die durch ein derartiges grobes Fehlverhalten unübersehbar dokumentieren, dass sie offenbar nicht über die nötige geistige Reife verfügen, ein tonnenschweres Gefährt, das als potenzielle Waffe fungiert, durch den Straßenverkehr zu bewegen. Erwachsenen, die durch solche unverantwortlichen Rücksichtslosigkeiten auffallen, sollte die Fahrerlaubnis grundsätzlich entzogen werden, und zwar so lange, bis zweifelsfrei geklärt ist, dass eine glaubhafte Verhaltensänderung stattgefunden hat. Die aktuellen Bußgelder und / oder Fahrverbote sind – gemessen an dem Gefahrenpotenzial – nicht nur absolut lächerlich, nein, sie sind extrem unwirksam. AutofahrerInnen, denen offenbar gar nicht klar zu sein scheint, dass sie durch ihr rücksichtsloses Verhalten andere Menschen massiv gefährden, AutofahrerInnen, die solche Bußgelder oftmals nur mit einem „milden, verachtenswerten Lächeln" zur Kenntnis nehmen, benehmen sich keineswegs cool, sondern zeigen dadurch lediglich, dass sie erkennbar nicht über die geistige und sittliche Reife zum Führen eines Kraftfahrzeugs verfügen.

Rücksichtslosigkeiten dieser und ähnlicher Art kann jeder Mensch nahezu täglich erleben, der in unterschiedlichen Funktionen am Straßenverkehr teilnimmt.

Dies allein wäre schon schlimm genug. Doch damit nicht genug. Statt nun entschieden gegen derartige Verkehrsrowdys vorzugehen, verstecken sich nicht zuletzt sogar „führende" PolitikerInnen unseres Landes, wenn es darum geht, derart offensichtliche und extrem gefährliche Situationen mit aller Entschiedenheit zu entschärfen.

Da gibt es beispielsweise Politiker, die heute in führenden politischen Ämtern tätig sind, die klare und sehr wohl auch organisatorisch durchführbare Vorschläge zur Beseitigung solcher Extremgefährdungen mit ebenso lächerlichen wie unhaltbaren Alibiaussagen abzuschmettern versuchen. Getreu dem Motto: „Die Freiheit des einzelnen hört genau dort auf, wo die Freiheit eines anderen beginnt", wäre es sowohl organisatorisch wie auch technisch sehr wohl möglich, Verkehrsrowdys systematisch und in einer vergleichsweise überschaubaren Zeit aus dem Verkehr zu ziehen; allein der Wille zur praktischen Durchsetzung fehlt offenbar.

Stattdessen werden lieber Scheinargumente ins Feld geführt, bedingt dadurch, dass führende Politiker nicht selten entsprechende Lobbys fürchten. Hielten so manche unserer PolitikerInnen nicht nur schöne Sonntagsreden, bei denen oftmals pseudomäßige Anteilnahme am Schicksal solcher Menschen geheuchelt wird, die unter den Folgen schlimmen Verkehrsrowdytums zu leiden haben, sondern handelten sie sehr viel konsequenter bei der Vorgehensweise gegen erkennbar rücksichtslose Verkehrschaoten, ließe sich diese ebenso offensichtliche wie schlimme Situation in absehbarer Zeit signifikant entschärfen.

Da ist es einfacher und bequemer, Alibiaktivitäten durchzuführen, die sich z. B. darin zeigen, vergleichsweise harmlose Falschparker abzuzocken, die womöglich nicht genügend Münzen in eine Parkuhr eingeworfen haben. An die faktisch sehr gefährlichen Verkehrsrowdys, die täglich unsere Straßen unsicher machen, trauen sich viele unserer VerkehrspolitikerInnen nicht heran, da sie womöglich fürchten, sie zögen sich den Unmut von so manchem Möchtegern-Vettel zu, indem sie ihm sein „geliebtes Spielzeug" wegnehmen.

Kurz: Schlechte Erziehung zeigt sich keineswegs nur in plakativen Defiziten, wie sie sich in vielen Alltagssituationen beobachten lassen, sondern deren Ursachen liegen entscheidend auch darin, welches Lebensumfeld unseren Kinder und Jugendlichen als lebenswert und sinnvoll angeboten wird. Ein Lebensumfeld, in dem unseren Kindern und Jugendlichen auf vielen Ebenen praktisch vorgelebt wird, dass „Rücksichtslosigkeit gut sei", dass „Geiz geil sei", dass „jede Regel nach eigener Lust und Laune gebrochen werden darf", bietet keinerlei sachgerechte und konstruktive Basis für eine gute Erziehung.

Vielmehr ist mit Sorge zu beobachten, dass Respektlosigkeit und Rücksichtslosigkeit in vielen Bereichen des täglichen Lebens stark zugenommen haben. Die Konsequenzen werden, sowohl für die direkt Betroffenen, wie auch perspektivisch für unsere Gesellschaft als Ganzes, wenig erfreulich sein.

- Innerfamiliäre Konsequenzen

Innerfamiliäre Konsequenzen schlechter Erziehung sind beispielsweise darin zu sehen, dass manche Eltern ihren Kindern gegenüber nicht zu vermitteln vermögen, dass *sie* es sind, die als Erziehungsberechtigte „das Sagen haben". In manchen Familien scheint nicht mehr klar zu sein, dass es nicht nur ein natürliches Recht der Eltern auf eine angemessene Erziehung ihrer Kinder gibt, sondern auch eine ebensolche Pflicht. Eine konstruktive und somit für die Kinder sinnvolle Erziehungsarbeit kann aber nur dann sachgerecht geleistet werden, wenn es ein „natürliches Gefälle" zwischen den Eltern einerseits, und den zu erziehenden Kindern, andererseits, gibt. Bei einer Beobachtung so mancher Kommunikation zwischen Eltern und Kindern stellt sich zuweilen der Eindruck ein, man habe es mit Kommunikationspartnern zu tun, die auf einer gleichen Ebene operieren. Genau das ist aber schon aus natürlichen Gründen nicht möglich. Schließlich sind es die Eltern, die dafür Sorge zu tragen haben, dass ihren Kindern eine möglichst gute Erziehung zuteil wird. Kinder, die ihre Eltern als gleichberechtigte „Spielpartner" ansehen, entwickeln aus verständlichen Gründen kein so dringend notwendiges Respektverhältnis den erziehenden Eltern gegenüber, da sie ihre Eltern als „Ihresgleichen" betrachten. Aufgabe und Verpflichtung verantwortungsbewusster Eltern muss sein, darauf zu achten, unmissverständlich klar zu stellen „wer die Regie hat". Eine auch schon in einigen Familien zu beobachtende „Aufweichung" dieses elementaren Erziehungsprinzips, schadet erheblich mehr, als es zu nutzen in der Lage wäre.

Eine innerfamiliäre Konsequenz schlechter Erziehung ist entscheidend darin zu sehen, dass es zu ebenso schleichenden, wie perspektivisch ungünstigen Entwicklungen derart kommt, dass es oftmals nicht mehr die Eltern sind, die entscheidende „Weichen stellen", sondern vielmehr Kinder, die nicht frühzeitig gelernt haben, klare und verbindliche Vorgaben ihrer Eltern zu erfüllen. Eltern, die nicht willens und / oder in der Lage sind, Entscheidungen auch gegen kindlichen Widerstand durchzusetzen, verletzten wichtige Erziehungsgrundsätze, deren fortgesetzte Nichtbeachtung perspektivisch oftmals unerfreuliche Konsequenzen für alle Beteiligten hat.

- Konsequenzen in der Schule

Die entscheidende Konsequenz einer schlechten Erziehung zeigt sich im schulischen Umfeld vor allem darin, dass ein über weite Strecken auch nur ansatzweise konstruktiver Unterricht faktisch nicht mehr möglich ist, weil es eine beängstigend wachsende Zahl von Kindern und Jugendlichen gibt, denen erkennbar jegliche gute Erziehung fehlt.

Aus der Sicht der LehrerInnen sowie aus der Sicht der Kinder und Jugendlichen, die eine Schule noch als einen Ort begreifen möchten, an dem es sich vernünftig lernen lässt, ist es schon seit längerer Zeit ebenso ärgerlich wie inakzeptabel, dass täglich unverhältnismäßig viel Zeit nur noch darauf verschwendet werden muss, teils restlos chaotische und unerzogene Kinder und Jugendliche zu disziplinieren. Es bedarf wahrlich keiner prophetischen Kräfte, vorherzusehen, dass dadurch die Ausbildungsqualität perspektivisch noch weiter absinken wird, als dies in Teilen ohnehin schon der Fall ist.

Konsequenzen schlechter oder fehlender Erziehungsarbeit bleiben definitiv nicht auf den innerfamiliären Bereich beschränkt – was schon schlimm genug ist – sondern sie reichen in einem oftmals unerträglichen Maße in den Schulalltag hinein, mit der unübersehbaren Konsequenz, dass vor allem all' *die* SchülerInnen zunehmend unter den nicht selten extremen Zuständen zu leiden haben, die sehr wohl engagiert und zielstrebig in der Schule lernen möchten. Fakt ist, dass genau das in weiten Teilen vieler Schulen schon seit längerer Zeit nicht mehr möglich ist. Die wenig rühmlichen PISA-Ergebnisse sind unter solchen teils unverantwortlichen Zuständen nur eine geradezu logische Konsequenz.

Der Hinweis allein darauf, dass womöglich nur die Lehrerschaft versagt haben könnte, ist ebenso falsch wie polemisch. Sehr wohl wahr ist aber, dass es vielen Lehrerinnen und Lehrern ganz offenbar daran mangelt, klar erkennbare Missstände a) ungeschönt zu thematisieren, und b) die zur Beseitigung eben solcher Missstände notwendigen Korrekturen konkret einzuleiten, und sachgerecht zu begleiten. Leider ist nur zu oft zu sehen, dass es zwar „hinter einer hervor gehaltenen Hand" zu Unmutsäußerungen der Art kommt, die klar und deutlich bestätigen, *dass* einiges im argen liegt, im weiteren Verlauf dann aber entweder der Mut und / oder Wille zur konkreten Beseitigung offensichtlicher Defizite nicht hinreichend ausgeprägt zu sein scheinen. Nun wäre es an dieser Stelle unfair, man wollte hier „den Schwarzen Peter" nur der Lehrerschaft zuschieben, denn ursächlich mitverantwortlich für dieses „Duckmäusertum" sind nicht zuletzt auch einige Schulgesetze, die vor allem erkennbar verantwortungslose Eltern oftmals geradezu auch noch dazu ermutigen, offen und frech gegen solche

LehrerInnen vorzugehen, die es tatsächlich wagen sollten, offensichtliche Verfehlungen klar und deutlich zu benennen, und folglich solche Kinder und Eltern zur Rechenschaft heranziehen, die entscheidend dazu beitragen, dass es überhaupt zu teils sehr schlimmen Zuständen hat kommen können.

In einem Land, in dem zunehmend Schulnoten und Zeugnisnoten über Anwälte eingeklagt werden, die im übrigen nicht selten gut davon leben können, einem Land, bei dem jedes Urteil eines Lehrers von einigen Eltern pauschal in Frage gestellt wird, einem Land, das nicht selten zunehmend Chaoten besser schützt als solche Eltern, die sich redlich um eine gute Ausbildung ihrer Kinder bemühen, darf man sich nicht ernsthaft wundern, dass es zu Auswüchsen der beschriebenen Art kommt.

- Konsequenzen in der Ausbildung & und im Studium

Kinder und Jugendliche, die keine gute Erziehung mit auf ihren Weg bekommen haben, sind auch in der Ausbildung oder im Studium benachteiligt, weil sie oftmals auffällige Probleme haben, sich in bestehende Strukturen einzuordnen.

Häufig ist zu beobachten, dass einerseits eine hohe Anspruchshaltung bei Auszubildenden dahingehend besteht, genau zu wissen, welche Rechte sie haben, wogegen die Einsichtsfähigkeit hinsichtlich der Pflichten deutlich schwächer ausgeprägt zu sein scheint. Oftmals sind dafür Erziehungsfehler verantwortlich, da den Kindern und Jugendlichen nicht sachgerecht vermittelt worden ist, dass nicht zuletzt ein gutes Benehmen integraler Bestandteil beruflichen Erfolgs ist.

Auch die Regel „Ohne Fleiß kein Preis", die in der älteren Generation noch sehr viel häufiger zu hören gewesen ist, erscheint vielen Kindern und Jugendlichen heutzutage als altbacken und antiquiert. Faktisch ändert das aber nichts an deren unveränderter Gültigkeit. Doch auch an dieser Stelle muss festgestellt werden, dass es nicht die Kinder oder Jugendlichen sind, denen hier ein Vorwurf zu machen ist, sondern vielmehr solchen Erwachsenen, die Kindern wiederholt suggerieren, man müsse nur dreist genug sein, und dann „laufe schon alles wie gewünscht". Die Anfänge solcher Fehlentwicklungen reichen weit bis in die jungen Kindertage zurück. Schon im Grundschulbereich ist vielfach zu beobachten, dass manche Kinder ohne jegliche, erkennbare, eigene Anstrengungsbereitschaft sich „Fertige Aufgaben erschleichen". Kinder, die z. B. schon frühzeitig gelernt haben, dass sie der Aufforderung zur Erledigung ihrer Hausaufgaben schon allein dadurch genügen, indem sie diese schlichtweg nur von anderen Kindern abschreiben – und das nicht in Ausnahmefällen, sondern vielmehr im Regelfall – Kinder, die dann nicht zeitnah und entschieden von den Lehrkräften dazu angehalten werden dieses Fehlverhalten zu unterlassen, sehen aus verständlichen Gründen ihrerseits keinerlei Anlass zur Korrektur eines solchen Verhaltens.

Kinder und Jugendliche, bei denen sich ein solches Verhalten verfestigt hat, die dann in einen Ausbildungsbetrieb kommen, erleben dort häufig zum ersten Mal, dass es zur Erlangung erfreulicher Ergebnisse im Vorfeld zunächst einmal entsprechender Anstrengungen bedarf, die nicht mehr von Dritten, sondern vielmehr bei sich selbst eingefordert werden müssen. Kombiniert mit einer nicht selten aggressiven Grundstimmung, entsteht oftmals Frustration und

Enttäuschung, die sich zuweilen wenig konstruktiv entlädt.

Auch in der Ausbildung und im Studium zeigt sich, dass die Konsequenzen einer schlechten Erziehung nicht auf das unmittelbare private Umfeld beschränkt bleiben, sondern dass sich vielmehr ungünstige Auswirkungen in verschiedensten Situationen beim Umgang mit anderen Menschen, ergeben. Verantwortungsbewussten Eltern und Lehrkräften sollte klar sein, dass demnach eine gute Erziehung keinen Selbstzweck darstellt, sondern dass sie entscheidend dazu beitragen kann, gute Voraussetzungen für einen konstruktiven Umgang im menschlichen Miteinander zu begründen.

- Konsequenzen in der Gesellschaft

Eine Gesellschaft, in der es zunehmend Menschen gibt, die kaum mehr eine gute Erziehung erfahren haben, kann es nicht überraschen, dass sich Auswüchse unterschiedlichster Art zeigen, wobei das Spektrum von kleinen Verfehlungen, bis hin zu schlimmsten Ausfällen reicht.

Eine Gesellschaft, in der es Leute gibt, die – im Kleinen, wie im Großen – vorleben, dass jeder machen könne, was er will, ohne Rücksicht auf die Bedürfnisse anderer Menschen, darf sich nicht wundern, dass das mitmenschliche Klima schleichend zunehmend immer rauer wird. Schon kleinen Kindern wird in Teilen des schulischen Umfelds praktisch vorgelebt, dass sich vor allem diejenigen durchsetzen, die nicht selten rücksichtslos andere MitschülerInnen traktieren; und das nicht selten sogar im Beisein von Lehrkräften. So gehört es schon seit längerer Zeit zum Alltag mancher Schulkinder, hautnah erleben zu müssen, dass

Arbeitsmittel und Kleidungsstücke mutwillig von Mitschülerinnen und Mitschülern zerstört werden. Bedauerlicherweise ist es dann aber oftmals so, dass die entsprechenden Kinder nicht angemessen zur Rechenschaft für ihr inakzeptables Fehlverhalten herangezogen werden. Vielmehr ist oft zu beobachten, dass auf der Seite der geschädigten Kinder diese nur allzu oft verängstigt zurückgelassen werden, wogegen die aggressiven kleinen Chaoten oftmals keinerlei spürbare Sanktion befürchten müssen. An dieser Stelle sind es – im schulischen Umfeld – vor allem die Lehrkräfte, die hier deutlich entschiedener für eine Korrektur solcher Auswüchse sorgen müssten. So gut und so wichtig freundliche Gespräche auch sein mögen, Fehlverhalten zu korrigieren, so wichtig ist es aber auch, Kinder und Jugendliche, die in bestimmten Fällen offenbar beratungsresistent sind, deutlich spüren zu lassen, dass ein aggressives und destruktives Verhalten grundsätzlich nicht geduldet wird.

Jeder, der schon das zweifelhafte Vergnügen hatte, beobachten zu dürfen, wie selbst unverschämteste Wiederholungs-„täterInnen" von manchen Lehrkräften immer wieder mit Samthandschuhen behandelt werden, anstatt sie angemessen für offensichtliche Verfehlungen der übleren Art zu sanktionieren, stellt sich zu recht die Frage, wieso offenbar nahezu immer die „TäterInnen", und nicht die beklagenswerten „Opfer" geschützt werden? Es ist unübersehbar, dass an dieser Stelle die Prioritäten klar falsch gesetzt werden. Durch ein permanentes „Nicht-Sanktionieren" werden Kinder und Jugendliche, die zu einem destruktiven Verhalten neigen, geradezu dazu ermuntert, sich auch weiterhin unverschämt und destruktiv zu benehmen. Zu leiden haben folglich vor allem solche Kinder und

Jugendliche, die in einem geschützten Raum lernen möchten.

Eine Gesellschaft, in der zunehmend Egoisten unterwegs sind, entzieht sich auf die Dauer elementare Grundlagen menschlichen Zusammenlebens, ohne deren Existenz perspektivisch niemand mehr – auch nicht die rücksichtslosen Egoisten – werden leben können.

Verstärkt werden derartige Negativtrends nicht zuletzt durch Fernsehsendungen, die in einer schier unerträglichen Intensität glauben machen wollen, dass es mittlerweile zum „guten Ton gehöre", sich rücksichtslos und unverschämt zu benehmen. Kinder und Jugendliche, die täglich solche Botschaften konsumieren, verlieren sich schnell in einem Gestrüpp aus „Egoismus, virtuellen Plastikwelten, unrealisierbaren Wunschvorstellungen usw.". Sowohl die Menge, wie auch die inhaltliche Intensität vieler Fernsehsendungen, die minderwertige und destruktive Kernbotschaften in einem bedenklich großen Ausmaß „ausschütten", muss größten Anlass zur Sorge für eine gute und gedeihliche Entwicklung von Kindern und Jugendlichen (und Erwachsenen) geben.

Eine Gesellschaft, die sich perspektivisch günstig entwickeln soll, muss verstärkt darauf achten, dass das Hauptaugenmerk eben nicht – wie bisher oftmals zu beklagen – nur auf spektakuläre Auswüchse gerichtet wird, die sich medienwirksam vermarkten lassen, sondern vielmehr darauf, Zusammenhänge zwischen dem „Input" und dem „Output" intensiver zu thematisieren bzw. entsprechende Konsequenzen aus eben solchen Erkenntnissen zu ziehen. Konkret: Eine Gesellschaft, die es nicht nur zulässt, sondern in Teilen sogar auch noch fördert, dass Kinder und Jugendliche schon frühzeitig zu Rücksichtslosigkeit, Dreistigkeit und Egoismus erzogen werden, handelt sowohl verantwortungslos, wie perspektivisch ausgesprochen dumm. Die Konsequenzen zunehmender Rücksichtslosigkeit richten sich nämlich – das ist schon heutzutage unübersehbar – keineswegs mehr nur gegen Einzelne, sondern vielmehr gegen unsere Gesellschaft als Ganzes. Man muss nicht lange suchen, um schlimme Konsequenzen einer zunehmenden Verrohung zu finden. Dabei ist es letztlich völlig gleichgültig, ob sich solche Tendenzen in hirnlosen Gewaltspielen, schwachsinnigen Talkshows oder im täglichen Miteinander zeigen. Allen gemeinsam ist die Beobachtung, dass ein zunehmender Konsum bedenklicher Verhaltensweisen auf die Dauer ein gesellschaftliches Gefüge im Ganzen ins Wanken bringt. Im Interesse unserer gesamten Gesellschaft wäre es überaus wichtig, dass sehr viel mehr Gegengewichte zu den in Teilen bedenklich wachsenden Auswüchsen, entstehen. Bisher ist leider nur zu oft zu konstatieren, dass es zwar einerseits eine wachsende Zahl Menschen gibt, die sehr wohl erkannt haben, *dass* es dringender Korrekturen bedarf; die anderseits aber vielfach nicht genügend Mut und Engagement zeigen, die zur Erreichung signifikanter Verbesserung notwendigen Maßnahmen konkret mit zu tragen.

Ein nicht selten ignorantes und feiges Wegschauen wird perspektivisch dazu führen, dass chaotische Zustände eine Größenordnung erreichen werden, die dann – wenn überhaupt – nur noch ungleich schwerer korrigiert werden können. Von daher lautet auch hier der Rat:

„Wehret den Anfängen".

11. Wege aus der Krise

Zunächst einmal sollte klar sein, dass sich ein derart komplexes Problem wie das einer schlechten Erziehung und / oder das einer oftmals daraus resultierenden schlechten Bildung, kaum mit einfachen Patentrezepten wird lösen lassen. Dazu sind die inhaltlichen und organisatorischen Abhängigkeiten schlichtweg in vielerlei Hinsicht zu groß. Anderseits ist zu bedenken, dass es teils gerade auch einfache Maßnahmen gibt, größere Defizite, wie sie sich dann sowohl im Schulalltag wie auch im privaten Umfeld mancher Kinder und Jugendlichen zeigen, abzubauen; vorausgesetzt, Eltern und LehrerInnen besinnen sich wieder darauf, dass es oftmals vermeintliche Erziehungstrivialitäten sind, deren permanente Missachtung entscheidend erst dazu beitragen, dass sich die Situation im Schul- und Bildungssektor über weite Strecken zunehmend bedenklich darstellt.

Nachfolgend sollen in einer lockeren Reihenfolge Ideen und Lösungsansätze angeboten werden, die maßgeblich mit dazu beitragen könnten, perspektivisch bessere Rahmenbedingungen für unsere Kinder und Jugendlichen zu schaffen.

Was brauchen wir?

Vordringlich brauchen wir wieder vermehrt Eltern und LehrerInnen, die das Erziehen von Kindern und Jugendlichen nicht nur als eine lästige Pflicht begreifen, die es – zuweilen mehr schlecht als recht – zu erfüllen gilt, sondern Erwachsene, die sich darüber im klaren sind, dass eine konstruktive Erziehung von Kindern und Jugendlichen zu bestimmten Zeiten eben auch von kindlichen und / oder jugendlichen Widerständen begleitet wird. Gerade *im* Interesse unserer Kinder und Jugendlichen ist es elementar wichtig, dass Eltern und LehrerInnen selbstsicher, überzeugend und empathisch auftreten. Zugegeben, in einer Zeit, in der Kinder und Jugendliche einer kaum mehr übersehbaren Anzahl von Reizen ausgesetzt werden, ist es für Eltern und LehrerInnen nicht leichter geworden, Kinder und Jugendliche in einer Art und Weise zu erziehen, die es ihnen perspektivisch ermöglichte, zu selbstbestimmten und wertvollen Mitgliedern unserer Gesellschaft zu werden. In einer Zeit, in der Kinder und Jugendliche nicht selten zweifelhafte Vorbilder ihr eigen nennen, ist es ebenso schwierig wie überaus wichtig, dass vor allem solche Angebote an Kinder und Jugendliche gemacht werden, die sich nicht an einer „künstlichen Plastikwelt" orientieren, sondern vielmehr an solchen Werten, die als tragende Säulen einer Gesellschaft unabdingbar sind.

Werte wie Verlässlichkeit, Respekt, Pünktlichkeit, Ordnung usw. sollten verstärkt in den Blickpunkt einer guten Erziehungsarbeit rücken. Entscheidend bei allen zu vermittelnden Werten ist zudem, dass sie jeweils glaubhaft von den Erwachsenen praktisch vorgelebt werden. Kinder und Jugendliche besitzen meistens ein sicheres Gespür dafür, ob es sich bei denen ihnen zu vermittelnden Werten nur um „Alibi-Werte" handelt, oder vielmehr um solche, deren Sinnhaftigkeit sich von ihnen auch altersgerecht erschließen lässt.

Was wir verstärkt brauchen sind Eltern und LehrerInnen, die sowohl den Mut wie auch die Kraft aufbringen, Ursachenforschung zu betreiben. Nur zu oft lassen sich heutzutage auch im Schulalltag Alibi-Aktivitäten ausmachen, deren vordringliches Ziel oftmals mehr darin zu bestehen scheint, Eltern zu beruhigen, weniger aber an einer konkreten Beseitigung faktisch teils unzumutbarer Zustände zu arbeiten. So gibt es beispielsweise an vielen Schulen inzwischen StreitschlichterInnen, deren primäre Aufgabe darin besteht, dafür zu sorgen, dass Kinder und / oder Jugendliche, die sich „in die Wolle bekommen haben", Mittel und Wege aufgezeigt bekommen sollen, Konflikte friedfertig zu lösen. Auf den ersten Blick eine durchaus sinnvolle und in Teilen hilfreiche Idee. Leider verstellen solche Maßnahmen aber oftmals den Blick auf auslösende Ursachen. Entscheidend verantwortlich dafür, dass es in vielen Fällen überhaupt erst zu teils extremen Verhaltensdefiziten kommen kann, ist meistens eine schlechte bzw. nicht vorhandene Erziehung. In zunehmendem Maße ist zu beobachten, dass mehr und mehr Erziehungsaufgaben, die zuvörderst von den Eltern gelöst werden sollten, in den Schulalltag abgewälzt werden, wo sich dann manche LehrerInnen – aus durchaus verständlichen Gründen – überfordert fühlen. Kinder, denen elementarste Benimmregeln fehlen, sind schon in einer vereinzelten Situation mitunter schwierig zu behandeln. Im Verbund mit anderen Kindern, von denen ein nicht unerheblicher Teil ebenfalls schlecht erzogen ist, ergibt sich schnell ein unheilvolles und kaum mehr zu kontrollierendes „Gemisch", dem sich LehrerInnen oftmals gegenüber sehen, und zu dessen konkreter Lösung ihnen oftmals sowohl die fachlichen, wie auch organisatorischen Mittel fehlen, die aber dringend nötig wären.

Was wir also brauchen ist ein Verständnis dafür, dass es nicht primär Aufgabe der LehrerInnen ist, Erziehungsdefizite aufzuarbeiten, deren Ursachen primär im familiären Umfeld zu suchen sind. Primäre Aufgabe der LehrerInnen sollte sein, Kindern und Jugendlichen einen konstruktiven Zugang zu Bildung zu verschaffen, und genau das wird zunehmend durch nicht bzw. schlecht erzogene Kinder und Jugendliche erschwert; in Teilen sogar gänzlich unmöglich gemacht. Was wir brauchen ist ein Verständnis dafür, dass fortgesetzte Unterrichtsstörungen einen konstruktiven Bildungsprozess im Schulalltag empfindlich behindern. Somit handelt es sich bei Unterrichtsstörungen keineswegs nur um lästige Teilerscheinungen, die sozusagen zum Schulalltag aus naturgegebenen Gründen dazu gehören, sondern vielmehr um Behinderungen, die vor allem solchen Kindern und Jugendlichen wiederholt wertvolle Lebenszeit stiehlt, die eine Schule als einen Ort konstruktiven Lernens verstanden wissen möchten.

Was wir brauchen sind Eltern und LehrerInnen, die den SchülerInnen wieder verstärkt vermitteln, dass es nicht nur ein Gebot der Höflichkeit ist sich gegenseitig ausreden zu lassen, sondern, dass sich hilfreiche und konstruktive Lernprozesse entscheidend erst dann einstellen können, wenn es nicht zu Situationen kommt, wie sie sich nahezu täglich in vielen Klassenzimmern beklagen lassen, bei denen ein(e) mehr oder weniger genervte LehrerIn gegen eine nicht selten chaotisch durcheinander redende SchülerInnen-Schar anzukämpfen hat. Dass somit täglich wertvolle Unterrichtszeit sinnlos verplempert wird, bedarf keiner tieferen Analyse; das ist offensichtlich. Zugegeben, auch hier ist es vielfach so, dass manche Erwachsene denkbar schlechte Vorbilder abliefern, an denen sich dann Kinder und Jugendliche orientieren. Schaut man sich beispielsweise die eine oder andere Talkshow im Fernsehen an – nicht selten inzwischen sogar bei solchen Formaten, von denen man bisher eher ein höheres Niveau hat erwarten dürfen – fällt oftmals auf, dass auch dort viele Talkshowgäste wild durcheinander reden, mit der ebenso nervenden wie schädlichen Konsequenz, dass Sachargumente vielfach „auf der Strecke bleiben". Die Moderatoren sind dann oftmals in einer vergleichbaren Situation, wie dies viele LehrerInnen im täglichen Umgang mit chaotisch aufeinander einredenden Schülerinnen und Schülern, sind.

Was wir brauchen sind Eltern und LehrerInnen, die den Kindern und Jugendlichen wieder verstärkt vermitteln, dass eine altersgerechte Konzentration keinen Selbstzweck darstellt, der nur noch von einigen altbacken Erwachsenen eingefordert wird, sondern dass eine gute Konzentration eine der elementaren Voraussetzungen dafür ist, überhaupt sachgerecht und erfolgreich lernen zu können.

Was wir brauchen sind Schulklassen, in denen nicht mehr eine chaotische Übermacht von schlecht oder nicht erzogenen Kindern und Jugendlichen die Überhand über solche SchülerInnen gewinnt, die konstruktiv lernen möchten. In diesem Zusammenhang bedarf es einerseits Eltern, die ihre Kinder auf eine sozialverträgliche Teilnahme am Schulunterricht vorbereiten, weiterhin Lehrkräften, die sowohl die pädagogischen wie menschlichen Fähigkeiten zur Durchsetzung und Einhaltung geordneter Unterrichtsstrukturen aufbringen, und schließlich Schulleitungen, die ihr Lehrerkollegium nicht „im Regen stehen lassen", wenn mal wieder einige uneinsichtige Eltern anwaltliche Hilfe bemüht haben, erkennbar chaotische Verhaltensweisen des eigenen Sprösslings „schön zu reden". An dieser Stelle ist der Hinweis wichtig, dass es sehr wohl LehrerInnen gibt, die nur zu gern schon längst gegen teils unzumutbare Zustände in Teilen des Schulbetriebs vorgegangen wären; es fehlt allein oft der Mut und die Durchsetzungskraft, klar erkennbare Defizite a) offen zu benennen, und b) konkrete Maßnahmen zu deren Lösung einzuleiten. Jede/r LehrerIn, die (der) schon einmal das zweifelhafte Vergnügen hatte, sich mit uneinsichtigen Eltern auseinander setzen zu dürfen, wird nachempfinden können, wie überaus frustrierend und ärgerlich zugleich es sein kann, wenn man sich als verantwortungsbewusste Lehrkraft zwischen „keifenden Eltern" und einer „beschwichtigenden Gesetzgebung" sieht. Hier wird es höchste Zeit, dass klar erkennbare und schädliche Erziehungsdefizite wieder als das bezeichnet werden dürfen, was sie faktisch sind: Unverantwortliche Elementarbausteine, die schulische und persönliche Bildung massiv behindern. Gegenwärtig sieht es über weite Strecken vielmehr so aus, dass jede noch so offensichtliche „Sauerei" durch allerlei „Tricksereien" schön geredet wird. Das ist falsch, und sollte im Interesse einer guten Erziehung sowie mit Blick auf eine gute Bildung dringend revidiert werden.

Was wir brauchen sind LehrerInnen, die sich nicht nur Pädagogen und Pädagoginnen nennen, sondern auch als solche handeln. Zuweilen drängt sich der Eindruck auf, dass es nur noch um eine mehr oder weniger effektive Verwaltung geht, bei der schwierige Klassen durch ein Dickicht aus Stoffplänen und schulisch einengenden Rahmenbedingungen manövriert werden. Qualitativ hochwertige pädagogische Fähigkeiten, die neben einer reinen Wissensvermittlung wichtig sind, sucht man bei manchen Lehrkräften leider vergebens. LehrerInnen, die schon durch ihre charismatische Ausstrahlung eine natürliche Autorität vermitteln, gehören derzeit eher zu einer Minderheit. Vielmehr sehen sich viele LehrerInnen als Lern- und Spielpartner von Kindern und Jugendlichen, die zuweilen suggerieren, sie befänden sich auf „gleicher Augenhöhe" – was aber faktisch aus naheliegenden Gründen so nicht stimmt. Was wir demnach brauchen sind LehrerInnen, die den Kindern und Jugendlichen aufzeigen, dass sie zunächst einmal ihr eigenes Potenzial kennenlernen und entwickeln müssen, bevor sie „auf Augenhöhe" mit Lehrkräften kommunizieren können. Eine oftmals zu beobachtende „Weichspüler-Pädagogik", bei der natürliche Autoritätsgrenzen zusehends aufgelöst worden sind, trägt entscheidend dazu bei, dass Kinder und Jugendliche – aus durchaus verständlichen Gründen – ernsthaft glauben gemacht werden, sie könnten mit ihren Lehrerinnen und Lehrern genau so umgehen, wie sie dies mit gleichaltrigen Kindern und Jugendlichen tun. Perspektivisch trägt dies sehr viel mehr zur Verunsicherung von Kindern und Jugendlichen bei, als dass es hilfreich sein könnte.

Was wir brauchen sind Schulleitungen, die sich nicht primär an nicht selten starren und kontraproduktiven Hierarchien in den Schulverwaltungen orientieren, sondern vielmehr an den konkreten Bedürfnissen von Kindern und Jugendlichen sowie deren Eltern. Mittlerweile leben so manche Leute in einigen Schulverwaltungen recht gut davon, damit beschäftigt zu sein, Ideen und Maßnahmen zu entwickeln, die oftmals völlig fern jeder Realität im Schulalltag sind. Die Leidtragenden sind zunächst oft die SchulleiterInnen, die solche Maßnahmen dann vor Ort in ihren Schulen zu vertreten haben, im weiteren Verlauf dann die SchülerInnen und deren Eltern. Zu den Gewinnern von nicht selten unsinnigen Schulgesetzen gehören auch manche Juristen, die z. B. damit beschäftigt werden Zeugnisnoten einzuklagen, Einsprüche gegen vermeintlich ungerechtfertigte

Benotungen zu formulieren, offensichtliche Verfehlungen von Schülerinnen und Schülern, deren Eltern sich einen Rechtsbeistand leisten können, so zu verdrehen, dass schlussendlich womöglich noch die LehrerInnen auf der Anklagebank sitzen. Kurz: Hier läuft einiges grob falsch. Nur allzu oft ist erkennbar, dass es bei so manchem Rechtsstreit keineswegs mehr primär darum geht, klar erkennbare Verfehlungen auch angemessen zu ahnden, sondern oftmals nur noch darum, durch mehr oder weniger trickreiche juristische Winkelzüge dafür zu sorgen, dass Fakten zuweilen derart verzerrt werden, dass sich schlussendlich sogar noch solche Lehrerinnen und Lehrer in die Defensive gedrängt sind, die ursprünglich für einen geordneten Ablauf im Schulalltag zu sorgen haben. Verkehrte Welt. Eine Gesellschaft, die nicht nur unterschwellig, sondern höchst offiziell vorlebt, dass es auch bei offensichtlichen Verfehlungen primär nur noch darauf ankommt, sich durch einen trickreichen Rechtsbeistand „aus der Affäre zu ziehen", setzt völlig falsche und schädliche Signale. Was wir brauchen sind Eltern und LehrerInnen, die Kindern und Jugendlichen wieder ein Verständnis dafür vermitteln, was richtig und was falsch ist. Wir brauchen Eltern und LehrerInnen, die in der Lage sind, Kinder und Jugendliche zu mehr Eigenverantwortung zu erziehen. Es sollte deutlicher klar gemacht werden, dass eigenes Fehlverhalten korrigiert werden muss, und nicht etwa durch allerlei Tricks schön geredet wird.

Was wir brauchen sind LehrerInnen, die sich nicht dem in den letzten Jahren geradezu inflationär aufgetretenen Diktat von „Projektarbeit" unterwerfen. Zugegeben, unter bestimmten Voraussetzungen mag Projektarbeit im Schulalltag sinnvoll und hilfreich sein. Oftmals mutiert dieser Begriff aber zu einem „Schutzmantel" für

LehrerInnen, die nur zu bequem sind, eigene Unterrichtsideen sinnvoll strukturiert vorzubereiten. Selbstverständlich ist es aus Lehrersicht erheblich bequemer, Kinder oftmals tage- oder wochenlang mit einer „Projektarbeit" zu beschäftigen, als selbst dafür zu sorgen, die jeweiligen Unterrichtsthemen gut strukturiert vorzubereiten. Eine Projektarbeit macht nur dann Sinn, wenn den Kindern zuvor konkret gezeigt worden ist, wie komplexere Lernprozesse sinnvoll aufbereitet werden können. Schaut man sich so manche Projektarbeit etwas genauer an, fällt oftmals auf, dass ein größerer Teil der zu beteiligenden Kinder mehr oder weniger hilflos mit einem zu bearbeitenden Thema umgeht. Oft ist es so, dass einige wenige Kinder den „Löwenanteil" einer Projektarbeit leisten, während andere Kinder eher in der Rolle von „Mitläufern" sind, für die der Lerneffekt einer derart gestalteten Projektarbeit nicht selten gegen Null konvergiert. In den letzten Jahren konnte man den Eindruck gewinnen, Projektarbeit solle als „Gegenspieler" zu dem bis dahin vorherrschenden Frontalunterricht installiert werden. Einmal abgesehen davon, dass klassischer Frontalunterricht unter bestimmten Voraussetzungen auch einige Nachteile hat, so muss doch klar und deutlich konstatiert werden, dass in der überwiegenden Zahl der Fälle Kinder und Jugendliche, die einen gut strukturierten und pädagogisch fundierten Frontalunterricht haben genießen dürfen, oftmals deutlich bessere Ergebnisse erzielen, als Kinder und Jugendliche, die nicht selten mehr oder weniger ziellos mit Projekten betraut werden, zu deren konstruktiver Lösung ihnen oftmals wesentliche Voraussetzungen fehlen. Wir brauchen LehrerInnen, die das Konzept einer Projektarbeit nicht etwa aus ideologischen Gründen als ein Allheilmittel gegen klassischen Frontalunterricht verstanden wissen möchten, sondern vielmehr als eine Ergänzung, die unter ganz bestimmten Voraussetzungen sinnvoll sein kann; vorausgesetzt, es werden im Vorfeld entscheidende Vorbedingungen für eine sinnvolle Ausgestaltung mit den Schülerinnen und Schülern besprochen. Klassischer Frontalunterricht verlangt in jedem Fall einen höheren Reifegrad hinsichtlich der Disziplin. Ein chaotisches Durcheinanderreden ist der natürliche „Feind" eines sinnvollen Frontalunterrichts. Projektarbeit dagegen befriedigt zunächst eher das Bedürfnis nach Regellosigkeit und Zügellosigkeit. Von daher passt sie sich „gut" in eine Zeit ein, die entscheidend durch eben solche negativen Eigenschaften geprägt ist. Gerade *im* Interesse signifikanter Verbesserungen schulischer Rahmenbedingungen wäre es wichtig, vorbehaltlos zu prüfen, ob bzw. inwieweit Projektarbeit faktisch zu nachprüfbaren Lernerfolgen beiträgt, und ob bzw., inwieweit klassischer Frontalunterricht „unter dem Strich" nicht meistens deutlich bessere Ergebnisse produziert. Ein in den letzten Jahren oftmals zu beobachtendes „Gegeneinander-Ausspielen" von Projektarbeit und Frontalunterricht ist letztlich wenig hilfreich. Vielmehr sollte – frei von persönlichen Wunschvorstellungen – geprüft werden, welche Variante unter welchen Voraussetzungen jeweils die günstigeren Ergebnisse erzielen kann. Gegenwärtig ist die Diskussion über weiten Strecken noch zu stark dadurch geprägt, dass VertreterInnen beider „Lager" mit aller Kraft versuchen, das „eigene Modell" idealisiert darzustellen.

Was wir brauchen sind LehrerInnen, die deutlich offensiver dafür eintreten, dass wesentliche Elementarbausteine einer sozialverträglichen Erziehungsarbeit wieder primär im familiären Umfeld gelegt werden müssen. Es ist ebenso unzumutbar wie schädlich, dass es selbst engagiertesten Lehrkräften mitunter faktisch nicht mehr möglich ist, offensichtliche Erziehungsdefizite im Schulalltag zu korrigieren. Einerseits deswegen, weil die inhaltliche Tiefe vieler Verfehlungen den Rahmen innerhalb des Schulalltags deutlich sprengt, anderseits auch nicht zuletzt deswegen, weil sich LehrerInnen oftmals nicht nur einigen wenigen „schwierigen Schülerinnen und Schülern" gegenübersehen, sondern nicht selten einer ganzen „Horde" von kleinen und großen Chaoten, die durch keinerlei noch so freundlich motivierte Kommunikation effektiv in die Schranken gewiesen werden kann. An dieser Stelle darf der Hinweis nicht ausbleiben, dass es häufig eben nicht LehrerInnen sind, die ursächlich für teils schlimme Zustände in manchen Klassen verantwortlich zu machen wären, sondern vielmehr solche Eltern, die erkennbar bei der Erziehung der eigenen, oder der ihnen anvertrauten Kinder kläglich versagt haben. Wie schon so oft, lautet auch hier der ebenso einfache, wie aber wohl begründete Hinweis: „Wehret den Anfängen".

Was wir brauchen sind Schulgesetze, die LehrerInnen, die sowohl willens wie auch fachlich dazu in der Lage sind, konstruktiv gegen erkennbar chaotische Zustände in Teilen des Schulbetriebs vorzugehen, in eine auch juristisch abgesicherte Position versetzen, die es ihnen überhaupt erst ermöglicht, aktiv tätig zu werden. Gegenwärtig sieht es eher so aus, dass LehrerInnen Angst davor haben müssen, selbst auf die Anklagebank gesetzt zu werden, weil sie es doch tatsächlich gewagt haben, offensichtliche Schlampereien und Verfehlungen klar und deutlich beim Namen zu nennen. Eine so strukturierte Gesetzgebung ist ebenso absurd wie schädlich, da sie entscheidend dazu beiträgt, destruktiven Tendenzen Vorschub zu leisten, anstatt sie mit allen gebotenen Mitteln zu unterbinden.

Was wir brauchen sind Eltern und LehrerInnen, die Kinder und Jugendlichen wieder verstärkt vermitteln, dass es Regeln eines geordneten Miteinanders gibt, die allerdings nicht als Selbstzweck fungieren, sondern vielmehr als ein unverzichtbarer Grundbaustein gesellschaftlichen Zusammenlebens. Gegenseitiger Respekt und Rücksichtnahme sind demnach keineswegs als antiquiert anzusehen, sondern es sind vielmehr Verhaltensweisen, die entscheidend mit dazu beitragen, dass sich eine Gesellschaft friedfertig und konstruktiv entwickeln kann. Entscheidend ist auch hier, dass es wenig Sinn macht, Respekt und Rücksichtnahme zu lehren, wenn dies nicht zugleich aktiv im Alltag von den Erwachsenen vorgelebt wird. Gerade weil Kinder und Jugendliche sich an Vorbildern orientieren, ist es wichtig, dass Erwachsene mit gutem Beispiel voran gehen. Erwachsene, die selbst einen respektlosen und rücksichtslosen Lebensstil praktizieren, sollten sich nicht wundern, wenn es ihnen die Kinder und Jugendlichen gleich tun. Von daher geht es auch um Glaubwürdigkeit und Stimmigkeit. Kinder, die praktisch erleben, dass sich Eltern an aufgestellte Regeln selbst nicht halten, sehen aus verständlichen Gründen keinen Sinn darin, diese zu befolgen. Wichtig ist also, dass Eltern und auch LehrerInnen das Gesagte in Einklang bringen mit eigenen Verhaltensweisen, so dass sich Kinder und Jugendliche an authentischen Vorbildern orientieren können.

Was wir brauchen sind Eltern, die sich aktiv dafür interessieren, welchen Kontakt die eigenen Kinder pflegen, welche Interessen bestehen und womit sich ihre Kinder beschäftigen. In einer Welt, die durch eine kaum mehr zu überschauende Vielzahl von medialen Reizen geprägt ist, wird es vor allem für Kinder immer schwerer, sachgerecht auszuwählen, welche Angebote hilfreich und welche sogar extrem schädlich sein können. Es ist wichtig, dass Eltern ihre Kinder dahingehend erziehen, altersgerecht erkennen zu können, welche Angebote und Verhaltensweisen eher konstruktiv, und welche eher destruktiv sind. Eltern, die ihren Kinder beispielsweise einen unkontrollierten Zugang zu solchen Medien wie Fernsehen, Computer, Internet usw. ermöglichen, handeln sehr verantwortungslos. Aus kindlicher Sicht ist es ebenso reizvoll wie verständlich, zunächst einmal alles undifferenziert „aufzusaugen", was sich an medialen Reizen anbietet. Hier sind vor allem die Eltern aufgefordert, notwendige und sinnvolle Beschränkungen zu definieren – und deren Einhaltung auch zu kontrollieren. Geschieht dies nicht, verselbstständigen sich schädliche Prozesse oft sehr schnell. Ein erheblicher Teil der beklagenswerten Defizite, wie sie sich sowohl innerfamiliär, wie auch im Schulalltag darstellen, ist ursächlich darauf zurückzuführen, dass leider manche Kinder und Jugendliche über viel zu lange Zeiträume sich selbst überlassen werden, und jegliches sinnvolle Korrektiv fehlt.

Was wir brauchen sind Eltern, die sich genügend Zeit für ihre Kinder nehmen, mit diesen kindgerechte Gespräche zu führen. Die Kunst einer sinnvollen und guten Gesprächsführung ist in weiten Teilen unserer Gesellschaft kaum mehr ausgeprägt. Dies ist nicht zuletzt deshalb bedenklich, da vor allem auch gute Gespräche entscheidend dazu beitragen können, Kinder und Jugendliche zu erziehen. Leider ist nur allzu oft zu beobachten, dass schon Kinder im Grundschulalter oftmals nur noch in Wortkürzeln kommunizieren, denen aus verständlichen Gründen vielfach das Potenzial fehlt, Grundlage einer differenzierten Gesprächskultur sein zu können. Kinder, die nicht schon im Elternhaus an den Sinn und Zweck einer differenzierten und situationsgerechten Kommunikation herangeführt worden sind, haben nicht selten auch im Schulalltag empfindliche Defizite wenn es darum geht, sprachlich ausformulierte Texte zu erstellen. Von daher sind Eltern gut beraten, Kinder frühzeitig mit einer reichhaltigen Sprache vertraut zu machen. Da die Sprache unser zentrales Kommunikationsmedium darstellt, ist es elementar wichtig, Kinder schon in jungen Jahren mit deren sachgerechter Anwendung in Kontakt zu bringen. Viele Defizite, die sich u. a. auch im Schulalltag zeigen, sind auf eine sprichwörtliche Sprachlosigkeit zurückzuführen. Kinder, die nicht gelernt haben, dass sich z. B. Konflikte verbal klären lassen, neigen erkennbar häufiger zur Gewaltanwendung, da dies oftmals der einzige Weg zu sein scheint, sich „Gehör zu verschaffen". Insofern sind die Folgen einer sprachlichen Verarmung nicht nur in schlechten Schulnoten zu erkennen, sondern auch darin, wie Menschen generell miteinander umzugehen pflegen.

Was wir brauchen sind Eltern, die die vermutlich wichtigsten Komponenten einer erfolgreichen Erziehung nicht ausblenden. Eine uneingeschränkte Liebe, ein hohes Maß an Vertrauen und Zeit sind maßgebliche Elementarbausteine, ohne deren Vorhandensein auf die Dauer kein Erziehungsmodell erfolgreich sein dürfte. So manche Eltern versuchen – mehr oder weniger erfolgreich – ihr eigenes schlechtes Gewissen dadurch zu beruhigen, indem sie ihren Kindern allerlei materielle Angebote unterbreiten. Doch kein noch so interessantes Computerspiel, keine noch so technisch ausgereifte Playstation, kein Luxusurlaub kann und wird auf die Dauer elterliche Liebe und Fürsorge ersetzen können.

Wir brauchen Eltern, die Erziehungsarbeit nicht als eine lästige Pflicht empfinden, der man sich mehr oder weniger geschickt zu entziehen sucht. Eltern, die sich ernsthaft darum bemühen, Kinder auch gegen gesellschaftlich tolerierte Negativtendenzen in einem sozialverträglichen Sinn zu erziehen, leisten erheblich wertvollere Arbeit für unsere Gesellschaft, als Eltern, die zunehmend Erziehungsarbeit an Dritte – vor allem an das Lehrpersonal in den Schulen – delegieren. Es sollte wieder klar sein, dass es vordringlich Aufgabe der Eltern ist, eigene Kinder zu wertvollen Mitgliedern unserer Gesellschaft zu erziehen, und nicht etwa primäre Aufgabe von Lehrerinnen und Lehrern. Eltern haben nicht nur ein natürliches Recht zur Erziehung ihrer Kindern, sondern sie haben auch eine Pflicht eben dazu.

Was wir brauchen sind Eltern und LehrerInnen, die den Kindern und Jugendlichen wieder ein Gespür dafür vermitteln, dass sich nicht jeder Wunsch immer sofort und vollständig erfüllen lässt, sondern dass es vielfach zunächst einer persönlichen Anstrengung bedarf, um eigene Wünsche befriedigen zu können. Erwachsene, die Kindern und Jugendlichen vorgaukeln, jeder Wunsch müsse immer sogleich in die Tat umgesetzt werden, ohne jegliche Eigenleistung, leisten perspektivisch Frust und Unmut bei den Kindern und Jugendlichen Vorschub. Irgendwann merken diese nämlich, dass ihnen eine Scheinwelt suggeriert worden ist, die jeglicher Grundlage entbehrt. Wir brauchen Eltern, die den Kindern praktisch vorleben, dass es sich lohnt, eigene Anstrengungen zu unternehmen, um spezifische Wünsche zu erfüllen. Kinder und Jugendliche, die nahezu jeden Wunsch immer sogleich erfüllt bekommen, können aus verständlichen Gründen kaum ein Gespür für den Wert der Dinge entwickeln, da immer sogleich alles verfügbar erscheint. Das zeigt sich dann u. a. in einem achtlosen und respektlosen Umgang mit Dingen und Menschen sowie perspektivisch in einem wachsenden Frust, der nicht selten in einer Sinnkrise mündet.

Was wir brauchen sind Eltern und LehrerInnen, die Kindern und Jugendlichen erklären, dass es für die weitaus überwiegende Mehrheit nicht Castingshows sind, die ein perspektivisch erfülltes Leben versprechen, sondern vielmehr eine solide Ausbildung. Für Heranwachsende ist es wichtig, zu durchschauen, dass von Castingshows der weithin bekannten Machart vor allem die MacherInnen profitieren, weniger aber die vielen Mädchen und Jungen, denen in einer oftmals beängstigenden Penetranz suggeriert wird, sie müssten nur an einer der Castingshows teilnehmen, und schon seien sie ein großer Star. Die Zeit und Energie, die viele Kinder und Jugendliche in eine Teilnahme an einer Castingshow investieren, dürfte in den allermeisten Fällen erheblich sinnvoller und effektiver eingesetzt sein, nutzte man sie für schulische Lernprozesse und für die Heranbildung einer reifen Persönlichkeit. Schaut man sich so manche Castingshow an, ist mit einer Mischung aus Beängstigung und Belustigung zu beobachten, dass sehr viele der teilnehmenden Mädchen und Jungen offenbar derart naiv sind, ernsthaft zu glauben, eine der Massen-Castingshows könne ein „Sprungbrett in eine große Karriere" sein. Nahezu alle, der über kurze Zeit hoch gejubelten Möchtegern-Stars, sind schon nach recht kurzer Zeit wieder „von der Bildfläche verschwunden".

Was wir brauchen sind Eltern und LehrerInnen, die Kinder und Jugendlichen wieder vermehrt vermitteln, dass die Schule kein Freizeitpark ist, dessen primäres Ziel darin besteht, möglichst viel Amüsement anzubieten, sondern vielmehr ein Ort, der dazu dient, Kinder und Jugendliche sowohl wissensmäßig wie auch persönlichkeitsbildend auf ein möglichst sinnvolles Leben vorzubereiten. Dass Schule auch Spaß bereiten soll, ist nicht nur sinnvoll, sondern ausdrücklich gewollt. Schädlich aber ist es, wenn der Spaßfaktor im Vordergrund der Betrachtung vieler Kinder und Jugendlicher steht, da somit oftmals elementare Lernprozesse empfindlich gestört werden. Wir brauchen demnach LehrerInnen, die den zugegeben mitunter schwierigen Spagat zwischen a) sachgerechtem Lernen und b) begleitendem Spaß, organisieren können, und nicht zu schnell dahin abgleiten, Spaß als das oberste Lernziel zu definieren. Konstruktives Lernen und Spaß haben schließen sich nicht aus, sie ergänzen sich durchaus sinnvoll. Wichtig ist allerdings, dass sie in ein maßvolles Gleichgewicht gebracht werden; und eben dieses scheint an manchen Stellen im Schulalltag aus den Fugen geraten zu sein.

Was wir brauchen sind LehrerInnen, die sich nicht nur hinter verschlossenen Lehrerzimmertüren über teils schlimme Missstände austauschen, sondern die den Mut haben, diese auch öffentlich zu thematisieren. Noch immer prägt oftmals Angst vor Ausgrenzung innerhalb eines Lehrerkollegiums den Kommunikationsstil. Darunter leiden nicht nur die betreffenden LehrerInnen, sondern vor allem auch die Kinder und Jugendlichen, die nicht selten in einem schulischen Umfeld unterrichtet werden, das teils unübersehbare Defizite aufweist. Wer schon das zweifelhafte Vergnügen hatte aus einer Metaposition beobachten zu dürfen, wie heuchlerisch und verlogen teils gewisse schulinterne Kommunikationsstrukturen funktionieren, erkennt schnell, dass es entscheidend auch führungsschwache Personen sind, die durch eigene Inkompetenz maßgeblich dazu beitragen, dass offensichtliche Missstände penetrant ignoriert werden. Wie auch in der freien Wirtschaft zu beobachten, so ist es auch in manchen Schulen so, dass sowohl fachlich inkompetente wie persönlich schwache Führungspersönlichkeiten entscheidend dazu beitragen, dass sich erkennbar ungünstige Tendenzen verfestigen. Erkennen lassen sich schwache Führungspersönlichkeiten u. a. daran, dass sie Defizite, die für jeden sehenden und hörenden Menschen offenkundig sind, schlichtweg leugnen. Menschen, die solche schwachen Führungspersönlichkeiten dann ebenso freundlich wie klar darauf aufmerksam machen, werden nicht selten mit übelsten Mobbingmethoden diskreditiert. Auch das generelle Kommunikationsklima in einem Lehrerkollegium lässt oftmals interessante Rückschlüsse auf die Führungsqualitäten der betreffenden Rektorinnen / Rektoren zu. Warum? Nun, starke Führungspersönlichkeiten werden konstruktive Verbesserungsvorschläge nicht einfach „abbügeln", sondern sie werden sie fachlich kompetent prüfen. Starke Führungspersönlichkeiten werden es gar nicht erst zulassen, dass es im Lehrerkollegium wiederholt zu persönlichen Verunglimpfungen kommt, die mehr oder weniger offen oder subtil vorgetragen werden. Schwache Führungspersönlichkeiten lassen sich u. a. auch daran erkennen, dass die Betreffenden mehr mit sich selbst beschäftigt sind, als mit der Lösung offensichtlicher Probleme in dem ihnen anvertrauten schulischen Umfeld. Wir brauchen Schulleitungen, die ihre primäre Aufgabe nicht mehr nur in einer oftmals bürokratischen Verwaltung vorgegebener Schulgesetze sehen, sondern die vor allem durch ihr sicheres Auftreten entscheidend dazu beitragen, dass sich die an der betreffenden Schule tätigen LehrerInnen einem gemeinsamen Ehrenkodex verpflichtet fühlen, dessen primäres Ziel das Wohl der anvertrauten Kinder und Jugendlichen sein sollte.

Was wir brauchen sind Eltern und LehrerInnen, die in der Idee Offener Ganztagsschulen kein Allheilmittel gegen schlecht erzogene Kinder und Jugendliche sehen, sondern die ideologiefrei erkennen, dass sich massive Erziehungsprobleme der beschriebenen Art ganz sicher nicht allein dadurch lösen lassen, indem Kinder beispielsweise bis um 16 Uhr in einer Schule anwesend sein dürfen. Keine Frage, Offene Ganztagsschulen haben unbestreitbar den Vorteil, dass vor allem Kinder Alleinerziehender dort „verwahrt" werden, so dass die Eltern berufstätig sein können. Richtig ist sicher auch, dass es vielfältige Bildungs- und Freizeitangebote gibt, die vor allem für solche Kinder interessant sein können, die in ihrem familiären Umfeld nicht entsprechend gefördert werden bzw. gefördert werden können. Jedoch, ernsthaft zu glauben, Offene Ganztagsschulen könnten entscheidend dazu beitragen, massive Erziehungsprobleme in der Griff zu bekommen, ist sowohl naiv wie schlichtweg falsch. Nicht die Tatsache, dass Kinder in einer Offenen Ganztagsschule z. B. täglich bis 16 Uhr anwesend sein dürfen, löst Erziehungsprobleme, sondern vielmehr die ebenso offensichtliche wie wahre Erkenntnis, dass es entscheidend darauf ankommt, welche fachlichen Qualifikationen die dort tätigen BetreuerInnen a) vorweisen können und b) praktisch leben. Es ist schon bedenklich und absurd zugleich, zu sehen, dass es Menschen im Tätigkeitsumfeld Offener Ganztagsschulen gibt, denen erkennbar jegliche pädagogische Fähigkeiten zu fehlen scheinen. Da gibt es beispielsweise Leute, die sich erkennbar „nicht im Griff haben", und schon auf kleinere Kinder wutschnaubend und lautstark einbrüllen. Vollendet werden solche Verbalausfälle dann zuweilen auch noch durch rot anlaufende Köpfe, bei denen unbeteiligte BeobachterInnen den Eindruck gewinnen können, der Kopf drohe zu platzen. Da gibt es MitarbeiterInnen, die auf Elternabenden den anwesenden Eltern kundtun, über welch' herausragenden pädagogischen Fähigkeiten sie angeblich verfügen, wo nicht zuletzt vielen der anwesenden Eltern aus vielen Gesprächen mit den eigenen Kindern klar ist, dass dem definitiv nicht so ist. Da gibt es MitarbeiterInnen, denen im Interesse der Kinder dringend empfohlen werden müsste eine psychologische Beratung in Anspruch zu nehmen, bei der die betreffenden Hitzköpfe zunächst einmal lernen sollten, dass sich Meinungsdifferenzen nicht durch lautstarke, persönlich verunglimpfende Mobbing-aktionen lösen lassen, sondern einzig durch konstruktive Gespräche, die von gegenseitigem Respekt getragen werden. Wie wollen MitarbeiterInnen, die sich sowohl den ihnen anvertrauten Kindern, wie anderen Lehrkräften, wie externen Dienstleistern gegenüber respektlos verhalten, Kinder pädagogisch wertvoll erziehen? Eine absurde Vorstellung, bei der zu wünschen wäre, dass vor allem die Eltern der Kinder, die täglich empfindlich unter chaotischen Rahmenbedingungen zu leiden haben, sich deutlicher zu Wort meldeten. Viele der erkennbar schlimmen Zustände an unseren Schulen sind nur deshalb möglich, weil es bis dato zu wenig engagierte Eltern gibt, die den Mut aufbringen, entschieden gegen solche Leute vorzugehen, die entscheidend für chaotische Zustände mitverantwortlich sind.

Was wir brauchen sind Eltern, die ihren Kinder durch ein glaubhaftes Vorbild vorleben, auf welche Weise vielfältige Medien unserer Zeit (z. B. Fernsehen, PC usw.) möglichst sinnvoll und maßvoll genutzt werden können. Eltern, die selbst einen undifferenzierten Fernsehkonsum betreiben, geben ihren Kindern ein denkbar schlechtes Vorbild. Sinnvoll ist es, gemeinsam mit den Kinder zu überlegen, welche Sendungen a) altersgerecht und b) sachgerecht sind. Eine völlig unkontrollierte Verfügbarkeit des Fernsehens ist besonders für Kinder und Jugendliche sehr schädlich, da sie aus verständlichen Gründen noch nicht sachgerecht entscheiden können, welche Sendungen schädliche Auswirkungen auf die eigene Entwicklung haben können, oder welche Sendungen eher hilfreich bei der Persönlichkeitsentwicklung sind. Es ist unverantwortlich, dass schon Grundschulkinder täglich unkontrolliert Soaps und Talkshows konsumieren, die häufig weder kindgerechte Themen aufgreifen, noch dies in einer Art und Weise tun, die dazu angetan wäre, Kinder und Jugendliche zu verantwortungsbewusstem Handeln anzuleiten. Vielmehr ist es oftmals so, dass schon Grundschulkinder mit Themen konfrontiert werden, zu denen ihnen aus naheliegenden Gründen jegliche Reife fehlt. Kinder, die schon in täglichen Soaps oder Talkshows vorgeführt bekommen, dass es im täglichen Miteinander auf Rücksichtslosigkeit, Respektlosigkeit, Hinterhältigkeit, Dreistigkeit usw. ankomme, werden ausgesprochen schlecht konditioniert. Nicht zuletzt aufgrund der oftmals beängstigenden Fülle solchen „geistigen Mülls", haben es dann vor allem solche Eltern und LehrerInnen schwer, die sich noch ernsthaft um eine gute und konstruktive Erziehung der Kinder bemühen. Sie müssen nicht mehr nur gegen natürliche Widerstände ankämpfen, sondern zunehmend gegen solche

Widerstände, die sich aus einem unkontrollierten Konsum minderwertiger Fernsehsendungen o. ä. ergeben. Wir brauchen also wieder mehr Eltern, die einen undifferenzierten und nicht altersgerechten Konsum bedenklicher Mediendarbietungen konsequent unterbinden. Eltern, die hier nicht frühzeitig gegensteuern, handeln verantwortungslos, und sollten sich im weiteren Verlauf einer kindlichen Entwicklung nicht ernsthaft darüber wundern, wenn ihnen die eigenen Kinder „auf dem Kopf tanzen", und keinerlei klare Ansage mehr akzeptieren.

Was wir brauchen sind Eltern, die Fernseher aus den Kinderzimmern verbannen. Fernseher haben in einem Kinderzimmer nichts zu suchen. Nur allzu oft werden sie als unpersönlicher Ersatz missbraucht, mit der ebenso absurden wie schädlichen Idee, „Kinder schön ruhig zu stellen". Aus kindlicher Perspektive betrachtet ist es natürlich und nachvollziehbar, unkontrolliert vielfältigsten Reizen nachzugeben, die das Fernsehen täglich anbietet. Deshalb ist es wichtig, dass Eltern ihre Kinder schon frühzeitig lehren, Fernsehen nicht wahllos zu konsumieren, sondern alters- und sachgerecht. Kinder und Jugendliche brauchen vielmehr elterliche Liebe und hilfreiche Gespräche, so dass sie sich angenommen und verstanden fühlen.

Was wir brauchen sind Eltern, die ihren Kindern zeigen, dass eine sachgerechte Benutzung eines Personalcomputers in der heutigen Zeit zu einer wichtigen Kulturtechnik geworden ist, die fraglos viele Vorteile bietet. Ebenso klar sollte aber sein, dass Eltern ihre Kinder nicht unkontrolliert und nicht selten deutlich zu lang vor dem PC „parken". Wenn man bedenkt, dass schon manche Grundschulkinder täglich mehrere Stunden vor dem PC hocken, dann muss klar gesagt werden, dass dies entschieden zu viel ist. Schaut man sich dann weiter an, womit genau sich viele Kinder beschäftigen, wird schnell klar, dass ein erheblicher Teil der Kinder nicht – was durchaus sinnvoll wäre – den PC als hilfreiches Lerninstrument nutzt, sondern vielmehr als ein Medium, auf dem sich allerlei Datenmüll angesammelt hat, der in vielen Fällen höchst destruktiv auf die kindliche Psyche einwirkt. Es ist sicher nichts dagegen einzuwenden, dass Kinder altersgerecht hin und wieder einmal auch ein lustiges Computerspiel nutzen. Sehr wohl aber ist es nicht in Ordnung, dass manche Kinder nahezu täglich über viele Stunden vor dem PC sitzen, um dort z. B. sinnlose Ballerspiele o. ä. zu nutzen. Hier sind vor allem die Eltern in der Pflicht, konkret zu prüfen, womit genau sich ihre Kinder beschäftigen, wenn sie oftmals lange Zeiträume vor dem PC verbringen.

Was wir brauchen sind Eltern, die Ihren Kinder zeigen, dass sich Konflikte nicht durch Gewalt, sondern nur durch konstruktive Gespräche lösen lassen. Leider ist zu beobachten, dass so manche Fernsehsendung und so mancher Kinofilm suggerieren möchte, Probleme ließen sich durch Gewaltanwendung, Intrigen, Hinterhältigkeiten und allerlei Tricksereien lösen. Die Kunst zur Gesprächsführung wird viel zu selten praktisch vorgelebt und geübt. Viele Kinder haben sich schon so stark daran gewöhnt, dass alles und jedes immer sogleich zu geschehen habe, dass ihnen ein Gespür für eine logisch aufbauende Argumentation oftmals schon restlos abhanden gekommen zu sein scheint. Massiv verstärkt werden solche hektischen Tendenzen nicht zuletzt dadurch, dass es sowohl im Werbebereich, wie auch in vielen Fernsehsendungen zunehmend Bildfolgen in einer Geschwindigkeit gibt, die sich nicht einmal mehr ansatzweise sinnvoll verarbeiten lassen. Jemand, der täglich die oftmals überaus hektischen Bild- und Tonfolgen so mancher Fernsehsender auf sich einwirken lässt, wird früher oder später in Mitleidenschaft gezogen werden. Werte wie Ruhe und Beschaulichkeit, die Kraft und der Wille zu einem guten Gespräch, die Fähigkeit sich mit Bedacht auf ein Thema oder einen anderen Menschen einzulassen, das alles sind Aspekte, die viele Kinder und Jugendliche gar nicht mehr kennen. Wie überaus plakativ sich Dynamik und Spannung in augenscheinlichen Dingen des Alltags festgesetzt haben, lässt sich z. B. auch daran erkennen, dass viele Kinder und Jugendliche offenbar nicht mehr dazu in der Lage sind, Dynamik und Spannung in Situationen zu erleben, die zunächst keine oder nur wenige direkt nach außen hin wirkenden Auswirkungen zeigen, wie z. B. Bildgewalt, Tongewalt o. ä. Wichtig wäre es, Kindern und Jugendlichen wieder verstärkt zu zeigen, dass sich Dynamik und Spannung eben nicht zwingend in lautstarken und brutalen Actionfilmen o. ä. zeigen müssen, sondern es sehr viel subtilere Formen von Dynamik und Spannung gibt. Ein klassisches Beispiel ist das Schach. Jedes Kind oder jeder Jugendliche, der mit dem Schach einigermaßen vertraut ist, wird nachempfinden können, welch' enorme Dynamik und Spannung während einer Schachpartie entstehen kann, wenn dort zwei SchachspielerInnen eine gute Schachpartie auf das Brett zaubern. Die dabei entstehende Dynamik ist zwar sehr viel weniger optisch erschlagend, wie dies z. B. bei bestimmten Fernseh- oder Kinofilmen der Fall ist, schließlich werden doch „nur" kleine Holz- oder Kunststofffiguren über das Schachbrett bewegt. Vielmehr entwickelt sich die Dynamik und Spannung in den Gehirnen der ausführenden SchachspielerInnen. Menschen, die es gelernt haben, solche dynamischen Prozesse wahrzunehmen, können nur kopfschüttelnd zur Kenntnis nehmen, dass heutzutage nur allzu leichtfertig suggeriert wird, Dynamik und Spannung ließe sich nur durch offensichtliche und die Sinne stark belastende Effekte erreichen, wie sie vielfach im Fernsehen, im Kino oder bei bestimmten Computerspielen zum Einsatz kommen. Für Kinder und Jugendliche bietet sich das Schach schon allein deshalb an, weil sich dabei viele wichtige Eigenschaften trainieren lassen, die sowohl im Schulalltag, wie auch im Leben insgesamt von Vorteil sein können. Eigenschaften wie Ausdauer, Zielstrebigkeit, logisches Denkvermögen, Konstruktives Umgehen mit Niederlagen usw. sind nur einige der Beispiele, die sich sozusagen nahezu zwangsläufig als positive Nebenwirkungen bei Menschen einstellen, die ernsthaft Schach spielen.

Was wir brauchen sind LehrerInnen, die erkennbar und mutwillig undiszipliniert auftretende SchülerInnen zeitnah und situationsgerecht bestrafen. Geschieht dies nicht, wird negatives Verhalten ungünstig verstärkt. Vor allem auch solche Kinder und Jugendliche, die aus Elternhäusern kommen, in denen das Wort eines Erziehungsberechtigten noch etwas gilt, werden ansonsten irritiert, da sie beobachten, dass offensichtliches Fehlverhalten im schulischen Umfeld oftmals keinerlei spürbare Konsequenzen für die betreffenden Kinder und Jugendlichen hat. Dadurch werden ebenso falsche wie perspektivische ungünstige Signale an Heranwachsende gesendet, die aus ihrer Sicht – aus verständlichen Gründen – keinerlei Anlass zur Unterlassung destruktiver Verhaltensweisen erkennen können; so nach dem Motto: „Ist mir doch egal, es passiert ja eh nichts...". An dieser Stelle sind vor allem LehrerInnen gefragt, die nicht – wie oftmals zu beobachten – fahrlässig und ignorant über offensichtliche Disziplinlosigkeiten hinwegsehen, sondern die zeitnah und konsequent darauf achten, dass sich Kinder und Jugendliche in einer Art und Weise benehmen, dass ein geregelter und sinnvoller Unterricht auch faktisch möglich wird. Es ist schließlich unübersehbar, dass vor allem die täglichen Unterrichtsstörungen in ihren unterschiedlichsten Ausprägungen empfindlich und ursächlich dafür verantwortlich sind, dass ein geordneter und konstruktiver Unterricht in vielen Klassen über weite Strecken gar nicht mehr stattfinden kann. Hier wird es höchste Zeit, dass solch' unzumutbare Zustände schnellstmöglich und mit aller gebotenen Konsequenz abgestellt werden. Der in unserer Zeit häufig zu hörende Tenor, der suggerieren möchte, chaotische Zustände seien leider einfach hinnehmbar, ist nicht nur in der Sache falsch und perspektivisch überaus schädlich, sondern er zeigt überdeutlich, dass offenbar sehr viele Verantwortliche schon vor einem sich stetig auftürmenden Chaos kapituliert haben. Genau das ist aber grundfalsch, denn dadurch gewinnen destruktive Kräfte immer mehr die Oberhand. Ab einem kritischen Grenzwert, der an manchen Schulen bzw. in Teilen mancher Schulen schon erreicht ist, ist es faktisch unmöglich geworden, Unterricht in einer Qualität anzubieten, wie dies wohl die allermeisten LehrerInnen grundsätzlich sehr wohl möchten, es aber vielfach leider nicht mehr können, weil die Rahmenbedingungen oftmals dermaßen chaotisch geworden sind, dass LehrerInnen heutzutage einen unverhältnismäßig großen Teil ihrer Zeit und Energie gar nicht mehr auf das Unterrichten, sondern vielmehr auf das Bändigen undisziplinierter Kinder und Jugendlicher ver(sch)wenden müssen. Dass unter solchen Bedingungen auf die Dauer auch das

Leistungsvermögen vieler SchülerInnen sinkt, kann dann nicht mehr ernsthaft überraschen.

Was wir brauchen sind Eltern, die sich wieder mehr Zeit und Muße für ihre Kinder nehmen. Kinder, die in einer Welt aufwachsen, die von einer zunehmenden Hektik und Unsicherheit geprägt ist, brauchen und wollen ausdrücklich starke Eltern, an denen sie sich orientieren können. Von daher ist es wichtig, dass Eltern ihren Kindern praktisch vorleben, dass man nicht jedem noch so dümmlichen Modetrend hinterher laufen muss, um anerkannt zu werden. Starke Eltern werden ihre Kinder vielmehr dahingehend erziehen ihnen zu zeigen, dass oftmals eher ein Verzicht zu persönlicher Reife führt, weniger ein kritikloses und zielloses Konsumieren. Insbesondere dieser Aspekt sollte verstärkt in bildungsfernen Schichten thematisiert werden, da es häufig Kinder und Jugendliche dieser Schichten sind, die zwar oftmals mit allerlei technischen Spielereien ausgerüstet sind (PC, Fernseher, Gameboy, Playstation usw.), nicht aber mit Verhaltensweisen, die ihnen perspektivisch dabei behilflich sein könnten, sich in einer komplexer werdenden Welt zurechtzufinden. Kein noch so gut gestaltetes PC-Spiel ersetzt gegenwärtig ein gutes Gespräch mit den Eltern. Häufig werden solche Medien – oftmals sicher auch unbewusst – dazu missbraucht, Kinder und Jugendliche vor dem PC zu „parken", damit die Eltern nur bloß nicht in die Verlegenheit gebracht werden, sich in ernsthaften Gesprächen mit dem eigenen Nachwuchs auseinandersetzen zu müssen.

Wir brauchen Eltern und LehrerInnen, die den Kinder und Jugendlichen altersgerecht vermitteln, dass Regeln des gemeinschaftlichen Zusammenlebens keinen Selbstzweck darstellen, die sich nach Lust und Laune ignorieren lassen, sondern dass Regeln und deren Einhaltung ein unverzichtbarer Bestandteil friedvollen und konstruktiven Zusammenlebens sind. Eltern, die ihren Kindern auch im privaten Umfeld praktisch vorleben, dass Regeln nach Belieben gebrochen oder den jeweiligen persönlichen Bedürfnissen angepasst werden könnten, geben ein sehr schlechtes Vorbild. Regeln, die ihrerseits sachlich begründet sein müssen, sind nur so lange hilfreich, so lange sie auch beachtet werden, und so lange sie bei Missachtung auch angemessen geahndet werden. Wie weit die Verrohung in diesem Bereich schon vorangeschritten ist, lässt sich nicht zuletzt täglich im Straßenverkehr beobachten. Es ist unübersehbar, dass es immer mehr Menschen gibt, die sich bewusst und zuweilen sehr rücksichtslos über bestehende Regeln hinwegsetzen. Dass allein wäre schon tragisch genug. Geradezu pervers ist es aber, dass es unsere Gesellschaft tatsächlich so hinnimmt, dass jährlich mehrere Tausend Menschen ihr Leben nur deswegen im Straßenverkehr verlieren, weil es zunehmend Leute gibt, die durch grobe und häufig bewusst herbei geführte Missachtungen von Regeln dazu beitragen, dass es zu derart vielen Verkehrsopfern kommen kann. Schaut man in die Unfallstatistiken, wird schnell klar, dass der überwiegende Teil der beklagenswerten Todesopfer nicht etwa ursächlich auf technische Defekte zurückzuführen ist, sondern vielmehr darauf, dass es viele VerkehrsteilnehmerInnen gibt, die sich rücksichtslos über bestehende Verkehrsregeln hinwegsetzen.

Was wir brauchen sind LehrerInnen, die Kindern möglichst frühzeitig zeigen, dass gute Noten nicht in einer Lostrommel gewonnen werden können, sondern dass man sich diese durch Fleiß erarbeiten muss. Schaut man sich so manche Klassenarbeit von

Grundschulkindern an, fällt auf, dass sich das Notengefüge in Teilen offenbar stark dahingehend verschoben hat, dass es für Leistungen, die vor vielleicht zwanzig Jahren mit der Note „ausreichend" bewertet worden wären, heutzutage vielfach ein „gut" gibt. Der Wunsch von Schülerinnen und Schülern nach guten und sehr guten Noten ist völlig legitim. Was aber heutzutage vielfach fehlt, ist ein Bewusstsein dafür, dass entsprechend gute oder sehr gute Noten auch entsprechend gute oder sehr gute Leistungen voraussetzen. Genau diese Erfahrung machen aber viele Kinder und Jugendliche erst auf weiterführenden Schulen, nämlich genau dann, wenn sie „aus einem Wattebauschtraum aufwachen", der ihnen oftmals im Grundschulbereich vorgegaukelt worden ist. Kinder, die dann plötzlich erfahren, dass ein Diktat von einer DIN-A4-Seite, das z. B. acht Fehler enthält, mit der Note „ausreichend" und nicht mehr mit der Note „gut" oder „befriedigend" bewertet wird, haben häufig empfindliche Zuordnungsprobleme. *Dass* dies so ist, merken vor allem auch privater Dienstleister, zu denen Kinder und Jugendliche zum Privatunterricht kommen. Häufig ist es so, dass Kinder und Jugendliche erstmalig die für sie schmerzvolle Erfahrung machen müssen, dass die Zeit des „Gute-Noten-geschenkt-bekommen" endgültig vorbei ist. Verstärkt wird eine solche für die betreffenden Kinder und Jugendlichen überraschende Erfahrung manchmal auch noch durch uneinsichtige Eltern, die viel Zeit und Energie darauf ver(sch)wenden, mit allerlei trickreichen Argumentationen unterdurchschnittliche Ergebnisse schön zu reden. Ein solches Fehlverhalten untergräbt nicht nur die natürliche Autorität von Lehrkräften, die im Regelfall sehr wohl einschätzen können, wie die eine oder andere Leistung von Schülerinnen und Schülern zu bewerten ist, sondern es vermittelt auch falsche Signale an die eigenen

Kinder. Aus der Sicht der Kinder sieht es nämlich so aus, dass man auch bei schlechteren Ergebnissen nur die Eltern bemühen muss, damit diese dann womöglich durch allerlei Tricksereien aus einem „ausreichend" ein „befriedigend" oder gar ein „gut" erzwingen können. Dadurch, dass vor allem im Grundschulbereich gute und sehr gute Noten teilweise geradezu inflationär „verschenkt" werden, wird das Notengefüge insgesamt entwertet, und es führt vor allem dazu, Kindern zu suggerieren, angenehme Noten seien nach Belieben zu erhalten.

Was wir brauchen ist ein gesellschaftlicher Konsens dahingehend, dass es nicht vordringliche Aufgabe der Schule ist, Kinder und Jugendliche hinsichtlich elementarer Verhaltensweisen zu erziehen, die einen geordneten Unterricht überhaupt erst ermöglichen, sondern dass es vor allem die Eltern sind, die hier in die Pflicht genommen werden müssen. Weder aus organisatorischen, noch aus inhaltlichen Gründen ist es für LehrerInnen im schulischen Umfeld möglich, Erziehungsdefizite, die ursächlich in den Elternhäusern zu suchen sind, in einer Art und Weise zu korrigieren, wie dies aber faktisch nötig wäre, um einen brauchbaren Unterricht anbieten zu können. Es geht nicht darum „den schwarzen Peter" von einer Seite zur anderen Seite zu schieben, wohl aber darum, klar zu thematisieren, dass vor allem ein ignorantes Missachten elementarster Erziehungsregeln entscheidend dafür verantwortlich ist, dass sich die Situation im Schulalltag oftmals so unerfreulich darstellt. Und eben diese elementaren Erziehungsregeln, die Kindern Anstand, Respekt, Ordnung usw. vermitteln sollten, werden von manchen Eltern bedauerlicherweise nicht mehr in dem Maße angewendet, wie sie aber für alle Beteiligten dringend nötig wären. Das, was sich vielfach im Schulalltag zeigt, ist in vielen Fällen nur noch die logische Konsequenz vielfältigster Unterlassungen, die ursächlich bei manchen Eltern zu suchen sind, denen zuweilen selbst erkennbar wichtige Regeln eines respektvollen Umgangs miteinander fehlen. Wir brauchen Menschen, die sich nicht davor scheuen, offensichtliche Disziplinlosigkeiten klar zu benennen, statt immer wieder nur auch gröbste Schlampereien schön zu reden.

Was wir brauchen sind Erwachsene, die auch im täglichen Umgang mit Kindern und Jugendlichen darauf achten, dass diese sich ordentlich und respektvoll benehmen. Ganz gleich in welcher konkreten Alltagssituation man sich auch befinden mag (öffentliche Verkehrsmittel, Kino usw.), fällt auf, dass sich manche Kinder und Jugendliche grob undiszipliniert verhalten. Angefangen von verbalen Pöbeleien bis hin zu physischen Attacken gibt es eine breite Palette von Disziplinlosigkeiten, die bedauerlicherweise in sehr vielen Fällen nicht einmal mehr angesprochen, geschweige denn geahndet werden. Eine Gesellschaft, die solch' destruktive Tendenzen bewusst zulässt, darf sich nicht wundern, wenn sich das Zusammenleben von Menschen perspektivisch immer ungünstiger entwickelt.

12. Alibi-Veranstaltungen

Zu den ebenso von vielen der Beteiligten als lästig empfundenen, wie oftmals letztlich überflüssigen Veranstaltungen im Schulalltag, gehören die Elternsprechtage. Als lästig werden viele Elternabende schon allein deswegen empfunden, weil sie üblicherweise zu Zeiten stattfinden, an denen Eltern und LehrerInnen aus verständlichen Gründen oftmals erfreulicheren Beschäftigungen nachgehen möchten, vor allem aber auch deshalb, weil die dort zu verbringende Anwesenheitszeit als in wesentlichen Punkten überflüssig betrachtet wird.

Warum ist das oftmals so? Nun, zunächst einmal fällt auf, dass vor allem solche Eltern zu Elternsprechtagen kommen, die schon seit geraumer Zeit zu einer Minderheit derer gehören, die sich noch mit viel Engagement und Sachverstand um eine gute Schulbildung ihrer Kinder bemühen. Diejenigen dagegen, deren Kinder eher zu den Problemfällen zu zählen sind, lassen sich auf Elternabenden eher weniger blicken. Somit entsteht immer wieder eine geradezu groteske Situation, bei der oftmals „im kleinen Kreis" über Schulprobleme philosophiert wird, zu deren konstruktiver Lösung aber gerade eine aktive Teilnahme solcher Eltern nötig wäre, deren Kinder entscheidend dazu beitragen, dass es vielfältige Probleme im Schulalltag gibt.

Weiterhin fällt auf, dass die Themenpalette von Elternabenden überwiegend auf solche Bereiche fokussiert wird, die eher als „pflegeleicht" eingestuft werden können. Ausgiebige Gespräche über Schulausflüge, die Gestaltung von Klassenräumen, Abstimmungen darüber, welche Geburtstagsgeschenke man einzelnen Lehrkräften machen könnte, kurz, vielfach Themen, die zwar durchaus ihre Berechtigung haben, die aber anderseits kaum etwas dazu beitragen, entscheidende und offensichtliche Defizite a) klar zu benennen, geschweige denn b) konkrete Maßnahmen zu deren Beseitigung abzusprechen.

Gerade weil dies eine Erfahrung ist, die Eltern immer wieder machen „dürfen", sehen viele Eltern solche Elternabende aus verständlichen Gründen als „Alibi-Veranstaltungen" an, die zwar vordergründig vortäuschen, es bestehe ein ernstzunehmendes Interesse an der Lösung offensichtlicher Defizite, bei denen aber oftmals schon im Vorfeld klar ist, dass es nicht selten auch manchen Schulleitungen gar nicht darum geht, augenscheinliche Probleme im schulischen Umfeld zu lösen, sondern vielmehr darum, sich in einer oftmals plumpen Selbstdarstellung zu üben. Da werden beispielsweise optisch schön anzuschauende Schulprospekte herum gereicht, anhand denen Eltern sich davon überzeugen können, mit welch' großem Engagement und mit welch' beeindruckender Fachkompetenz an der betreffenden Schule gearbeitet wird. Vergleicht man dann Anspruch und Wirklichkeit, fällt leider oftmals schnell auf, dass Anspruch und Wirklichkeit in wesentlichen Punkten sehr weit davon entfernt sind in Einklang zu stehen.

Da wird beispielsweise davon gesprochen „...Kindern gegenseitige Rücksichtnahme und Respekt beizubringen...",. oder „...Schule als ein Ort intensiven Lernens zu erleben....", oder „...Schule als ein verlässliches Umfeld zu erleben..." usw. Kurz: Viele wohlklingende Worte, denen aber oftmals leider erkennbar jegliche praktische Verifizierung im Schulalltag fehlt. Wie sonst wäre es zu verstehen, wenn an einer solchen Schule Begriffe wie „Rücksichtnahme und Respekt" nahezu täglich in unterschiedlichsten Situationen „mit Füßen getreten werden"? Wie sonst wäre es zu verstehen, wenn in vielen Situationen täglichen Schulunterrichts nicht einmal mehr ansatzweise ernsthaft davon gesprochen werden kann, dass Kinder „intensiv lernen"? Wie sonst wäre es zu verstehen, wenn auch das Thema „Verlässlichkeit" mehr in den Bereich einer wünschenswerten Fabel anzusiedeln ist, nicht aber im gelebten, praktischen Schulalltag?

Engagierte und intelligente Eltern – von denen es glücklicherweise noch einige gibt – durchschauen solche wohlklingenden und heuchlerischen Aussagen meist sehr schnell, und fühlen sich von daher auf so manchem Elternabend – zu recht – „verschaukelt" von Schulleitungen, denen es erkennbar primär nur um eine optisch ansprechende Außendarstellung zu gehen scheint, weniger aber darum, offensichtliche Schulprobleme mit Mut und Tatkraft zu beseitigen. Stattdessen üben sich manche LehrerInnen und Rektorinnen / Rektoren mehr in der Kunst des Beschwichtigens. Eine ebenso feige, wie perspektivisch fatale Verhaltensweise, die im Interesse unserer Kinder und Jugendlichen entschieden vermieden werden sollte.

Ein weiterer Typ „Alibi-Veranstaltung" ist in einigen Fällen in den sog. „Elternsprechtagen" zu sehen. Ursprünglich dafür gedacht eine offene und konstruktive Gesprächsgrundlage zwischen Eltern und Lehrkräften anzustreben, sieht es leider nur zu häufig so aus, dass sich Eltern wieder in der Rolle einer / eines Schülerin / Schülers wiederfinden, bei der ihnen die Lehrerin oder der Lehrer des eigenen Kindes in zuweilen selbstherrlicher Art und Weise allerlei

Ratschläge erteilt. Eltern, die unbequeme Fragen zum pädagogischen Konzept stellen, oder die es gar wagen, offen zu thematisieren, dass das Lernumfeld im Klassenverband des eigenen Kindes mitunter restlos chaotisch und somit schädlich sei, werden nicht selten mit dem Hinweis auf „neue, pädagogische Konzepte" abgebügelt, um sie schnell mundtot zu machen. Eltern, die es dann wagen, freundlich aber bestimmt die Sinnhaftigkeit des einen oder anderen „Kuschel-Konzeptes" in Frage zu stellen, werden oftmals mit dem Hinweis belegt, es fehle ihnen an fachlicher Kompetenz.

Umgekehrt gibt es auch engagierte LehrerInnen, die sich uneinsichtigen Eltern gegenübersehen, die auch bei freundlichster und ausführlichster Darstellung nicht einsehen wollen (oder können?!), dass das eigene Kind ggf. Defizite im Sozialverhalten zeigt, die sich u. a. auch im Klassenverband destruktiv auswirken.

Ganz gleich von welcher Seite die Problematik auch betrachtet wird, ist eines völlig klar: Immer wieder geht es auch um Machtspielchen, bei denen sowohl einige Eltern, wie auch einige LehrerInnen – mehr oder weniger subtil – versuchen, die jeweils andere Gesprächspartei durch Argumente zu „erschlagen", die sich meistens dem Kenntnisstand der jeweils anderen Partei entziehen. So wäre beispielsweise zu fragen, was ein Elternteil mit einem locker daher gesagten Hinweis auf „neue, pädagogische Konzepte" anfangen soll, wo doch in dem konkreten Moment eines Elternsprechtages dies aus naheliegenden Gründen kaum für die Eltern sachlich nachprüfbar ist. Was soll das also? Umgekehrt ist es auch für engagierte LehrerInnen immer wieder frustrierend, Gespräche mit Eltern führen zu „dürfen", denen es erkennbar gar nicht darum geht, offensichtliche Defizite des eigenen Kindes zur

Kenntnis zu nehmen, sondern die primär damit beschäftigt zu sein scheinen, allerlei persönlichen Frust an einer Stelle abzuladen, die ursächlich nicht dafür verantwortlich ist, dass das eigene Kind offenbar schulische Probleme hat.

Was ist zu tun? Nun, grundsätzlich ist zu empfehlen, dass alle Beteiligten, sowohl Eltern, wie auch LehrerInnen sich wieder bewusst machen, dass es primär auf einem Elternsprechtag eben nicht darum geht, persönliche Machtspielchen zu betreiben, sondern vielmehr sich ernsthaft darum zu bemühen, konstruktive Gespräche zu führen, deren einzige Motivation darin bestehen sollte, das Wohl des jeweiligen Kindes zu mehren. Hielten sich sowohl Eltern, als auch LehrerInnen konsequent an diese Maxime, gäbe es viele der beklagenswerten Situationen erst gar nicht, die zum Standard von so manchem Elternsprechtag gehören. Nebenbei bemerkt wäre auch dies eine Situation, bei der Erwachsene den Kindern und Jugendlichen durch eigenes Verhalten praktisch vorleben könnten, wie sich ein respektvoller Umgang mit anderen Menschen gestalten lässt. Dabei soll keineswegs verschwiegen werden, dass es durchaus an der einen oder anderen Stelle auch Meinungsverschiedenheiten gibt. Entscheidend ist allein die Art und Weise, wie sich solche Gespräche konkret darstellen.

Was wir brauchen sind Eltern und LehrerInnen, die den Kinder und Jugendlichen wieder vermitteln, dass geordnete Strukturen und Disziplin – sowohl im Denken, wie auch bei der Erledigung schulischer Aufgaben – entscheidende Voraussetzungen für perspektivisch sichtbaren Lernerfolg sind. Wir brauchen Eltern und LehrerInnen, die Kinder und Jugendliche ebenso zielstrebig wie konsequent dabei unterstützen, einen Lern- und Arbeitsstil zu entwickeln, der konstruktiv motiviert ist. Eltern und LehrerInnen, die Kinder nicht schon frühzeitig an eine sorgsame und verlässliche Arbeitsweise heranführen, schaden den Kindern erheblich mehr, als es ihnen vordergründig nützen könnte. Zugegeben, es ist mitunter unbequem, Kinder und Jugendliche konsequent ermahnen zu sollen, wenn diese mal wieder erkennbar schlampig gearbeitet haben. Je früher aber entsprechende Korrekturen durchgeführt werden, desto günstiger sind die Voraussetzungen für die weitere schulische Entwicklung. Jugendliche, die womöglich erst im Alter von vielleicht 13 oder 14 Jahren mit dem Thema Sorgfalt und Disziplin befasst werden, haben aus verständlichen Gründen erheblich höhere Hürden zu überwinden, als dies bei Kindern im Grundschulbereich der Fall ist. Kinder dagegen, die schon frühzeitig gelernt haben, dass eine sorgsame Arbeitsweise erhebliche Vorteile mit sich bringt, internalisieren solche Verhaltensweisen meist sehr schnell zu ihrem eigenen Vorteil. Jugendliche, die erst auf den weiterführenden Schulen plötzlich merken, dass es spürbare Nachteile mit sich bringt, wenn sie ihren teils schlampigen Arbeitsstil, den sie aus dem Grundschulbereich mitgebracht haben, auch auf einer höheren Schule fortsetzen, sind einerseits oftmals sehr frustriert, weil sich ein schlampiger Arbeitsstil u. a. oftmals auch entsprechend ungünstig auf ihre Noten auswirkt, und sie reagieren häufig widerspenstig, weil sie mit Lehrkräften konfrontiert werden, die ihnen klar signalisieren, dass eine erkennbar schlampige und unzuverlässige Arbeitsweise eine „Fahrkarte nach Nirgendwo" ist.

An dieser Stelle nun spürbare Korrekturen einzuleiten ist in den meisten Fällen erheblich schwieriger, als dies bei den meisten Kindern im Grundschulalter noch möglich gewesen wäre. Ein ebenso leicht nachvollziehbarer wie unbestreitbarer Grund für Widerspenstigkeiten in dieser Altersklasse ist darin zu sehen, dass die Pubertät ihre ganz eigenen Schwierigkeiten mit sich bringt, die sich u. a. in einem vermehrten und zuweilen heftigen Widerstand gegen Menschen richtet, die grundsätzlich entscheidend zur Verbesserung einer schwierigen Situation beitragen könnten, die aber als „Feinde" betrachtet werden, die es mit allen nur erdenklichen Mitteln zu bekämpfen gilt. Insbesondere Eltern sind in solchen Situation häufig überfordert. Getreu dem Motto: „Der Prophet gilt nichts im eigenen Land", ist es in solchen Fällen oftmals sehr hilfreich, externe Fachleute einzuschalten. Dies ist deshalb von Vorteil, weil Jugendliche dieser Altersklasse fremden Dritten gegenüber – zumindest im statistischen Mittel – deutlich mehr Respekt gegenüberbringen, als sie dies ihren Eltern gegenüber zeigen. Um nun spürbare und nachhaltige Verbesserungen zu erreichen, ist es entscheidend, dass externe Fachleute eine kluge Mischung aus a) fachlicher Anleitung, b) natürlicher Autorität und c) Empathie, den Jugendlichen gegenüber anstreben. Neben den schulfachlichen Aspekten ist es vor allem sehr wichtig, dass auch psychologische Aspekte in die Arbeit einfließen, bei denen die Jugendlichen praktisch erfahren können, dass sie selbst es sind, die maßgeblich zu einer spürbaren Verbesserung beitragen können. Sobald die Jugendlichen konkret erleben, dass es kein Widerspruch ist, einerseits klare und verbindliche Regeln einzufordern, anderseits aber freundlich und empathisch zu kommunizieren, werden sie sich für die Ideen und Vorschläge einer externen Fachkraft (PrivatlehrerIn) öffnen. Für manche Kinder und Jugendliche kann eine qualitativ hochwertige Zusammenarbeit mit einem / einer PrivatlehrerIn eine

Art „Initialzündung" darstellen, da sie plötzlich merken, dass es einen unübersehbaren Zusammenhang zwischen a) disziplinierter und verlässlicher Arbeitsweise, und b) daraus resultierenden Schulnoten, gibt. Sobald sich diese Erkenntnis bei den Jugendlichen eingestellt hat, gibt es erfahrungsgemäß gute Chancen, dass sich der neu gelernte Arbeitsstil verselbstständigt, so dass der Privatunterricht dann beendet, oder zumindest reduziert werden kann.

Als Dienstleister, der u. a. über viele Jahre hinweg SchülerInnen unterschiedlichster Altersklassen und unterschiedlichster Schulformen verantwortlich begleitet hat, kann ich bestätigen, dass es für so manche Eltern wie ein „Wunder" ausgesehen hat, wie sich ihre Kinder nicht selten binnen weniger Monate um durchschnittlich 1,5 bis 2 Noten verbessert haben. Abgesehen davon, dass es unbestreitbar auch Kinder und Jugendliche gibt, die aus medizinisch indizierten Gründen nicht, oder nur eingeschränkt lernfähig sind, so ist doch in der weitaus überwiegenden Zahl der Fälle klar zu sehen, dass es ursächlich bis dahin mangelhafte Rahmenbedingungen gewesen waren, die entscheidend für schlechte Noten verantwortlich gewesen waren. Sobald die betreffenden Kinder und Jugendlichen Mittel und Wege kennengelernt haben, eigene Arbeitsprozesse intelligent und zuverlässig zu organisieren, verbessern sich in den meisten Fällen die Noten spürbar. An dieser Stelle darf der Hinweis nicht fehlen, dass es unübersehbar solche Elementarbausteine sind, die bedauerlicherweise im Schulalltag nicht mehr in dem Maße beachtet werden, und die somit nahezu zwangsläufig dazu führen, dass viele Kinder und Jugendliche nur deshalb schwächere Schulleistungen zeigen, weil ihnen bis dahin niemand konkret gezeigt hat, wie sie sich selbst konstruktiver organisieren können. Kinder und Jugendliche, die plötzlich erleben, dass sie keineswegs zu leistungsschwach sind, blühen förmlich auf, wenn sie sehen, dass die konsequente Einforderung einer disziplinierten Arbeitsweise ihre Berechtigung hat.

Was wir brauchen sind Eltern, die ihren Kindern wieder zeigen, dass eine permanente und sofortige Verfügbarkeit von Dingen auf die Dauer Langeweile erzeugt. Kinder, die nicht gelernt haben, dass es eine wichtige und hilfreiche Erfahrung ist, auf wünschenswerte Dinge oder Ereignisse zu warten, geraten unmerklich in einen Strudel aus Hektik, Rastlosigkeit und Unzufriedenheit. Mit Sorge ist zu beobachten, dass manche Kinder und Jugendliche nicht mehr über die Fähigkeit verfügen, hilfreichen Erläuterungen von Lehrkräften über eine situationsgerecht angemessene Zeitspanne konzentriert zuzuhören. Alles muss schnell und sofort geschehen. Sobald LehrerInnen aus guten Gründen einfordern, dass SchülerInnen zunächst einmal aufmerksam zuhören sollen, verfallen manche Kinder und Jugendliche in eine sichtbare Hektik, die sich z. B. darin zeigt, dass sie unkontrolliert auf Ihrem Platz hin- und her hopsen, dass sie ungefragt ins Wort fallen, dass sie ihre Aufmerksamkeit auf andere Dinge im Raum richten, dass sie nervös an ihrer Kleidung oder an sich selbst herum fingern usw. Kurz: Manche Kinder und Jugendliche sind faktisch nicht mehr in der Lage eine für konstruktive Lernprozesse notwendige und sinnvolle Ruhe und Gelassenheit aufzubringen. Hier sind vor allem Eltern und LehrerInnen gefragt, die durch ihr eigenes, selbstsicheres und ruhiges Auftreten dafür sorgen, Kindern und Jugendlichen ein Lernumfeld zu ermöglichen, das nicht von Hektik und Stress, sondern vielmehr von einer angenehmen Gelassenheit getragen wird. Eltern oder LehrerInnen, die selbst hektisch, unkoordiniert und laut agieren, sind wenig dazu geeignet, Kindern und Jugendlichen die segensreichen Auswirkungen einer ruhigen und gelassenen Arbeitsweise zu vermitteln. Kinder und Jugendliche spiegeln das Verhalten der Erwachsenen. Diese Erkenntnis ist Segen und Fluch zugleich. Fluch deswegen, weil Kinder aus verständlichen Gründen nahezu zwangsläufig viele negative Verhaltensweisen der Erwachsenen übernehmen. Segen deshalb, weil hierin auch eine echte Chance zu einer signifikanten Verbesserung zu sehen ist. Ein entscheidender Schlüssel zur spürbaren Verbesserung des Lernumfelds von Kindern und Jugendlichen ist vor allem darin zu sehen, dass Eltern und LehrerInnen glaubhafte und konsistente Verhaltensweisen praktisch vorleben, an denen sich die SchülerInnen orientieren können.

Als Dienstleister, der seit vielen Jahren an unterschiedlichsten Schnittstellen des Bildungswesen tätig ist, beobachte ich immer wieder, dass bei einer wachsenden Zahl von sog. „Problemkindern oder Problemjugendlichen" weniger die schulfachlichen Kompetenzen, sondern vielmehr die familiären Rahmenbedingungen ursächlich dafür verantwortlich sind, dass sich mehr oder weniger schwerwiegende Defizite im Schulalltag zeigen. Von daher muss klar und deutlich gesagt werden, dass ein „klassischer Nachhilfeunterricht" allein, bei dem SchülerInnen z. B. für anstehende Klassenarbeiten trainiert werden, oder bei denen SchülerInnen eine sachgerechte Hausaufgabenunterstützung erfahren, vielfach nicht ausreicht. Häufig ist es so, dass die im Schulalltag augenscheinlichen Probleme von Kindern und Jugendlichen lediglich „die Spitze eines Problemberges" sind, dessen entscheidende Ursachen im familiären Umfeld zu suchen sind. An dieser Stelle sollte klar werden, dass ein/e „Nur"-NachhilfelehrerIn aus naheliegenden Gründen oftmals fachlich überfordert ist, weil es vielfach nicht nur darum geht, schulfachliche Defizite auszugleichen, sondern vielmehr – was ungleich schwieriger ist – familiäre Rahmenbedingungen so zu verändern, dass den Kindern und Jugendlichen wesentliche Grundlagen für konstruktive Lernprozesse überhaupt erst einmal geschaffen werden müssen.

Verantwortungsbewusste Eltern sollten – wohl wissend, dass dies oftmals „kein leichter Gang" sein wird – unbedingt eine fachkundige Hilfe in Anspruch nehmen, die sowohl die schulfachlichen Aspekte, wie aber auch die psychologisch- und lerntechnischen Aspekte fachlich kompetent begleiten kann. In solchen Fällen, die es inzwischen vielfach gibt, sind Studenten und Studentinnen, oder „Nur"-LehrerInnen meistens hoffnungslos überfordert, weil ihnen schlichtweg wichtige Fachkompetenzen fehlen, die im „normalen" Schulalltag kaum eingefordert werden. So macht beispielsweise ein/e fachlich kompetente/r LehrerIn noch lange keinen fachlich kompetenten Psychologischen Berater aus, der aber in Fällen der hier beschriebenen Art dringend anzuraten ist.

13. Aufstand der Anständigen

Ein Land wie die Bundesrepublik Deutschland, das entscheidend auf die Ressource Bildung angewiesen ist, kann und darf es sich nicht länger leisten, dass wesentliche Grundlagen zur Erlangung eines hohen Bildungs- und Ausbildungsstandes systematisch durch in Teilen chaotische Rahmenbedingungen zerstört werden.

Eltern, die ihre Kinder nicht mehr ordentlich erziehen sowie LehrerInnen, denen in Teilen erkennbar pädagogische Fähigkeiten abgesprochen werden müssen, ergänzt durch Schulleitungen, die oftmals mehr mit sich selbst als mit einer konstruktiven Problemlösung offensichtlicher Defizite beschäftigt sind, tragen entscheidend dazu bei, dass sich die Rahmenbedingungen für eine qualitativ hochwertige Bildung systematisch verschlechtert haben.

Es ist an der Zeit, klar und deutlich darauf hinzuweisen, dass es eben keineswegs zu vernachlässigende Versäumnisse sind, wenn manche Eltern ihre Kinder nicht mehr in einer Art und Weise erziehen, wie es aber für einen konstruktiven Besuch einer Regelschule dringend nötig wäre. Es ist an der Zeit, klar und deutlich kundzutun, dass es keineswegs länger akzeptabel ist, dass manche/r LehrerIn eine „sehr ruhige Kugel im Schulalltag" schiebt, anstatt sich intensiv und nachhaltig darum zu kümmern, dass offensichtliche Schlampereien zeitnah und konsequent korrigiert werden. Es ist an der Zeit so manche Rektorin bzw. so manchen Rektor aus einem „Dämmerschlaf" zu wecken, indem ihnen unmissverständlich klar gemacht wird, dass sie ihrer hohen Verantwortung den Kindern und Jugendlichen gegenüber nicht etwa dadurch gerecht werden, indem sie sich oftmals nur noch auf der einen oder anderen, außenwirksamen Feierlichkeit huldigen lassen, sondern vielmehr dadurch, dass sie ebenso offensichtliche wie inakzeptable Defizite im eigenen Verantwortungsbereich konsequent und entschlossen zu beseitigen versuchen. Falls sie dazu entweder nicht willens oder nicht dazu fähig sein sollten, gehören sie nicht an eine verantwortlich leitende Stelle, denen viele Kinder und Jugendliche unterworfen sind.

Es wird allerhöchste Zeit, dass vor allem solche Eltern ihre Kräfte bündeln, deren Kinder zusehends unter den nicht selten bedenklichen Zuständen in weiten Teilen unserer Schulen zu leiden haben. Ein erheblicher Teil der unübersehbar chaotischen Zustände im Schulalltag besteht vor allem deshalb weiter fort, weil es bis dato zu wenig engagierte Eltern gibt, die zwar einerseits – völlig zu recht – oftmals miserable Zustände beklagen, faktisch aber zu wenig konkrete Aktionen unternehmen, um ihrem berechtigten Unmut auch Gehör zu verschaffen. So manch' unfähige/r LehrerIn und so manch' selbstverliebte/r RektorIn hätte schon längst entscheidende Verhaltensänderungen vornehmen müssen, artikulierten sich sehr viel mehr Eltern laut und deutlich hinsichtlich vielfältiger Missstände, die schon längst nicht mehr ernsthaft geleugnet werden können. Es ist an der Zeit, Eltern Mut zu machen, berechtigten Bedürfnissen auch Geltung zu verschaffen. Die Zeit, in der zusehends destruktive Zeitgenossen (auf unterschiedlichsten Ebenen) wesentliche Richtlinien bestimmen, sollte im Interesse all' der Kinder und Jugendlichen, die den Wert einer qualitativ guten Bildung begriffen haben, endgültig beendet werden. Eine Gesellschaft, die es sehenden Auges zulässt, dass zunehmend Ignoranten und Chaoten maßgeblichen Einfluss auf die Bildung nachwachsender Kinder gewinnen, schadet sich perspektivisch in einem Ausmaß, dessen Größenordnung derzeit nur erahnt werden kann. Es wird Zeit, dass wieder vermehrt solche Leute das Sagen bekommen, die noch erkennbar verantwortungsbewusst handeln, und die sich nicht von Modeerscheinungen der Art blenden lassen, wie sie u. a. auch in bestimmten „pädagogischen Zirkeln" propagiert werden, die noch immer ernsthaft glauben machen wollen, dass sich Kinder und Jugendliche, die sich jede noch so grobe Disziplinlosigkeit leisten dürfen, perspektivisch sozialverträglich entwickeln werden. Dem ist mitnichten so. Es wird höchste Zeit, wieder zu erkennen, dass es in vielen Fällen einfach nur einer konsequenten Durchsetzung elementarer Erziehungsgrundsätze bedarf, um einen erheblichen Teil der in weiten Teilen sich inflationär ausbreitenden Disziplinlosigkeiten in den Griff zu bekommen. Eltern und LehrerInnen, die mehr damit beschäftigt sind Selbstverständlichkeiten in nicht selten endlosen „Diskussionen" einzufordern, anstatt klare Regeln und deren Einhaltung zu beachten, schaden heranwachsenden Kindern und Jugendlichen sehr viel mehr als sie ihnen nützen. Gegenwärtig wird an unterschiedlichsten Stellen deutlich zu viel Zeit und Energie auf Dinge verschwendet, die andernorts ungleich dringender benötigt würden.

Auf Seiten der LehrerInnen wäre es notwendig und wünschenswert, es gäbe deutlich mehr Kolleginnen und Kollegen, die ihren berechtigten Unmut über teils schlimme Zustände in manchen Klassen nicht nur „im kleinen Kreis" thematisieren, sondern dies auch außerhalb des Lehrerzimmers machten. Positive und in Teilen längst überfällige Verbesserungen kann und wird es vor allem dann geben, wenn sich auch manche LehrerInnen nicht mehr primär von möglicherweise zu befürchtenden, schulinternen Repressalien leiten lassen, sondern vielmehr davon, zuweilen auch unbequeme Wahrheiten offen und ehrlich anzusprechen, die ihrerseits entscheidend zu grundsätzlichen Verbesserungen beitragen könnten.

Wir brauchen wieder Eltern und LehrerInnen, die es beispielsweise nicht als gegeben hinnehmen, wenn Kinder mutwillig Arbeitsmaterialien zerstören, sondern Erwachsene, die Kinder ebenso zeitnah wie konsequent zur Verantwortung ziehen, wenn diese erkennbar destruktiv auf Menschen und Materialien einwirken. Zustände, wie sie sich leider oftmals im Schulalltag beobachten lassen, bei denen aggressive Kinder absichtlich mit roher Gewalt Arbeitsmaterialien traktieren und dann nicht sachgerecht zur Ordnung gerufen werden, sind nicht nur inakzeptabel, sondern sie zerstören vor allem auch das Vertrauen von Kindern in ihre LehrerInnen, die ihnen in solchen Situationen nicht angemessen beistehen. Nur zu oft wird es kommentarlos seitens mancher LehrerInnen akzeptiert, dass chaotische und gewaltbereite SchülerInnen sich untereinander mutwillig Arbeitsmaterialien zerstören. Eltern, deren Kinder unter solchen Zuständen leiden, sollten mit aller Entschiedenheit gegen LehrerInnen vorgehen, die Gewalttätigkeiten der hier beschriebenen Art nicht konsequent sanktionieren. Kinder und Jugendliche, die mutwillig fremdes Eigentum zerstören, die nicht situationsgerecht bestraft werden, sehen aus verständlichen Gründen keinerlei sinnvolle Gründe für eine Verhaltensänderung. Hier sind vor allem Erwachsene in der Pflicht, Vergehen dieser Art sofort konsequent und mit aller gebotenen Härte zu ahnden.

Wir brauchen in unserer Gesellschaft insgesamt wieder ein stärkeres Bewusstsein dafür, dass sich komplexe

Probleme zwar nicht durch undifferenzierte, gegenseitige Schuldzuweisungen lösen lassen, sehr wohl aber dadurch, dass es wieder möglich wird, offensichtliche Schlampereien, ignorantes Verhalten, Respektlosigkeiten usw. als das zu benennen, was sie faktisch sind: Schwerwiegende Hindernisse auf dem Weg zu einem ebenso konstruktiven wie friedvollen Miteinander, bei dem weniger persönliche Eitelkeiten im Vordergrund stehen sollten, sondern vielmehr das Gemeinwohl. Gegenwärtig sieht es an vielen Stellen vielmehr so aus, dass selbst gröbste Verfehlungen entweder schön geredet oder schlichtweg ignoriert werden. Den konkreten Schaden tragen dann nicht nur unsere Kinder und Jugendlichen davon, sondern perspektivisch unsere Gesellschaft als Ganzes.

Es wird allerhöchste Zeit, dass sich vermehrt solche Menschen zu Wort melden, die nicht mehr länger hinnehmen möchten, dass sich der Umgangston und das menschliche Miteinander in unserer Gesellschaft systematisch zunehmend an chaotischen und respektlosen Zeitgenossen orientiert, sondern vielmehr an solchen Persönlichkeiten, die erkennbar dazu beitragen, dass Menschen insgesamt – unabhängig von Geschlecht, Alter, Nationalität, Religion usw. – deutlich respektvoller und konstruktiver miteinander umgehen.

Ein erheblicher Teil der beklagenswerten Zustände in unseren Familien, Schulen sowie in der Gesellschaft insgesamt, resultieren aus Ignoranz und der falschen Annahme, die da lautet: „Was soll ich schon ändern? Das geht doch sowieso nicht...". Solche, auf der Grundlage einer Mischung aus Passivität und mangelndem Glauben an persönliche Selbstwirksamkeit getätigten Aussagen, sind einerseits meistens falsch, und perspektivisch zudem verhängnisvoll für unsere Gesellschaft insgesamt.

Sowohl verantwortungsbewusst denkende Eltern, wie auch verantwortungsbewusst denkende LehrerInnen, stellen sehr wohl einen erheblichen Machtfaktor dar, der entscheidend dazu beitragen könnte, erkennbar destruktive Zustände systematisch und nachdrücklich zu bekämpfen. Es ist an der Zeit, dass Menschen guten Willens nicht wie eine Herde von Lemmingen jedwede Unverschämtheit länger dulden, sondern dass sich ein positiv motivierter Widerstand gegen solche Leute formiert, die unseren Kindern und Jugendlichen durch allerlei Ignoranz und fachliche Inkompetenz schon viel zu lange haben schaden dürfen.

Entscheidend ist der Hinweis darauf, dass es hier keineswegs darum geht, Eltern gegen LehrerInnen, oder LehrerInnen gegen Eltern auszuspielen, sondern einzig darum, offensichtliche Defizite – auf allen Seiten – a) offen und ehrlich zu thematisieren, und b) konkrete Maßnahmen zu deren Beseitigung, einzuleiten. Dass dies in Teilen kein leichtes Unterfangen sein dürfte, liegt vor allem auch daran, dass sich – ganz gleich wo man auch hinschaut – sehr viele Menschen erkennbar schwer damit tun, zuzugeben, dass vielleicht der eine oder andere Vorschlag des jeweiligen Gesprächspartners durchaus sinnvoll sein könnte. Häufig spielen persönliche Motive eine entscheidende Rolle, wenn es darum geht, Defizite, wie sie sowohl in manchen Familien, wie auch im Schulalltag auftreten, offen einzugestehen bzw. Maßnahmen zu deren konkreter Beseitigung einzuleiten.

An dieser Stelle könnten begleitende, psychologische Beratungen sehr hilfreich sein. Qualifizierte

Psychologische Berater könnten zwischen den Beteiligten vermitteln, so dass eine oftmals zu beobachtende „Schärfe" zwischen Eltern und Lehrern in konstruktive, das wechselseitige Verständnis fördernde Gespräche, transformiert werden könnte.

Eltern, die sich auf den Standpunkt stellen, dass sie keine Hilfe benötigen – wo dies zuweilen überdeutlich ist – handeln ebenso dumm wie verantwortungslos, weil sie ihren Kindern wesentliche Verbesserungsmöglichkeiten vorenthalten. Gleiches gilt für LehrerInnen, die wider jeder sachkundiger Beobachtung, sich weigern, fachkundige Hilfe anzunehmen, die entscheidend dazu beitragen könnte, verkrustete und in Teilen schädliche Verhaltensmuster im Interesse aller Beteiligten zu modifizieren.

14. Hyperaktivität, Dyskalkulie und Legasthenie auf dem Vormarsch?

Sowohl bei vielen Elterngesprächen, wie auch bei Gesprächen mit Lehrkräften in Schulen fällt auf, dass solche Begriffe wie ADHS, Hyperaktivität, Dyskalkulie, LRS usw. zuweilen geradezu inflationär verwendet werden. Unkundige Dritte könnten somit schnell den Eindruck gewinnen, dass es in unseren Schulen seit einigen Jahren z. B. überdurchschnittlich viele Kinder gibt, die beispielsweise unter ADHS (Aufmerksamkeits-Defizit-Hyperaktivitäts-Syndrom), oder unter Dyskalkulie (Rechenschwäche) leiden.

Bei einer sorgsamen Betrachtung stellt sich aber meistens schnell heraus, dass dem mitnichten so ist. Statistisch gesehen gibt es in einer Klasse von etwa 25 Kindern nur *ein* ADHS-Kind bzw. ein Kind, das erwiesenermaßen unter Dyskalkulie leidet. Manche LehrerInnen sowie einige Eltern vermitteln aber zunehmend den Eindruck, als gebe es mittlerweile in vielen Klassen Quoten von vielleicht 25 – 30 Prozent an Kindern, die unter ADHS und / oder Dyskalkulie litten.

Diese offensichtliche Diskrepanz zwischen medizinisch-psychologisch gesicherten Daten einerseits, und den nicht selten inflationär gebrauchten Mutmaßungen einiger LehrerInnen und Eltern anderseits, legt die Vermutung nahe, dass es zum einen sehr viel Unkenntnis hinsichtlich dieser Störungsbilder gibt, zum anderen, dass Begriffe wie z. B. ADHS und Dyskalkulie oftmals missbraucht werden.

Häufig drängt sich der Eindruck auf, dass nahezu jedes Kind, das beispielsweise unkonzentriert und unstrukturiert arbeitet, sogleich als ADHS-Kind klassifiziert wird. Ebenso oft ist zu beobachten, dass so manche/r LehrerIn vorschnell die Fehldiagnose Dyskalkulie stellt, sobald Kinder den Anforderungen im Fach Mathematik nicht entsprechen.

Die langjährige Praxis zeigt vielmehr, dass es sich bei der weitaus überwiegenden Zahl der beobachteten Störfälle definitiv nicht um eine ADHS- oder Dyskalkulie-Symptomatik handelt, sondern vielmehr darum, dass das Lernumfeld der betreffenden Kinder nicht in der Art und Weise organisiert ist, wie es für konstruktive Lernprozesse notwendig und wünschenswert wäre.

Kinder, die beispielsweise unkonzentriert an ihren Hausaufgaben arbeiten, sind nicht automatisch ADHS-Kinder, sondern oftmals eher Kinder, deren Eltern nicht konsequent auf eine sachgerechte und hilfreiche Erziehung achten. Kinder, die z. B. Schwierigkeiten mit den Grundrechenarten haben, leiden nur selten unter Dyskalkulie, sondern haben es vielmehr bis dahin oftmals nicht gelernt, Rechenprozesse kindgerecht zu organisieren. Kurz: In der überwiegenden Zahl der Störfälle sind weder ADHS noch Dyskalkulie ursächlich für schulische Minderleistungen verantwortlich, sondern vielmehr manche LehrerInnen und einige Eltern, die nicht verantwortungsbewusst darauf achten, dass Kinder altersgerecht und systematisch lernen zu Lernen.

Es ist schon bedenklich und ärgerlich zugleich, zu sehen, dass täglich unverantwortlich viel wertvolle Energie darauf verschwendet wird, Kinder in allerlei fragwürdige „Fördermaßnahmen" und „Hilfsprogramme" zu stecken, deren Anbieter längst erkannt haben, dass in weiten Teilen der Elternschaft große Verunsicherung ob der möglichen Folgen unbehandelter ADHS- und Dyskalkulie-Kinder, besteht. Eine intensive Beschäftigung mit dieser Materie lässt oftmals nur den unangenehmen Schluss zu, dass es mittlerweile viele Anbieter gibt, die recht gut von einer geschürten Angst um ADHS und Dyskalkulie zu leben verstehen.

Sowohl im Interesse der betroffenen Kinder, als auch im Interesse solcher Eltern, die womöglich schon sehr viel Zeit und Geld in die eine oder andere „Fördermaßnahme" investiert haben, erscheint es dringend an der Zeit, dass zunächst deutlich mehr Klarheit hinsichtlich solcher Störbilder bei Eltern und Lehrkräften geschaffen wird. Zudem ist es wichtig, dass sowohl LehrerInnen wie auch Eltern ein Bewusstsein dafür entwickeln, dass nicht jede unangenehme Störung im Lernverhalten oftmals sofort auf ein ADHS und / oder eine Dyskalkulie zurückzuführen ist, sondern häufig schlichtweg darauf, dass das Lernumfeld des betreffenden Kindes wenig optimal gestaltet ist.

Bei einigen Eltern gewinnt man als verantwortungsbewusster Dienstleister zuweilen den Eindruck, dass diese sogar recht froh darüber sind, dass bei ihrem Kind z. B. ein ADHS diagnostiziert worden ist; sozusagen als Alibi für eigens Versagen bei einer konstruktiven Erziehung. Solche vorschnellen – und meistens sachlich falschen – Diagnosen können allenfalls kurzfristig beruhigen, da alle weiteren „Fördermaßnahmen" von einer nicht selten sachlich falschen Grundannahme ausgehen. Den konkreten Schaden tragen die betreffenden Kinder davon, da nämlich oftmals die wahren Ursachen durch allerlei fragwürdige „Hilfsmaßnahmen" verschleiert werden.

Ob in dem einen oder anderen Fall tatsächlich ein ADHS oder eine Dyskalkulie vorliegt, sollte definitiv nicht von Hobby-Pädagogen oder Hobby-Psychologen, sondern vielmehr von qualifiziertem Fachpersonal überprüft werden. Störungen dieser Art sollten entweder von Fachärzten für Kinder- und Jugendpsychiatrie, von einen Kinder- und Jugendpsychotherapeuten oder von dafür qualifizierten Psychologen diagnostiziert werden.

Sowohl ADHS, wie auch Dyskalkulie und LRS sind ernstzunehmende Störungen, die im Interesse der betroffenen Kinder sachgerecht und möglichst zeitnah korrigiert werden sollten. Durch den mittlerweile aber oftmals geradezu inflationären Gebrauch dieser Begriffe besteht zunehmend die Gefahr, dass Kinder, die z. B. durch unkonzentriertes Arbeiten oder durch schlechtere Schulleistungen auffallen, deren Ursachen aber definitiv nicht den hier genannten Störungsbildern zugeordnet werden können, völlig falsch „therapiert" werden. Im Interesse aller Beteiligten, vor allem in Interesse der betroffenen Kinder, ist dringend anzuraten, dass zunächst jeweils sorgfältig überprüft wird, ob Auffälligkeiten ihre primäre Ursache nicht schon in ungünstigen Rahmenbedingungen haben, bevor möglicherweise zeit- und kostenintensive Hilfsmaßnahmen angestrengt werden.

Nicht selten sind es eher die vermeintlich „kleinen Bausteine", die entscheidend zu einer signifikanten Verbesserung einer schulischen Situation beitragen können. Eltern, die aus verständlichen Gründen meistens nicht sicher entscheiden können, ob ggf. ein ADHS oder eine Dyskalkulie usw. vorliegen, sollten sich in jedem Fall fachkundig beraten lassen. Empfehlenswert sind vor allem Fachleute, die interdisziplinär arbeiten. Besonders günstige Ergebnisse erzielen z. B. Fachleute, die sowohl den schulfachlichen, wie auch den psychologischen Sektor sachgerecht bedienen können. „Isolierte" Hilfen, die sich z. B. nahezu ausschließlich auf den schulfachlichen Bereich konzentrieren, blenden leider häufig den so enorm wichtigen häuslichen Rahmen aus, so dass oftmals die wahren Ursachen für schulische Minderleistungen nicht in der Art und Weise korrigiert werden, wie es aber für die betreffenden Kinder und Jugendlichen perspektivisch notwendig und sinnvoll wäre.

In der langjährigen Praxis hat sich immer wieder klar und deutlich gezeigt, dass es oftmals vor allem darauf ankommt, zunächst im häuslichen Umfeld einen konstruktiven Rahmen zu erarbeiten, der dann erst wesentliche Voraussetzungen für günstige Lernentwicklungen der Kinder und Jugendlichen bietet. Kinder und Jugendliche, die bisher nicht konstruktiv von ihren Eltern unterstützt worden sind, entdecken oftmals erst im Rahmen einer „externen Therapie", wie überaus sinnvoll und hilfreich gut strukturierte Lernumgebungen sind. Eltern, die ihren Kindern nicht nur oberflächlich, sondern vielmehr auf einer perspektivisch fundamentalen Ebene helfen möchten, sollten darauf achten, dass ihre Kinder nicht nur schulfachlich, sondern vor allem auch hinsichtlich der Ausbildung eines günstigen Lernverhaltens fachlich kompetent angeleitet werden. Die Zeit und die Energie, die Kinder und Eltern in derartige Hilfsmaßnahmen investieren, sind erfahrungsgemäß in den meisten Fällen erheblich effektiver investiert, als dies „klassische Hilfsmaßnahmen" zu leisten vermögen, bei denen die Kinder oftmals nahezu ausschließlich in schulfachlicher Hinsicht „getrimmt" werden. Langfristig angelegter Erfolg lässt sich in den meisten Fällen nicht durch oberflächliches „Trimmen" von Lehrinhalten, sondern vielmehr durch grundlegende Änderungen und Optimierungen des eigenen Denk- und Lernverhaltens erreichen. Bedauerlicherweise wird dieser ebenso unbestreitbare wie wichtige Aspekt von den meisten Eltern und Lehrkräften noch immer nicht in einem ihm gebührenden Maße gewürdigt bzw. konkret berücksichtigt. Ein nicht unwesentlicher Teil von „Folgeschäden" ließe sich vermeiden, erzöge man Kinder und Jugendliche rechtzeitig und konsequent zu einem konstruktiven Lernstil. Auch hier kann der Rat nur lauten: „Wehret den Anfängen".

Um nun sowohl besorgten Eltern, wie auch Lehrerinnen und Lehrern eine kleine Orientierungshilfe zu geben, anhand derer sie besser einschätzen können, ob in dem einen oder anderen Fall tatsächlich ein begründeter Verdacht auf ADHS, Dyskalkulie oder LRS vorliegt, werden diese wichtigen Störbilder nachfolgend kurz klassifiziert. Die nachfolgende Auflistung erhebt nicht den Anspruch auf Vollständigkeit, möchte aber dennoch dazu beitragen, dass es zukünftig zu einem differenzierteren Umgang mit diesen inzwischen zu Modeworten degenerierten Fachbegriffen kommen wird.

ADHS

Bei einer ADHS (Aufmerksamkeitsdefizitstörung, auch Hyperaktivitätsstörung oder Hyperkinetische Störung genannt) handelt es sich um eine psychische Störung, die schon im Kindesalter beginnt. Besondere Merkmale dieser Störung sind vor allem ein durch leichte Ablenkbarkeit, unüberlegtes Agieren sowie mangelhaftes Durchhaltevermögen, geprägtes Verhalten der Betroffenen. Auffällig ist, dass Jungen deutlich häufiger von einer ADHS betroffen sind als Mädchen.

Nach dem gegenwärtigen Wissensstand handelt es sich bei einer ADHS um ein Störungsbild, das entscheidend durch erbliche Faktoren bestimmt wird. Zudem ist aber inzwischen auch klar, dass auch das jeweilige Umfeld der betroffenen Kinder einen wesentlichen Anteil am Verlauf einer ADHS hat. Nicht zuletzt deswegen, weil unter einer ADHS leidende Kinder vielfach auch weitere psychische Störungen entwickeln, ist es sehr wichtig, dass solche Kinder möglichst frühzeitig und umfassend behandelt werden.

Je nach dem vorliegenden Schweregrad einer ADHS werden meistens kombinierte Behandlungsstrategien eingesetzt, bei denen sowohl die medizinische Komponenten, wie auch die psychosozialen Aspekte in einer sinnvollen Ausgewogenheit berücksichtigt werden.

Nach dem gegenwärtigen Kenntnisstand sind – je nach zugrundeliegender Studie – etwa fünf Prozent aller Schulkinder in der Bundesrepublik Deutschland von ADHS betroffen. An dieser Stelle darf der Hinweis nicht fehlen, dass es im statistischen Mittel demnach nur etwa *ein* ADHS-Kind pro Schulklasse gibt; nicht aber womöglich deren fünf bis acht, wie es oftmals seitens einiger LehrerInnen suggeriert wird. Schon hier wird klar, dass der weitaus überwiegende Teil von Kindern, die schulische Minderleistungen zeigen, nicht unter einer ADHS leidet, sondern dass es vielmehr andere Ursachen geben muss. So bequem es für einige Leute auch sein mag, schulische Minderleistungen auf eine vermutete ADHS abwälzen zu können, so falsch und perspektivisch schädlich für die betreffenden Kinder sind jedoch solche oftmals vorschnell geäußerten „Diagnosen".

Zugegeben, es ist mitunter für Eltern und LehrerInnen oftmals sehr viel schwieriger, einzugestehen, dass schlechte Schulleistungen einer nicht selten deutlich zu großen Anzahl von Kindern primär auf eigenes Fehlverhalten, denn auf eine auch medizinisch-psychologisch gesicherte ADHS zurückzuführen sind. Zugegeben, es ist auf den ersten Blick sehr viel bequemer, pauschal für Fehlleistungen, deren wahre Ursachen sich einige Eltern und LehrerInnen entweder nicht erklären können, oder die sie sich nicht eingestehen möchten, sogleich eine ADHS vorzuschieben. Im Interesse der Kinder sind solche Scheinlösungen aber nur als verachtenswert und schädlich zugleich zu bezeichnen. Eltern und LehrerInnen, die Kindern tatsächlich helfen möchten, sollten sich davor hüten, vorschnell den Äußerungen von anderen Eltern oder Lehrkräften zu viel Bedeutung beizumessen, da viele solcher Aussagen einer wissenschaftlichen Überprüfung kaum standhalten dürften.

Je nach individueller Ausprägung sowie je nach erfolgter Therapie, leiden bis zu etwa zwei Drittel der betroffenen Kinder auch später im Erwachsenenalter unter ihrer ADHS. Dies ist nicht zuletzt deswegen mit Sorge zu betrachten, da es recht häufig auch zu Folgeerkrankungen wie z. B. Depressionen und sozialen Phobien kommt.

Inzwischen scheint klar zu sein, dass auch die in unserer Zeit an vielen Ecken und Kanten zu beklagende Reizüberflutung medialer Art (Fernsehen, Computer usw.) einen entscheidenden Anteil an einer Zunahme diagnostizierter ADHS-Betroffener hat. Verstärkt werden solche ungünstigen Tendenzen, die im übrigen auch für vermeintlich gesunde Menschen ungünstig sind, noch dadurch, dass sowohl im familiären Umfeld, wie auch in unserer Gesellschaft insgesamt zunehmend Struktur- und Ordnungslosigkeit zunehmen.

Besonders wichtig ist die Erkenntnis, dass eine ADHS niemals nur eine auf das jeweilige Kind konzentrierte Erkrankung ist, sondern sie beeinflusst massiv das familiäre und soziale Umfeld, und wird im Gegenzug entscheidend von eben diesem geprägt. Von daher ist es sehr wichtig, dass bei einer medizinisch-psychologisch gesicherten ADHS das gesamte familiäre Umfeld in den Heilungsprozess eingebunden wird. Je nach Schweregrad einer ADHS, bedeutet diese Erkrankung mitunter eine enorme Kraftanstrengung für die gesamte Familie, die über viele Jahre hinweg ertragen werden muss.

Je früher ADHS-Kinder sicher diagnostiziert werden, desto schneller können geeignete Hilfsmaßnahmen eingeleitet werden, und desto besser sind die Aussichten auf spürbare Verbesserungen. Bevor die Diagnose ADHS bei einem Kind gestellt werden kann, sollten die Störsymptome mindestens über ein halbes Jahr durchgängig beobachtet worden sein. Zudem sollte gesichert sein, dass die Störungen bereits erstmalig vor dem siebten Lebensjahr (i. d. R. also vor dem Schuleintritt) aufgetreten waren. Neben diversen standardisierten Fragebogen sowie neben einer psychologischen Untersuchung, empfiehlt sich eine konkrete Beobachtung des betroffenen Kindes in typischen Situationen, wie z. B. im häuslichen Umfeld sowie in der Schule.

Typische Erkennungsmerkmale für eine ADHS-Störung sind u. a.:

- Mangelnde Ausdauer (auch im Freizeitbereich)
- Sehr häufiger Wechsel zwischen unterschiedlichen Tätigkeiten
- Sehr leichte und nahezu durchgängige Ablenkbarkeit
- Permanente körperliche Unruhe (zappeln, hüpfen, rennen usw.)
- Sichtliche Anstrengungen in Situationen, die Ruhe verlangen (z. B. bei Tisch)
- Große Schwierigkeiten auf Anordnung hin still zu sitzen
- Kaum altersgerechte Fokussierung der Konzentration auf zu erledigende Aufgaben
- Häufiges nicht Zuhören bei Erläuterungen seitens der Eltern oder LehrerInnen
- Häufiges Verlieren von Arbeitsmaterialien
- Auch in Alltagssituation oft sehr vergessliches Verhalten
- Unvollständiges Ausführen von klaren Anweisungen
- Fehlende Ordnungsstrukturen, sowohl in der Schule, wie auch privat
- Bewusstes Vermeiden von Aufgaben, deren Erledigung etwas länger dauert
- Unruhiges Hin- und Herrutschen auf dem Stuhl im Klassenraum
- Vermitteln des Gefühls „getrieben zu sein"
- Schwierigkeiten bei der zwischenmenschlichen Kommunikation (häufiges „Ins-Wort-fallen", plötzliches Stören anderer Kinder usw.)

Neben der ADHS spricht man von einer ADS, wenn die hyperkinetische Komponente fehlt. Diese Symptomatik ist tendenziell mehr bei Mädchen ausgeprägt, die eher einen verträumten und introvertierten Eindruck vermitteln. In der Außenwirkung fällt deshalb eine ADS eher seltener auf, als eine ADHS, die sich nicht zuletzt u. a. in einer nach außen transportierten Bewegungsenergie manifestiert.

Nicht zuletzt mit Blick darauf, dass vor allem schwere ADHS-Fälle oftmals zu sehr unerfreulichen Folgeschäden führen können, ist es ausgesprochen wichtig, dass bei entsprechenden Verdachtsmomenten eine zeitnahe und fachkundige Diagnose gestellt wird, so dass die betreffenden Kindern möglichst optimal therapiert werden können. Spätestens ab dem Zeitpunkt, an dem eine ADHS spürbar negativ in das unmittelbare soziale Umfeld einzugreifen droht, sollten sich betroffene Eltern schnellstmöglich fachkundige Hilfe holen. Eine „kleine Lösung in Eigenregie", bei der nicht selten die Gesamtstruktur einer Familie ins Wanken gerät, ist im Interesse aller Beteiligten nicht anzuraten.

Wenngleich dies hier an dieser Stelle nur ein sehr kleiner Einstieg in die Thematik einer ADHS sein kann, sollte dennoch deutlich geworden sein, dass es sich dabei um ein Störungsbild handelt, dessen wahre Ursachen nur im Einzelfall spezifisch abgeklärt werden können. Pauschale Äußerungen der Art, wie sie zunehmend von einigen Eltern und einigen Lehrkräften gemacht werden, bei denen der Eindruck entstehen kann, dass es mittlerweile in fast jeder Klasse etwa 25 – 30 Prozent Kinder gebe, die unter einer ADHS leiden, sind nicht nur sachlich falsch, sondern sie sind vor allem auch verantwortungslos, da sie in der überwiegenden Zahl der Fälle die wahren Ursachen für schulische Minderleistungen nur allzu oft ausblenden. Kinder, die unter einer medizinisch-psychologisch gesicherten ADHS leiden, müssen ohnehin entschieden anders behandelt werden, als Kinder, deren schulische Minderleistungen primär darauf zurückzuführen sind, keine konstruktiven Lernprozesse kennengelernt zu haben. Kinder, die unter ADHS leiden, leiden nicht selten auch unter Eltern und Lehrkräften, denen entweder das Wissen um dieses Störbild fehlt, und die von daher oftmals unnötig viel Zeit und Energie auf „Hilfsmaßnahmen" verschwenden, denen aber jegliche brauchbare Grundlage fehlen, oder die den Begriff ADHS zuweilen vorschnell als Alibi für eigenes Fehlverhalten missbrauchen.

Dyskalkulie

Auch der Begriff der Dyskalkulie gehört seit einiger Zeit – Tendenz steigend – zum Sprachgebrauch so mancher Eltern und LehrerInnen. Wie schon für den Begriff ADHS, so gilt auch hier: Nur die wenigsten Kinder, die Minderleistungen im mathematischen Bereich zeigen, leiden sogleich unter einer Dyskalkulie. Leider wird auch dieser Begriff vielfach sachlich falsch und in einer für die Betroffenen kontraproduktiven Art und Weise benutzt. Kinder, die beispielsweise auffällige Schwierigkeiten im mathematischen Bereich haben, werden oftmals nicht sachgerecht und konsequent gefördert. Insbesondere im Grundschulbereich werden zuweilen schwerwiegende Fehler bei einer altersgerechten Vermittlung des Lehrstoffs gemacht, die sich im weiteren schulischen Verlauf oftmals unangenehm für die betreffenden Kinder und Jugendlichen verselbstständigen. Korrekturen, die einerseits notwendig, anderseits gewünscht werden, sind dann häufig entweder gar nicht mehr, oder nur unter großen Kraftanstrengungen möglich.

Kinder, die beispielsweise schon im Grundschulbereich signalisiert bekommen, dass es manchen Lehrkräften erkennbar gleichgültig ist, ob Rechenaufgaben sowohl sachlich korrekt, wie auch von der Form her angemessen bearbeitet werden, entwickeln aus verständlichen Gründen kaum eine Arbeitshaltung, die aber im weiteren schulischen Verlauf – spätestens mit Beginn einer weiterführenden Schule – notwendig wird. Bei so manchem Blick in die Rechenhefte von Grundschülerinnen und Grundschülern, und bei so manchem Blick in die Übungshefte zum Fach Mathematik, kann sich ein/e verantwortungsbewusst tätige/r LehrerIn nur mit Grausen abwenden. Immer wieder ist zu beobachten, dass auch gröbste Fehler gar nicht korrigiert werden, oder, dass es bei sog. „Verbesserungen" nicht selten zu weiteren Fehlern seitens mancher Lehrkräfte kommt. Ebenso bedenklich, wie bedauerlich ist, dass es nicht selten dann sehr schwierig für qualitativ gute PrivatlehrerInnen wird, offensichtliche Fehler in Zusammenarbeit mit den Kindern zu korrigieren. Nur zu oft hört man dann „Argumente", wie z. B.: „Warum soll ich das jetzt korrigieren? Das kontrolliert doch eh niemand in der Schule. Ist doch egal."

Wer nun glaubt, dass es sich bei solchen Situationen um bedauerliche Ausnahmen handelt, die sich eher vernachlässigen ließen, sieht sich schnell eines Besseren belehrt. Fälle der Art, dass LehrerInnen z. B. angefertigte Hausaufgaben entweder gar nicht mehr, oder nur noch sehr schlampig kontrollieren, gehören schon seit längerer Zeit zu den inakzeptablen Begleiterscheinungen des ganz „normalen"

Schulalltags. Kinder, die auf der Grundlage eines solchen ignoranten Lernstils arbeiten (müssen), haben im weiteren schulischen Verlauf übermäßig häufig dann Schwierigkeiten, die nicht selten auf eben solche Versäumnisse zurückgeführt werden können, deren Ursachen oftmals schon im Grundschulbereich angesiedelt sind.

Um nun auch bei dem Störungsbild einer Dyskalkulie besorgten Eltern eine kleine Orientierungshilfe zu geben, werden nachfolgend wichtige Eigenschaften, Ursachen und Probleme beschrieben, die in diesem Zusammenhang auftreten können.

Unter dem Begriff Dyskalkulie versteht man eine über längere Zeiträume anhaltende Rechenschwäche, die sich auf den Lernstoff des mathematischen Grundverständnisses (wie er in der Grundschule gelehrt wird) bezieht. SchülerInnen, die erwiesenermaßen unter einer Dyskalkulie leiden, benutzen oftmals eine aus ihrer Sicht konsistente Logik, die häufig zu Fehlern führt; verursacht durch Verständnisprobleme bei den Zusammenhängen zwischen Objekten und Zahlbegriffen.

Typische Erkennungsmerkmale für eine Dyskalkulie sind u. a.:

- Rechnen mit den Fingern (auch über die 2. Klasse hinaus!)
- Große Schwierigkeiten beim Erbringen von Transferleistungen (d. h. neu Gelerntes kann nicht auf modifizierte Aufgabenstellungen übertragen werden)
- Häufig überdurchschnittlich gute Gedächtnisleistungen (zwecks Kompensation)

- Sichtbare Anzeichen großer Anstrengung bei vergleichsweise leichten Aufgaben
- Schnelle Ermüdung bei der Anfertigung mathematischer Aufgaben
- Ignorieren von sich offensichtlich widersprechenden Ergebnissen
- Verunsicherung bei kleinen Modifikationen einer zu lösenden Aufgabe
- Mechanisches, stures Rechnen ohne sichtbare Verinnerlichung
- Keine spürbaren Verbesserungen durch intensives Training von Aufgaben
- Bereits als verstanden geglaubte Rechenverfahren werden immer wieder vergessen, da keine Verständnisprozesse ausgelöst worden sind
- Fehlendes Verständnis für einen sachgerechten Einsatz mathematischer Elementaroperationen (Addition, Subtraktion, Multiplikation, Division)
- Auffällige Schwierigkeiten bei Textaufgaben
- Sinngemäße Wiedergabe einer Aufgabenstellung mit eigenen Worten kaum möglich
- Ohne Hilfsmittel (z. B. optisches Demomaterial) können Aufgaben nicht gelöst werden
- Auffälliges Vermeiden von Aufgaben mit mathematischen Hintergrund
- Mangelnde Fähigkeit der Übertragung von neuen Lerninhalten auf alltägliche Situationen (somit fehlende Internalisierung im Gehirn)
- Mangelhaftes Verständnis des Stellenwertsystems (z. B. Dezimalsystem)

- Regelmäßiges Vertauschen von Einern und Zehnern
- Sichtbares Unwohlsein bei der Anfertigung mathematischer Aufgaben
- Größere Schwierigkeiten bei einer zeichnerischen Umsetzung von Rechenoperationen
- Auffällige Schwierigkeiten im Fach Sachkunde
- Überdurchschnittlich hohe Fehlerquoten bei Aufgaben, die altersgerecht zu lösen sein sollten

Erste Anzeichen für das Vorliegen einer Dyskalkulie gibt es meistens schon vor der Einschulung eines Kindes. Auffällig ist z. B., dass solche Kinder Probleme mit dem Einschätzen von Mengen oder beim Sortieren haben. In der Grundschule wird eine medizinisch-psychologisch gesicherte Dyskalkulie häufig erst in der dritten Grundschulklasse entdeckt, da solche Kinder die Defizite über eine lange Strecke oftmals noch ausgleichen können. Einen wesentlichen Anteil daran haben die häufig überdurchschnittlich guten Gedächtnisleistungen, so dass entscheidende Ursachen leider vielfach erst sehr spät entdeckt werden.

Mit Blick darauf, dass eine Dyskalkulie am effektivsten therapiert werden kann, je früher sie entdeckt wird, ist es für die betreffenden Kinder sehr wichtig, dass sowohl Eltern, wie auch LehrerInnen schon bei den ersten Anzeichen einer vermuteten Dyskalkulie qualifiziertes Fachpersonal zu Rate ziehen. Empfehlenswert ist in solchen Fällen eine sorgfältige Untersuchung bei einem dafür qualifizierten Psychologen, der das Kind systematisch hinsichtlich dessen spezifischer Defizite untersuchen kann. Ansprechpartner sind häufig die schulpsychologischen Dienste sowie dafür qualifizierte Psychologen.

Bevor ein Kind einem nicht selten anstrengenden und umfassenden schulpsychologischen Testprogramm unterzogen wird, sollte es zuvor fachärztlich dahingehend untersucht werden, ob nicht womöglich Defizite in der Seh- und / oder Hörleistung maßgeblich für mathematische Minderleistungen verantwortlich sein könnten. Kinder, die beispielsweise in diesen Bereichen Defizite aufweisen, quälen sich leider oftmals über viel zu lange Zeiträume in der Schule herum, da die wahren Ursachen nicht erkannt worden sind.

Vielfach ist zu beobachten, dass eine Dyskalkulie nicht isoliert auftritt. Oft wird sie von weiteren Auffälligkeiten begleitet wie z. B. Störungen hinsichtlich einer angemessenen Konzentrationsfähigkeit, Schulangst, psychosomatischen Beschwerden usw.

Entscheidend bei allen möglicherweise einzuleitenden Therapiemaßnahmen ist, dass die von einer Dyskalkulie betroffenen Kinder möglichst ganzheitlich betreut werden. Dazu gehört vor allem auch die wichtige Erkenntnis, dass niemand in einer Familie Schuld trägt beim Auftreten einer solchen Störung. Weder das Kind, noch die Eltern sind verantwortlich dafür, wenn ein Kind aufgrund einer Dyskalkulie in den davon betroffenen Fachbereichen entsprechende Minderleistungen erbringt. Aufgabe verantwortungsbewusster Therapeuten ist es nicht zuletzt, Schuldgefühle, sowohl bei den Kindern, wie auch bei den Eltern, systematisch abzubauen. Für eine perspektivisch günstige Entwicklung so betroffener Kinder ist entscheidend, dass alle am Prozess

Beteiligten (Kind, Eltern, LehrerInnen, PrivatlehrerInnen, Therapeuten usw.) konstruktiv in einen Zielfindungsprozess eingebunden werden, und dass durchzuführende Maßnahmen möglichst zeitnah und fachlich kompetent aufeinander abgestimmt werden.

Aufgabe der Eltern ist es vor allem dem Kind Versagensängste zu nehmen, indem ihm kindgerecht erklärt wird, dass das Vorliegen einer Dyskalkulie nicht auf mindere Intelligenzleistungen zurückzuführen ist. Durch spielerisches Lernen sowie durch strukturierte Lernmethoden können Eltern ihr Kind günstig unterstützen. Besonders wichtig ist auch, dass das Kind möglichst oft gelobt wird; auch für vermeintlich kleine Erfolge, damit das Selbstvertrauen gestärkt werden kann. Als günstig hat sich auch bewährt, möglichst viele Sinneskanäle parallel zu benutzen, so dass Lerninhalte besser vernetzt im Gehirn gespeichert werden können. Ganz gleich welche konkreten Fördermaßnahmen auch angestrengt werden, ist es sehr wichtig, darauf zu achten, dass das betroffene Kind nicht überfordert wird. Ein behutsames Vorgehen ist auf jeden Fall dringend anzuraten, da solche Kinder ohnehin unter einem enormen Leistungsdruck stehen, der nicht auch noch durch unüberlegte Hilfsmaßnahmen verstärkt werden sollte.

Empfehlenswert ist auch, dass die Eltern Absprachen mit den LehrerInnen treffen, der Art, dass solche Kinder möglichst nah am Lehrerpult sitzen, damit sie nicht unnötig abgelenkt werden. Zudem sollten von Dyskalkulie betroffene Kinder nur dann zum Vorrechnen an die Tafel geholt werden, wenn diese das auch ausdrücklich selbst wünschen. Dies ist deshalb wichtig, damit solche Kinder nicht weiter verunsichert und vor der Klassengemeinschaft bloßgestellt werden. Kinder untereinander können mitunter sehr grausam sein, so dass verantwortungsbewusste LehrerInnen unbedingt darauf achten sollten, alles zu unterbinden, was sich schädlich auf das ohnehin meistens angeschlagene Selbstwertgefühl eines betroffenen Kindes auswirken könnte.

So unzweifelhaft wie die Tatsache ist, dass es Kinder gibt, die unter dem Störungsbild einer Dyskalkulie leiden, so unbestritten ist aber auch, dass in der überwiegenden Zahl der Fälle, bei denen schulische Minderleistungen im mathematischen Bereich beobachtet werden, nicht etwa eine medizinisch-psychologisch gesicherte Diagnose für eine Dyskalkulie vorliegt, sondern vielmehr ungünstige Rahmenbedingungen, deren Ursachen oftmals sowohl in der Schule, wie auch im Elternhaus zu suchen sind. Es ist an der Zeit, dass sich sowohl einige LehrerInnen, wie auch manche Eltern endlich von der irrigen Vorstellung verabschieden, schwache Leistungen im Fach Mathematik seien so überaus oft auf eine Dyskalkulie zurückzuführen. Vielmehr muss klar und deutlich gesagt werden, dass es oftmals primär nur daran liegt, dass vielen Kindern in der Schule nur zu oft konstruktive und perspektivisch günstige Lernmethoden vorenthalten werden. Kinder, die beispielsweise auch in der vierten Klasse einer Grundschule noch immer nicht in der Lage sind das Kleine Einmaleins sicher anwenden zu können, leiden in den seltensten Fällen unter einer Dyskalkulie, sondern vielmehr darunter, LehrerInnen und / oder Eltern zu haben, die nicht konsequent genug darauf achten, dass die Kinder solche elementaren Bausteine intensiv genug geübt haben. Kinder, die auch in der vierten Klasse selbst vor einfachsten Textaufgaben kapitulieren, deren Niveau dem einer dritten Klasse entspricht, leiden ebenfalls nur selten unter einer Dyskalkulie, sondern vielmehr darunter, dass es bedauerlicherweise LehrerInnen gibt, die erkennbar unfähig sind, Kindern die Struktur sowie eine altersgerechte Vorgehensweise beim Lösen solcher Aufgaben nahe zu bringen. Kinder, die primär auf der Grundlage schlampig geführter Arbeitshefte nicht in der Lage sind, altersgerechte Rechenaufgaben zu lösen, leiden ebenfalls nur in den seltensten Fällen unter Dyskalkulie, sondern vielmehr darunter, dass es LehrerInnen und Eltern gibt, denen es offenbar völlig gleichgültig zu sein scheint, dass Kinder schon in der Anfangsphase ihrer Schullaufbahn eben nicht eine Arbeitsweise erlernen, die es perspektivisch ermöglichte, sinnvoll und effektiv arbeiten zu können.

Kurz: In der überwiegenden Zahl der zu beobachtenden Fälle ist es nicht eine Dyskalkulie, die für mathematische Minderleistungen mancher Kinder verantwortlich ist, sondern sind es vor allem LehrerInnen und Eltern, die zuweilen in einer ebenso unverantwortlichen wie ignoranten Art und Weise dafür sorgen, dass es seit geraumer Zeit zu so überaus vielen Fällen mathematischer Minderleistungen kommen kann. Kinder, die heutzutage in die Grundschulen gehen, sind im statistischen Mittel sicher nicht weniger intelligent als Kinder, die vielleicht vor zwanzig oder dreißig Jahren eine Grundschule besucht hatten. Auffällig ist aber – und zwar fächerunabhängig – dass es mittlerweile zu viele LehrerInnen und Eltern gibt, die sich eben nicht mehr in der Art und Weise um konstruktive Rahmenbedingungen kümmern, wie sie aber für perspektivisch günstige Lernprozesse zwingend nötig wären. Ein erheblicher Teil der täglich zu beklagenden Missstände lässt sich – wohlwissend, dass dies für manche Ohren eine sehr unbequeme Aussage ist – elementar schlichtweg darauf zurückführen, dass es zu viele LehrerInnen und Eltern gibt, die wenig gute Vorbilder für Kinder abgeben. LehrerInnen beispielsweise, die Kindern gegenüber wiederholt signalisieren, dass es doch völlig gleichgültig sei, ob ein Heft sauber oder schlampig geführt wird, handeln sehr verantwortungslos, und müssen sich den Vorwurf gefallen lassen, dass sie ihren beruflichen Pflichten nicht in dem Maße nachkommen, wie dies grundsätzlich erwartet werden darf. Eltern beispielsweise, die sich offenbar schon belästigt fühlen, Hausaufgaben in der Grundschule sorgsam zu überprüfen, senden ebenso schädliche wie verantwortungslose Signale an ihre Kinder. LehrerInnen und Eltern dagegen, die konsequent und zielsicher darauf achten, dass Kinder von Anbeginn an zuverlässig und sauber arbeiten, mögen zwar zuweilen zunächst als unbequem empfunden werden, handeln aber schlussendlich erheblich verantwortungsbewusster und sinnvoller, da sie den Kindern gegenüber vermitteln, dass ein konstruktiver Arbeitsstil eben keinen Selbstzweck darstellt, sondern vielmehr ein ebenso sinnvolles wie nützliches Hilfsmittel für perspektivisch gute Lernerfolge ist.

Im Interesse der Kinder wird es höchste Zeit, klar und deutlich darauf aufmerksam zu machen, dass es nur in den wenigsten Fällen medizinisch-psychologisch gesicherte Störungen sind, die ursächlich für schulische Minderleistungen verantwortlich sind, sondern vielmehr manche LehrerInnen und Eltern, die zuweilen in offensichtlicher Art und Weise Kinder nicht alters- und sachgerecht auf ihrem Weg zu schulischem Erfolg verantwortungsbewusst unterstützen. Dass solche Beobachtungen keineswegs beklagenswerte Ausnahmen darstellen, kann jeder hautnah erleben, der an den

Schnittstellen zwischen Kind – LehrerIn und Kind – Eltern sowie Kind – PrivatlehrerIn, tätig ist. Nur allzu oft beklagen sich Kinder völlig zu recht darüber, dass es LehrerInnen gibt, denen erkennbar sowohl die Motivation, wie auch die pädagogische Kompetenz zu fehlen scheinen, fachliche Inhalte in einer Art und Weise zu präsentieren, die es den Kindern altersgerecht ermöglichte sich neue Themenkreise erschließen zu können. Als ob dies nicht schon bedenklich genug wäre, gibt es auch LehrerInnen, die erkennbar empfindliche Probleme damit haben, positive Rückmeldungen „ihrer" SchülerInnen über externe PrivatlehrerInnen ertragen zu können, da diese nicht selten über mehr pädagogisches Geschick verfügen als sie selbst. Nicht zuletzt vor dem Hintergrund solcher durchaus nicht selten anzutreffenden „Befindlichkeitsstörungen" mancher LehrerInnen ist der auch in dieser Zeit diskutierte Vorschlag, LehramtsanwärterInnen rechtzeitig auf deren Tauglichkeit hin zu überprüfen, im Interesse aller Beteiligten sehr begrüßenswert. So manche/r LehrerIn erfüllt eine Vielzahl von Voraussetzungen zur Inanspruchnahme einer intensiven Psychologischen Beratung, die, unbehandelt, oftmals zum Schaden der ihnen anvertrauten Kinder führen können. LehrerInnen, denen erkennbar pädagogische Qualitäten fehlen, oder LehrerInnen, die offenbar unter massiven psychologischen Defiziten leiden, gehören nicht vor eine Klasse, sondern in eine Psychologische Beratung oder in eine Therapie. LehrerInnen, die Kindern schlampige Arbeitsmethoden zuweilen sogar praktisch selbst vorleben, handeln verantwortungslos, und sollten im Interesse der Kinder ebenso konsequent wie deutlich gerügt werden. LehrerInnen, die nicht in der Lage sind, altersgerechte Erklärungen im Unterricht zu vermitteln, sollten dazu verpflichtet werden entsprechende Weiterbildungsmaßnahmen zu absolvieren; andernfalls müssen die Kinder vor ihnen geschützt werden. LehrerInnen, die schon durch ihr Erscheinungsbild und durch ihr Verhalten Desinteresse signalisieren, müssen sich den Vorwurf gefallen lassen, dass sie ein wesentliches Element positiver Lernprozesse nicht genügend fördern, da sie die Motivation der Kinder nicht sachgerecht unterstützen.

LRS

Zu unterscheiden sind zunächst einmal eine Lese-Rechtschreibschwäche und eine Lese-Rechtschreibstörung. Sofern sich Lese-Rechtschreibschwierigkeiten auf eine defizitäre Unterrichtung, auf Wahrnehmungsstörungen oder auf eine neurologische Erkrankung zurückführen lassen, spricht man von einer Lese-Rechtschreibschwäche. Oftmals handelt es sich um eine temporär begrenzte Einschränkung. Vorausgesetzt, die hier genannten Ursachen lassen sich definitiv ausschließen, liegt eine Lese-Rechtschreibstörung vor.

Wie schon bei der Dyskalkulie, so ist auch bei einer Lese-Rechtschreibstörung eine schulische Minderleistung meistens nicht auf ein geringeres Intelligenzniveau zurückzuführen, sondern vielmehr darauf, dass so betroffene Kinder nicht sachgerecht gefördert werden. Schulpsychologische Tests, die bei einem Verdacht auf eine LRS Sinnvollerweise durchgeführt werden, ergeben häufig, dass die erbrachten Leistungen im Teilbereich Lese-Rechtschreibtest signifikant unterhalb einer Marke liegen, die ansonsten aufgrund des gemessenen Intelligenzquotienten liegen. Diese Erkenntnis ist sowohl für die betroffenen Kinder, wie auch für deren Eltern fundamental entscheidend, da somit gezeigt werden kann, dass schulische Minderleistungen im Bereich der Rechtschreibung definitiv nicht auf eine mindere Intelligenz, sondern eher auf eine LRS zurückgeführt werden müssen.

Wie schon bei den Ausführungen zur Dyskalkulie, so gilt auch hier, dass es im Interesse der betroffenen Kinder entscheidend darauf ankommt, eine LRS möglichst frühzeitig zu erkennen bzw. zu therapieren. Alles, was über den Umgang mit solchermaßen betroffenen Kinder schon im Zusammenhang mit einer Dyskalkulie oben geschrieben worden ist, gilt entsprechend auch für Kinder, die unter einer LRS leiden.

Für eine optimale Therapie ist entscheidend, dass im Vorfeld möglichst differenziert geprüft wird, welche konkrete Form einer LRS bei einem betroffenen Kind vorliegt. Pauschalurteile sind – wie auch andernorts – in den meisten Fällen sowohl falsch, wie auch schädlich.
Was den medizinisch-psychologisch gesicherten Verbreitungsgrad einer LRS anbelangt, so schwanken die Daten – je nach Studie – zwischen zwei und acht Prozent. Demnach gibt es im statistischen Mittel etwa *ein* LRS-Kind pro Klasse; nicht aber deren womöglich fünf bis acht, wie es zuweilen von einigen Lehrkräften und / oder Eltern gern suggeriert wird.

Diese unübersehbare Diskrepanz zwischen den empirisch gesicherten Erwartungswerten einerseits, und den vielfach kommunizierten „gefühlten" Werten anderseits, lässt nur den Schluss zu, dass – ähnlich wie im Zusammenhang mit der Dyskalkulie – eine Mischung aus Unwissenheit und Ignoranz dazu beigetragen haben, dass so manche LehrerIn offenbar tatsächlich glaubt, etwa ein Drittel einer zu unterrichtenden Klasse leide unter LRS. Dem ist aber mitnichten so. Bei einer sorgsamen Beobachtung wird eher oftmals schnell klar, dass nicht eine LRS, sondern vielmehr die schon weiter oben im Zusammenhang mit einer Dyskalkulie beschriebenen Defizite für schulische Minderleistungen verantwortlich zu machen sind.

LehrerInnen, die beispielsweise Diktate und sonstige Hausaufgabehefte der Kinder entweder gar nicht mehr, oder nur sehr rudimentär prüfen bzw. korrigieren, sollten sich nicht ernsthaft darüber wundern, dass sowohl die Rechtschreibfähigkeiten, wie auch die Ausdrucksfähigkeit überdurchschnittlich vieler SchülerInnen zuweilen nur noch als mangelhaft oder als ungenügend bezeichnet werden kann. LehrerInnen, die – abgesehen von menschlich durchaus nachvollziehbaren Flüchtigkeitsfehlern – „korrigierte" Diktate an Kinder zurückgeben, die dann noch immer bis zu drei Fehler pro Heftseite enthalten, müssen sich die Frage gefallen lassen, ob sie ihr Examen womöglich an einer Losbude auf einer Kirmes gewonnen haben? Kinder, die in einem familiären Umfeld aufwachsen, bei dem mitunter das Telefonbuch das einzige Buch im Haushalt ist, haben aus naheliegenden Gründen signifikant schlechtere Entwicklungschancen als Kinder, die aus einer Umgebung kommen, in der die Eltern und Geschwister praktisch vorleben, wie überaus hilfreich und schön es ist, Bücher als einen täglichen Begleiter erleben zu dürfen. Eltern, die schon Schwierigkeiten bei der Kontrolle eines Textes von einem Schulkind aus einer dritten Grundschulklasse haben, geben wenig günstige Vorbilder für ihre Kinder her. Kinder, die tagtäglich beobachten, dass ihre Eltern – wenn überhaupt – allenfalls noch das Fernsehprogramm lesen (um dann nicht selten Sendungen höchst zweifelhaften Wertes zu konsumieren) – übernehmen aus naheliegenden Gründen leider nur zu oft solche schlechten Gewohnheiten, und sind schon in einer frühen Entwicklungsphase entscheidend benachteiligt.

LehrerInnen, die – wider besserer Erfahrung – noch immer Kindern und Eltern gegenüber suggerieren, es sei doch nicht wichtig darauf zu achten, dass nicht womöglich zwanzig (und mehr!) Rechtschreibfehler pro Heftseite auftreten, sondern dass vielmehr „ein spielerisches Herantasten sinnvoll sei...", ignorieren eine Vielzahl nicht ernsthaft zu leugnender Tatsachen, mit denen sich vor allem dann die Kinder und Jugendlichen abmühen „dürfen". Nicht zuletzt viele Ausbildungsbetriebe und Universitäten beklagen zu recht, dass sogar Absolventen von höheren Schulen zuweilen kaum mehr in der Lage seien, Texte zu verfassen, die nicht weniger als z. B. zehn Fehler pro Seite enthielten. Auch ein Blick in viele E-Mails, die mittlerweile ein Standardmedium der Kommunikation geworden sind, zeigt deutlich, dass zunehmend weniger Wert auf eine korrekte Rechtschreibung gelegt wird.

Wäre es nun so, dass eine hohe Fehlerquote bei der Rechtschreibung ein isoliertes Problem darstellte, ließe sich ggf. noch großzügig darüber hinweg sehen. Dem ist aber nicht so. Vielmehr bestehen unübersehbare Zusammenhänge zwischen der Vermittlung einer angemessenen Rechtschreibkompetenz einerseits, und sprachlichen Ausdrucksfähigkeiten insgesamt, anderseits. Schon im Grundschulbereich ist zu beobachten, dass ein bedenklicher hoher Anteil von Schülerinnen und Schülern über einen auffallend beschränkten Wortschatz verfügt. Eine hohe Fehlerquote bei der Rechtschreibung korreliert nicht selten mit einer unterentwickelten Ausdrucksfähigkeit, so dass auch der Elementarbaustein „Rechtschreibung" eben kein Schattendasein fristen, sondern vielmehr als integraler Bestandteil sprachlicher Fähigkeiten verstanden werden sollte.

Ein Blick in so manches Schreibheft von einigen Grundschulkindern lässt Schlimmstes befürchten. Abgesehen von der heutzutage schon fast zum guten Ton gehörenden Schlampigkeit vieler Hefte, lässt sich die zu beobachtende Fehlerzahl mitunter kaum mehr überblicken. Fehlerquoten von zehn oder zwanzig (und mehr!) falsch geschriebenen Wörtern pro Seite, sind leider keine Seltenheit mehr. Dies betrifft nun keineswegs nur neu zu schreibende Diktate, sondern oftmals auch Hausaufgaben, die sogar seitens mancher LehrerInnen als „korrigiert" deklariert worden sind. Rechtschreibfehler werden – wenn überhaupt – nur noch äußerst widerwillig und nicht selten auch schlampig korrigiert. Dass sich auf einer solchen Grundlage kaum ein Gespür für eine konstruktive Rechtschreibung entwickeln kann, ist wohl kaum überraschend.

Ganz gleich, ob es sich um Schlampereien bei der Rechtschreibung, oder um vermeidbare Rechenfehler handelt, so ist unübersehbar, dass ein erheblicher Teil der beklagenswerten Defizite vieler SchülerInnen weder auf eine LRS noch auf eine Dyskalkulie zurückzuführen sind, sondern vielmehr darauf, dass sich eine unheilvolle Mischung aus Ignoranz, Schlampigkeit und mangelnder Motivation im Schulalltag breit gemacht hat, von der offenbar viel zu viele LehrerInnen und Eltern befallen zu sein scheinen.

Was wird dringend brauchen sind nicht immer mehr und mehr Anbieter zuweilen auch zweifelhafter Qualität, die längst erkannt haben, dass sich mit der

Naivität und Unkenntnis vieler Menschen „gutes" Geld verdienen lässt, sondern wir brauchen LehrerInnen und Eltern, die sich wieder deutlich bewusster darüber werden, dass sie es sind, die entscheidend dafür verantwortlich sind, Kinder und Jugendliche auf ein Leben vorzubereiten, bei dem sich perspektivisch nur dann etwas Konstruktives erreichen lässt, wenn sowohl Elternhaus wie Schule dafür gesorgt haben, dass entsprechende Grundlagen dafür angelegt werden.

Damit kein ungewollt ungünstiger Eindruck verbleibt, sei klar und deutlich gesagt, dass es sehr wohl Eltern und LehrerInnen gibt, die sich vorbildlich um die ihnen anvertrauten Kinder kümmern. Neben Eltern, die auch unter schwierigen Rahmenbedingungen für eine gute und solide Schulbildung ihrer Kinder sorgen, gibt es erfreulicherweise – noch immer – LehrerInnen, die mit großem Engagement und hoher fachlicher Kompetenz täglich dafür sorgen, Kindern möglichst gute Lernbedingungen zu schaffen. Gerade weil es solche verantwortungsbewussten Eltern und LehrerInnen gibt, ist es an der Zeit, ebenso schonungslos wie konstruktiv darauf aufmerksam zu machen, dass sich eben solche Menschen zunehmend Situationen gegenübersehen, die von einer Mischung aus Chaos, Ignoranz, Destruktivität, Mobbing usw. geprägt sind.

Pauschalurteile, wie sie auch in jüngerer Vergangenheit sowohl über LehrerInnen und Eltern zu hören und zu lesen gewesen sind, sind nicht nur in den meisten Fällen sachlich unhaltbar, sondern sie tragen vor allem dazu bei, dass offensichtliche Probleme nicht gelöst, sondern vielmehr noch weiter verfestigt werden. Wem soll es tatsächlich helfen, wenn beispielsweise der Eindruck suggeriert wird, alle LehrerInnen seien fachlich und pädagogisch unfähig? Wer soll davon profitieren, wenn alle Eltern pauschal als erziehungsunfähig beschimpft werden? Aussagen solch' zweifelhafter Qualität sind ebenso falsch wie destruktiv.

Allerdings – und auch darüber sollte kein ernsthafter Zweifel bestehen – gibt es leider sehr wohl Eltern, die ihre Kinder in vielfacher Hinsicht vernachlässigen, indem sie ihnen wichtige Begleithilfen im schulischen Alltag verwehren sowie LehrerInnen, die erkennbar pädagogisch unfähig sind, und täglich auf bedauernswerte Kinder losgelassen werden. Feststellungen dieser Art – ob nun „schön verpackt" oder offen ausgesprochen – sollten und müssen deutlicher kommuniziert werden, damit mehr Menschen ein Gespür dafür entwickeln, wie überaus negativ sich die beschriebenen Defizite mancher Eltern und einiger LehrerInnen a) auf die betreffenden Kinder und Jugendlichen, und b) auf unsere Gesellschaft als Ganzes, auswirken werden bzw. dies schon längst getan haben.

PISA-Studie hin oder her: Entscheidende Verbesserungen bei der schulischen Bildung werden sich nicht dadurch erreichen lassen, mehr und mehr Alibi-Aktivitäten „aus dem Boden zu stampfen", sondern entscheidend dadurch, begreiflich zu machen, dass sowohl Eltern wie auch LehrerInnen sich wieder ihrer hohen Verantwortung bewusst werden, die ihnen im Rahmen der Erziehung und Ausbildung der ihnen anvertrauten Kinder zukommt.

Es ist an der Zeit, dass der Begriff „Vorbildfunktion" wieder mit solchen Werten besetzt wird, die Kindern und Jugendlichen eine solide Grundlage für ihr Leben bieten; ganz sicher aber nicht mit höchst zweifelhaften „Werten", wie sie seit geraumer Zeit in einer geradezu inflationären Art und Weise – offenbar bewusst – ausgeschüttet werden.

Werte wie beispielsweise Höflichkeit, Anstand, Pünktlichkeit, Ordnung, Zuverlässigkeit, Empathie, Gehorsam u. e. m. mögen zwar für einige Ohren als „altbacken" klingen, tragen aber entscheidend dazu bei, dass viele der mittlerweile im Übermaß zu beklagenden Defizite (sowohl in der Schule, wie auch im Alltag) erst gar nicht in der Intensität auftreten können, wie es mittlerweile täglich in vielfältigsten Situationen zu erleben ist.

Eine Gesellschaft, die ihren Kindern und Jugendlichen praktisch vorlebt, dass zweifelhafte und verachtenswerte „Werte" wie beispielsweise Rücksichtslosigkeit, Unordnung, Ungehorsam, Destruktivität, Ignoranz, Heuchelei, Geiz, Misstrauen, Respektlosigkeit u. e. a. „cool und angesagt" seien, entzieht sich perspektivisch die Grundlage, auf der sie letztlich aufbaut. Wie ignorant und dumm müssen manche Leute eigentlich sein, diese ebenso elementaren wie unbestreitbaren Zusammenhänge nicht zu erkennen? Es wird allerhöchste Zeit, dass sich deutlich mehr Menschen offen und mutig zu konstruktiven Werten und Verhaltensweisen bekennen, damit sich unsere Gesellschaft insgesamt in eine Richtung entwickeln kann, die zwar in so mancher Diskussion oftmals angemahnt wird, wobei aber nicht selten konkrete Maßnahmen zu einer konsequenten Umsetzung grundsätzlich begrüßenswerter Zielvorstellungen „Wünsche auf dem Papier" bleiben

15. *Fehlende Grundfertigkeiten*

Getreu dem Leitsatz: „Wehret den Anfängen", ist es elementar wichtig, zu erkennen, dass viele – vermutlich sogar die meisten – der unterschiedlichsten Defizite, die es an so vielen Stellen zu beklagen gibt, entscheidend darin begründet sind, dass schon frühzeitig ebenso wichtige, wie unverzichtbare Elementarbausteine, die für konstruktive Lernprozesse unverzichtbar sind, vernachlässigt bzw. - schlimmer noch – zuweilen bewusst ignoriert worden sind.

Wenn man erlebt, dass schon Kinder in der Grundschule nicht selten nur noch über höchst mangelhafte Kenntnisse bzw. Fähigkeiten in fundamental wichtigen Unterrichtsfächern wie beispielsweise Mathematik und Deutsch verfügen, die sich dann nicht selten spätestens auf weiterführenden Schulen zu einer nicht selten massiven Belastung für solche Kinder und Jugendliche auswachsen, dann müsste eigentlich jedem aufmerksamen Betrachter schnell klar sein, dass sehr grundsätzliche Dinge im Schulalltag nicht mehr stimmig sind.

Kinder, die nicht selten mit nur noch höchst rudimentären Kenntnissen bzw. Fähigkeiten die Grundschulen verlassen, werden denkbar schlecht – um nicht zu sagen „verantwortungslos" - auf ihren weiteren Schulweg geschickt, bei dem oftmals schon im Vorfeld klar ist, dass es empfindliche Probleme im weiteren Verlauf geben wird, die alles andere als überraschend auftreten.

Klammert man einmal solche Fälle bewusst aus, bei denen Kinder aufgrund zweifelsfrei diagnostizierter Defizite (z. B. Dyskalkulie, Legasthenie usw.)

318

vorhersehbar zumeist nicht die Leistungen erbringen können, die „gesunde Kinder" erwarten lassen, so bleibt dennoch eine erschreckend große Anzahl derer übrig, bei denen auffällige Defizite eben primär nicht auf medizinisch gesicherte Störungen zurückgeführt werden können, sondern vielmehr darauf, dass offenbar sehr grundsätzliche Aspekte im heutigen Schulalltag nicht mehr „rund laufen...".

Da helfen auch keine oftmals ebenso durchsichtig wie verlogen bemühten „Pseudoerklärungen" weiter, die immer wieder die „Wurzeln des Übels" schönzureden versuchen, sondern einzig und allein nur noch eine schonungslose Bestandsaufnahme „harter Fakten".

Vor dem Hintergrund der Annahme, dass heutige Kinder wohl kaum dümmer sind, als Kinder vorangegangener Jahrzehnte (60er-, 70er Jahre), so müssten eigentlich bei allen noch verantwortlich agierenden Pädagoginnen und Pädagogen „alle Alarmglocken schrillen", wenn man sieht, dass das Leistungsniveau vieler SchülerInnen seit geraumer Zeit signifikant gesunken ist, oder – wohl zutreffender formuliert – seitens einer verfehlten Bildungspolitik „bewusst gesenkt worden ist..."?! Ein Schelm, der Böses denkt.

Das zeigt sich z. B. auch daran, dass es schon seit vielen Jahren eine unübersehbare Inflation guter und sehr guter Noten gibt, denen nicht selten kaum mehr adäquate Leistungen gegenüberstehen. Da kann es kaum überraschen, dass nicht wenige Abiturientinnen und Abiturienten, die nicht selten mit Phantasiedurchschnittswerten (oftmals im Bereich von 1,x) die Schulen verlassen, und sich dann wundern, dass sie in einer sich anschließenden Ausbildung oder in einem Studium empfindliche Probleme bekommen, da sie oftmals nicht mehr über die Kenntnisse und Fähigkeiten verfügen, die man doch eigentlich von Abiturientinnen und Abiturienten erwarten dürfte; insbesondere von solchen, die Abiturzeugnisse mit oftmals geradezu abenteuerlich guten oder sehr guten Abschlussnoten vorzuweisen haben.

Spricht man mit so manchen Ausbildungsbetrieben, fällt schnell auf, dass nicht wenige Schülerinnen oftmals zunächst seitens der Betriebe bzw. Berufsschulen auf ein Mindestniveau hochgeregelt werden müssen, um überhaupt erst einmal eine halbwegs tragfähige Grundlage für eine dann beginnende Ausbildung zu schaffen.

Kinder, die nicht selten eine Grundschule mit Kenntnissen und Fähigkeiten verlassen, die kaum denen entsprechen, wie man sie nach Abschluss der vierten Grundschulklasse erwarten darf, merken spätestens beim Übertritt in eine weiterführende Schule, dass sich der schon bis dahin angehäufte „Problemberg" rasend schnell weiter vergrößert, mit der dann ebenso vorhersehbaren, wie nicht selten auch persönlich sehr belastenden Konsequenz, dass solche Kinder mehr und mehr an sich selbst zweifeln. Insbesondere in der schulpsychologischen Praxis lässt sich – Tendenz steigend – mit wachsender Sorge beobachten, dass derart „misshandelte" Kinder unter erheblichem Erfolgsdruck stehen, der sich aus verschiedenen Quellen speist:

- Leistungsdruck durch die Schule
- Erwartungsdruck seitens der Eltern
- Selbstinduzierter Druck durch die SchülerInnen

- Gesellschaftlicher Erwartungsdruck
- Gruppendynamischer Druck der SchülerInnen untereinander durch Leistungsvergleiche

Nicht selten mündet eine permanente, nicht rechtzeitig zur Kenntnis genommene Überforderung in psychischen Erkrankungen, unter denen solche Kinder und Jugendliche – oftmals auch subtil – sehr leiden.

Auch die sprachlichen Fähigkeiten vieler Grundschulkinder entsprechen nach Abschluss der vierten Klasse oftmals erkennbar nicht denen, die altersgemäß erwartet werden dürften, so dass sich zuspitzende Probleme auf den weiterführenden Schulen geradezu vorprogrammiert sind.

Signifikante Defizite im Fach Deutsch zeigen sich dann vor allem in folgenden Bereichen:

- Ungewöhnlich viele Rechtschreibfehler
- Mangelhafte Grammatikkenntnisse
- Mangelhaft ausgeprägtes Textverständnis
- Keine altersgerechte Konzentrationsfähigkeit

Wirklich überraschend ist auch das eigentlich nicht, wenn man sieht, dass ein bedenklich großer Teil heutiger GrundschülerInnen kaum mehr dazu in der Lage ist, wenige, inhaltlich zusammenhängende Sätze zu formulieren, ohne zugleich den „roten Faden" einer auch logisch geordneten und klaren Ausdrucksweise zu verlieren.

Kein Wunder, wenn man bedenkt, dass – sicher nicht nur Kinder – nicht selten nur noch mit SMS-Kürzeln und einer zunehmend verarmten Sprache aufwachsen, die ihnen viel zu oft von Erwachsenen praktisch vorgelebt wird.

Viele Kinder und Jugendliche fühlen sich sichtlich überfordert – begleitet von offenkundig vorgetragenen Signalen deutlicher Unbehaglichkeit – wenn sie beispielsweise im Rahmen des Deutschunterrichts dazu aufgefordert werden, Texte zu formulieren, die über das ihnen vertraute SMS-Niveau hinausreichen.

Wie sollen Kinder den Umgang mit anspruchsvolleren Texten kennen und schätzen lernen, wenn sie schon in jungen Jahren systematisch auf ein zunehmend bedenkliches Niveau heruntergeregelt werden, bei dem schon vorab klar ist, dass das ein „Weg nach Nirgendwo" sein wird...?!

Was sind das für absurde und zudem verantwortungslose Strategien, Kindern den korrekten Gebrauch ihrer Sprache beibringen zu wollen, indem man sie – sozusagen als Versuchskaninchen – über Jahre hinweg „nach Gehör schreiben ließ...", um sie vorhersehbar in ein ebenso überflüssiges wie frustrierendes Chaos zu stürzen, nämlich spätestens dann, wenn sie auf weiterführenden Schulen aus einem „Wattebauschtraum" aufwachen, und schmerzlich zur Kenntnis nehmen müssen, dass dann endgültig „Schluss mit lustig ist".

Da muss man schon sehr ernsthaft die Frage stellen: „Was sind das für praxisfremde Pädagoginnen und Pädagogen, die einen solchen Unsinn verzapfen?"

Natürlich ist dann vorhersehbar klar, dass derart „misshandelte" Kinder dann höchst unangenehm irritiert sind, wenn sie plötzlich merken, dass im weiteren schulischen Verlauf „andere Spielregeln" derart gelten, dass offenkundige Fehler – noch dazu in oftmals unverhältnismäßig großer Zahl – nicht mehr länger seitens der LehrerInnen auf weiterführenden Schulen folgenlos akzeptiert werden.

Zu diesem Irrsinn kommt noch hinzu – auch nicht wirklich überraschend – dass es auffällig oft Situationen im Rahmen sog. „Korrekturen von Klassenarbeiten und / oder Hausaufgabenheften" gibt, bei denen offenkundige Fehler (Rechtschreibung, Grammatik, Logik, Rechenfehler usw..) in einer bedenklich großen Zahl erst gar nicht mehr erkannt, geschweige denn korrekt korrigiert werden.

Um sogleich ein mögliches Missverständnis auszuräumen, sei gesagt, dass es hier nicht um sog. Flüchtigkeitsfehler geht, die wohl jeder Mensch (ja, auch LehrerInnen sind Menschen...) hin und wieder macht. Nein, hier ist die Rede davon, dass sowohl die absolute Häufigkeit nicht korrigierter Fehler sowie deren nicht selten inhaltlich bedeutsame Tiefe oftmals eine Größenordnung erreicht hat, die nur als sehr bedenklich bezeichnet werden muss.

Wie sollen Kinder aus objektiv vorhandenen Fehlern lernen, wenn diese nicht selten erst gar nicht mehr seitens der Lehrkräfte aufmerksam und sachlich richtig korrigiert werden?

Bei so manchen durchgeführten „Korrekturen" drängt sich der Eindruck auf, die betreffende Lehrkraft könnte ihr Examen womöglich an einer Losbude gewonnen haben...?!

Abseits diverser schulfachlicher Defizite tragen nicht zuletzt auch deutliche Konzentrationsschwierigkeiten dazu bei, dass so manche Kinder kaum bzw. gar nicht mehr dazu in der Lage sind sich altersgemäß über gewisse Zeiträume einem Lerngegenstand widmen zu können.

Somit wird vielfach schon im Ansatz dafür gesorgt, dass wesentliche Lernprozesse erst gar nicht die Wirkung entfalten können, die jedoch objektiv vielfach dringend angezeigt wären.

Auffällig ist zudem, dass es nicht wenigen Kindern an einer altersgemäß angemessenen Bereitschaft fehlt, sich bei vermeintlich „schwierigeren Themen" auch mal „durchzubeißen". Oftmals ist zu beobachten, dass manche Kinder schon bei kleinsten Widerständen vorschnell aufgeben, und sich nur allzu schnell angenehmeren Dingen zuwenden.

Von daher wäre es wichtig, dass auch und vor allem sowohl die Lehrkräfte, als auch die Eltern aktiv und konsequent dafür sorgen den Kindern ein Gefühl dazu zu vermitteln, dass es im Rahmen bestimmter Lernprozesse völlig normal ist auch gewisse „Durststrecken" zu überstehen.

Lehrkräfte oder Eltern, die Kindern solche elementaren Lernerfahrungen vorenthalten, leisten damit – zumeist ungewollt – einem Verhalten Vorschub, das sich im weiteren Verlauf einer schulischen Laufbahn nicht selten als Bumerang erweist. Zu einer verantwortungsbewussten Begleitung wichtiger Lernprozesse gehört nicht zuletzt auch die Fähigkeit sich gegen teils verständliche, altersbedingte Widerstände konsequent durchsetzen zu können.

16. *Überambitionierte Eltern*

Wie in vielen anderen Lebensbereichen auch, so gibt es im schulischen Umfeld ebenfalls extreme Polarisierungen, unter denen schlussendlich alle Beteiligten – allen voran viele Kinder – zu leiden haben.

Einerseits gibt es Eltern, die sich entweder gar nicht oder nur höchst unzureichend um die schulische Entwicklung ihrer heranwachsenden Kinder und Jugendlichen kümmern.

Anderseits gibt es jedoch nicht selten überambitionierte Eltern, die zuweilen an den nachweisbaren Kernproblemen schulischer Defizite vorbei argumentieren, so dass oftmals deren Kinder erkennbar unter einem übermäßigen Leistungsdruck zu leiden haben.

Beide Extreme sind schlecht, denn sie tragen auf unterschiedliche Art und Weise dazu bei, dass viele Kinder nicht in deren individuell möglichen und belastbaren Rahmen gefördert bzw. gefordert werden.

Im Fall nicht vorhandenen oder mangelnden Interesses am schulischen Fortkommen der Kinder handelt es sich um eine Form der Verwahrlosung, die in der Konsequenz vorhersehbar zumeist dazu führt, dass solche Kinder unter ihren faktisch möglichen Leistungen bleiben, die – gäbe es eine vernünftige Förderung – oftmals sehr wohl möglich wären.

Im Fall überambitionierter Eltern leiden Kinder und Jugendliche nicht selten unter einem zunehmend krankmachenden Leistungsdruck, der sie auf die Dauer überfordert.

In beiden Fällen gibt es sehr wohl nachvollziehbare Gründe für das Verhalten von Eltern, die zumeist wohl kaum in „böser Absicht" so agieren, wie sie es mitunter tun, sondern vielmehr ist es oftmals eine Mischung aus Unwissen und Angst, die Eltern so handeln lässt, wie es oftmals zu beobachten ist.

In einer Zeit wie der unsrigen, in der mehr und mehr Lebensbereiche erkennbar vorwiegend nur noch materiellen und kommerziell motivierten Interessen untergeordnet werden, überrascht es nicht, dass sich ebenso diffuse wie konkrete Ängste um den späteren beruflichen Erfolg eigener Kinder in den Vordergrund der Betrachtung drängen.

Ängste jedoch sind nahezu niemals gute Ratgeber für kluge und zukunftsweisende Entscheidungen.

Schon Grundschulkindern wird – mehr oder weniger subtil – das Gefühl vermittelt, dass sie nur dann als Mensch wertvoll seien, wenn sie das Abitur anstreben. Das erzeugt nicht selten tiefsitzende und sich verhängnisvoll auswirkende Ängste, da sich viele Kinder als minderwertig erleben, wenn es ihnen – aus welchen Gründen auch immer – nicht gelingt, eine „Empfehlung für den Besuch eines Gymnasiums" zu bekommen.

Verstärkt wird dieser Leistungsdruck oftmals noch dadurch, dass manche Eltern – sicher nicht ganz zu unrecht – darauf aufmerksam machen, dass sehr viele, vor allem noch zukunftsträchtige Berufe – ohne Abitur kaum bzw. gar nicht mehr ergriffen werden können.

Für viele Berufe, bei denen noch vor ca. 20 Jahren ein guter Haupt- oder Realschulabschluss ausgereicht hätte, gelten schon längst neue Zugangsvoraussetzungen; im Klartext: das Abitur.

Somit ist einerseits durchaus verständlich, dass wohl die meisten Eltern – aus guten Gründen – fürchten, dass das eigene Kind ohne Abitur kaum mehr gute Chancen auf einem sich immer schneller und radikalerer verändernden Arbeitsmarkt haben könnte.

Anderseits wird bei solchen Überlegungen oftmals übersehen, dass es aus sprichwörtlich „natürlichen Gründen" eben auch individuelle Leistungsgrenzen gibt, die sich – so bedauerlich das auch sein mag – nicht bei jedem Kind nach Belieben in Richtung solcher Leistungen erweitern lassen, die dann eine berechtigte Hoffnung auf das Bestehen des Abiturs sinnvoll begründen könnten.

Insofern gibt es ein Dilemma: Einerseits ist Fakt, dass das Abitur für immer mehr Berufe eine elementare und unverzichtbare Eingangsvoraussetzung geworden ist. Anderseits wird leider nur zu oft vergessen, dass sich der Wert eines Kindes oder Jugendlichen primär nicht danach bemessen sollte, ob es gelingt das Abitur zu schaffen, sondern vielmehr danach, welche menschlichen Qualitäten vorhanden sind, die sich mit keinem noch so wohlklingenden Schulabschluss erfassen lassen.

Abgesehen davon ist längst klar, dass das Niveau des Abiturs schon seit geraumer Zeit signifikant abgenommen hat. Nicht nur eine seit etwa schon Mitte der 90er Jahre zu beobachtende „Inflation guter und sehr guter Noten", sondern auch die immer wieder seitens vieler Ausbildungsbetriebe sowie seitens vieler Universitäten zu recht beklagten Defizite hinsichtlich oftmals elementarster Kenntnisse in den wichtigen Kernbereichen Mathematik, Deutsch, Naturwissenschaften usw. sind es, die überdeutlich zeigen, dass das Abitur jüngeren Datums zumeist qualitativ nicht mehr vergleichbar ist mit den Abiturabschlüssen früherer Jahrzehnte.

Von daher sind Eltern gut und klug beraten, zu erkennen, dass es einerseits zwar sinnvoll sein kann den eigenen Kindern das Abitur zu ermöglichen, zugleich jedoch unbedingt darauf zu achten, dass eine solche Zielvorstellung nicht zum unreflektierten Selbstzweck mutiert, unter dem dann vor allem die so drangsalierten Kinder zu leiden haben.

Die nicht mehr ernsthaft zu übersehenden Umwälzungen, die wir in dieser Zeit auf verschiedenen, zumeist höchst elementaren Lebensfeldern erleben, lassen sich bestimmt nicht dadurch klug und zielsicher meistern, indem das Hauptaugenmerk nur noch darauf gerichtet sein wird mehr und mehr „willenlose Sklavinnen und Sklaven für ein längst als im Kern geisteskrankes, kapitalistisches erkanntes Wirtschaftssystem zu produzieren", sondern vielmehr dadurch, dass wir den Hauptfokus unseres Denkens und Handelns endlich konkret und aktiv danach ausrichten, zu erkennen, was schlussendlich wirklich wichtig für unser Leben und für das Große Ganze sein wird.

Die Herausforderungen, denen wir uns gegenübersehen, haben fürwahr eine höchst bedrückende Dimension erreicht, die – so steht zu befürchten – von den meisten Menschen noch gar nicht in der zu erwartenden Tragweite erkannt sein dürfte.

Fortschreitende Digitalisierung, Künstliche Intelligenz (KI), Robotik, Gentechnik u. v. m., das alles sind schon längst keine zu vernachlässigenden Nebenschauplätze mehr. Vielmehr zeichnet sich am Horizont eine Entwicklung ab, die eigentlich jeden informierten und mitdenkenden Menschen erkennen lassen müsste, dass es inzwischen „ans Eingemachte" geht.

Konkret: War es in zurückliegenden Jahrzehnten und Jahrhunderten noch so, dass neue Erfindungen zumeist vorwiegend mechanische Erleichterungen für die Menschen zur Folge hatten, so zeichnet sich in unserer aktuellen Zeit eine ebenso faszinierende, wie zugleich aber auch hochgradig beängstigende Entwicklung ab, bei der es eben primär nicht mehr darum geht, mechanische Verrichtungen zu automatisieren, sondern vielmehr darum, mehr und mehr Lebensbereiche durch eine Vernetzung von Künstlicher Intelligenz und Robotik zu beherrschen, die in immer schnellerem Tempo klassische Arbeitsplätze in einer Größenordnung vernichten werden, mit ungeahnten, höchst bedenklichen Konsequenzen.

Die nicht selten gebetsmühlenartig zu hörende bzw. zu lesende Argumentation, die nur zu gern suggerieren möchte, dass doch durch solche neue Technologien auch neue Arbeitsplätze entstünden, greift definitiv viel zu kurz.

Warum? Nun, ja, es ist richtig, dass eine zunehmende Digitalisierung sowie ein zunehmender Einsatz Künstlicher Intelligenz einerseits neue Arbeitsplätze schaffen wird. Allerdings wird bei einer solchen Argumentation nur zu gern immer wieder vergessen darauf aufmerksam zu machen, dass es sich bei neu zu schaffenden Arbeitsplätzen nahezu durchweg um solche handelt, die erhebliche höhere Qualifikationen verlangen, so dass aus verständlichen Gründen nur vergleichsweise wenige Menschen, die bisher in „klassischen Berufen tätig waren", den deutlich höheren Anforderungen an intellektuelle Fähigkeiten entsprechen können. Zudem hinkt das Argument auch dahingehend, dass die absoluten Zahlen hinsichtlich neu zu schaffender Arbeitsplätze nicht einmal ansatzweise die Zahl der dann zuvor vernichteten Arbeitsplätze kompensieren kann bzw. wird.

Um ein mögliches Missverständnis sogleich auszuräumen, sei gesagt, dass es hier nicht darum geht pauschal und grundsätzlich zukunftsweisende Technologien abzulehnen; nein, das wäre ebenso töricht wie ignorant.

Sehr wohl aber gilt es zu erkennen, dass wir gesamtgesellschaftlich an einer höchst fundamentalen Weggabelung stehen, bei der es darum geht, vorurteilsfrei, klug und besonnen zu fragen, ob es ernsthaft verantwortbar ist, einen Weg zu beschreiten, bei dem schon im Vorfeld klar ist, dass er soziale Verwerfungen bisher ungeahnten Ausmaßes zur Folge haben wird, die vermutlich kaum mehr beherrschbar sein werden...?!

Wenn wir unseren Kindern und Jugendlichen schon frühzeitig das Gefühl vermitteln, wesentlicher Sinn und Zweck ihres Lebens sei es den Hauptfokus vorhandener Energie primär nur noch auf ein Ziel auszurichten (hier: das Abitur), unter gleichzeitiger Missachtung altersgerechter Bedürfnisse (hier: als Kind auch Kind sein zu dürfen...), dann schaden wir damit zunächst den betreffenden Kindern, und schlussendlich auch uns allen, da wir dann nämlich einen Trend fortsetzen, von dem längst klar sein sollte, dass er ein „Weg nach Nirgendwo" sein wird.

Jeder Erwachsene, der nicht gänzlich als uninformierter, ignoranter Zombie durch diese in weiten Teilen zunehmend geisteskranke Welt geht, müsste sich doch eigentlich mal sehr ernsthaft die Frage stellen, wie es wohl sein kann, dass die Zahl psychischer Erkrankungen (Stichwort: Burnout) innerhalb der letzten ca. 10 – 12 Jahre um bis zu 300 % gestiegen ist?!

Ist es nicht erschreckend und bedenklich zugleich, zu sehen, dass mehr und mehr Kinder schon in den Grundschulen unter psychischen Störungen leiden, und das in einem Ausmaß, das sehr deutlich jenseits eines noch halbwegs „normalen" Rahmens angesiedelt ist?

Müssten nicht bei allen noch verantwortlich agierenden Eltern und Lehrkräften sämtliche Alarmglocken schrillen, wenn man nahezu täglich vor Augen geführt bekommt, dass mehr und mehr Kinder den zuweilen überambitionierten Anforderungen seitens mancher Eltern nicht mehr nachkommen können, und sich stattdessen in psychische Erkrankungen „flüchten", da sie schlichtweg keinen anderen Ausweg mehr sehen?

Wie in so manchen anderen Lebensbereichen auch, so fehlt hier zuweilen schlichtweg eine lebenskluge Balance zwischen einem sinnvollen und notwendigen Fördern einerseits, und einem bewussten Erkennen-wollen, dass eben nicht jedes Kind über ein Leistungspotenzial verfügt, das zum Erlangen des Abiturs ausreicht, anderseits.

17. *Digitalisierung ersetzt keine Pädagogik*

Schaut man sich an mit welcher geradezu wahnwitzigen Vehemenz eine fortschreitende Digitalisierung auch im Umfeld der Schulen betrieben wird, kann man sich des Eindrucks nicht mehr erwehren, dass weite Teile „führender" und „entscheidender" Köpfe in unserem Land den Kompass für das Wesentliche gänzlich verloren zu haben scheinen.

Warum?

Nun, keine noch so smarte Aufrüstung mit Tablets, Smartphones und sonstigen digitalen „Beglückungen" kann und wird das ersetzen, was eine humane Pädagogik zu leisten vermag bzw. leisten sollte.

Selbstverständlich ist es gut und wichtig, dass heranwachsende SchülerInnen den Umgang mit neuen Kommunikationstechnologien erlernen, da diese schließlich in einem zunehmenden Maße das eigene Berufsleben bestimmen werden. Völlig klar.

Geradezu irre ist es dagegen, wenn immer häufiger und immer lauter der Eindruck erweckt wird, alles und jedes im Umfeld schulischer Bildung müsse – koste es, was es wolle – digitalisiert werden.

Gute Bildung wird nicht etwa dadurch erreicht, indem schon Kinder im Grundschulalter mit Technologien traktiert werden, die sie allein schon aus altersbedingten Gründen nicht selten völlig überfordern, sondern vielmehr dadurch, indem leibhaftige LehrerInnen den Kindern Wege aufzeigen, wie sich in einem schier unendlichen Wissensdschungel etwas erwerben lässt, das dann auch dazu berechtigt von Bildung sprechen zu können.

Schaut man sich heutzutage einmal an, wie in vielen Schulen Kinder und Jugendliche an den Wissenserwerb herangeführt werden, fällt immer häufiger auf, dass wir eine Copy-and-Paste-Generation heranzüchten bzw. bereits herangezüchtet haben.

Zum Erwerb einer möglichst umfassenden Bildung bedarf es weniger und schon erst recht nicht primär einer Fähigkeit, zu wissen, wir sich ziel- und regellos beliebige Begriffe im Internet möglichst schnell recherchieren lassen, sondern vielmehr geht es darum, zu erlernen, wie ein Thema systematisch erarbeitet und dessen inhaltlicher Tiefe durchdrungen werden kann.

Nicht wenige Hausaufgaben bzw. Referate von Schülerinnen und Schülern entpuppen sich bei näherer Betrachtung oftmals lediglich als eine mehr oder wenig regellos zusammengestellte Ansammlung kopierter Texte, die zuvor dem Internet entnommen wurden.

Wie wenig sich so manche SchülerInnen faktisch mit den jeweils „bearbeiteten" Themen befasst haben, merkt man spätestens dann, wenn differenziertere Fragen zur inhaltlichen Bedeutung bzw. zu komplexeren Sinnzusammenhängen gefordert werden. Nicht selten zeigt sich dann, dass gestellte Hausaufgaben bzw. Referate vorwiegend nur „heiße Luft" enthalten, wobei die wesentliche Substanz eines zu bearbeitenden Themas nicht selten unberücksichtigt bleibt.

Dies nun den Schülerinnen und Schülern vorzuwerfen, wäre weder sinnvoll noch fair. Schließlich wachsen Kinder und Jugendliche unserer Zeit in eine Welt hinein, in der ihnen mehr und mehr suggeriert wird, Lernen bedeute im Kern, sich zu erarbeitende Wissensinhalte jeweils nur schnell aus dem Internet zu kopieren, ohne jedoch eine vor allem auch inhaltliche Durchdringung anzustreben.

In diesem Zusammenhang wird immer deutlicher, dass das sog. „Bulimielernen", bei dem SchülerInnen geradezu dazu konditioniert werden, nur noch jeweils für kurzfristig anstehende Klausuren oder Prüfungen zu lernen, ein systembedingtes Problem darstellt.

Das, was eine gute Bildung ausmacht, nämlich ein bewusst praktiziertes Verstehen-wollen komplexer Zusammenhänge, wird nicht selten schon im Keim erstickt, weil unsere SchülerInnen mehr und mehr in ein Lernkorsett gezwängt werden, bei dem es im Kern vor allem nur noch darum zu gehen scheint, weitere, möglichst unkritische und willenlose Sklavinnen und Sklaven für ein längst im Kern geisteskrankes Wirtschaftssystem zu produzieren, die oftmals gar nicht mehr spüren, dass sie von Mächten missbraucht werden, denen sie zunehmend hilflos ausgeliefert werden.

Zum Aufbau guter Bildung gehört eben keineswegs nur ein mehr oder weniger stupides Ansammeln oftmals zusammenhanglos erscheinender Daten, wie sie vorwiegend in schier unzähligen Quizshows abgefragt werden, sondern entscheidend und vor allem bedarf es menschlicher Vorbilder, die Kindern und Jugendlichen die Möglichkeit bieten, zu lernen, wie sich ein ebenso notwendiges wie wünschenswertes Verständnis für komplexere Zusammenhänge systematisch und konsequent erwerben lässt.

Nicht ohne gute und nachvollziehbare Gründe weisen auch namhafte Wissenschaftler, wie beispielsweise die renommierten Hirnforscher, Prof. Dr. Dr. Spitzer und Prof. Dr. Dr. Gerald Hüther in vielen ihrer Publikationen darauf hin, wie geradezu irrwitzig und verantwortungslos es ist, nicht selten unreflektiert eine immer schneller voranschreitende Digitalisierung im Bildungswesen als unverzichtbar bzw. als Allheilmittel anzupreisen, obwohl längst durch viele Studien belegt ist, wie extrem schädlich sich ein zügelloser und unreflektierter Umgang mit so allerlei neuen Kommunikationstechniken (Stichwort: Inflationärer Umgang mit Smartphones usw.) auf die Gehirnentwicklung von Kindern und Jugendlichen auswirkt.

Beispielhaft seien hier folgende Publikationen genannt, in denen interessierte LeserInnen weitergehende Informationen zu diesem sehr bedeutungsvollen Thema finden:

Prof. Dr. Dr. Manfred Spitzer
Die Smartphone-Epidemie: Gefahren für Bildung, Gesundheit und Gesellschaft
ISBN: 978-3608963687

Prof. Dr. Dr. Manfred Spitzer
Digitale Demenz: Wie wir uns und unsere Kinder um den Verstand bringen
ISBN: 978-3426300565

Prof. Dr. Dr. Manfred Spitzer
Cyberkrank!: Wie das digitalisierte Leben unsere Gesundheit ruiniert
ISBN: 978-3426301043

Prof. Dr. Dr. Gerald Hüther
Mit Freude lernen – ein Leben lang: Weshalb wir ein
neues Verständnis vom Lernen brauchen. Sieben
Thesen zu einem erweiterten Lernbegriff und eine
Auswahl von Beiträgen zur
ISBN: 978-3525701829

Prof. Dr. Dr. Gerald Hüther
Etwas mehr Hirn, bitte: Eine Einladung zur
Wiederentdeckung der Freude am eigenen Denken
und der Lust am gemeinsamen Gestalten
ISBN: 978-3525404645

Prof. Dr. Dr. Gerald Hüther
Bedienungsanleitung für ein menschliches Gehirn
ISBN: 978-3525014646

Sehr zu empfehlen ist auch die interessante
Internetpräsenz von Herrn Prof. Dr. Dr. Gerald Hüther:

https://www.gerald-huether.de/

Anstatt dass so manche der „entscheidenden"
BildungspolitikerInnen sich mehr und mehr in den Sog
einer Digitalisierungshysterie begeben, wäre es
vielmehr angezeigt, nähmen diese die längst bekannten
Warnungen führender Hirnforscher endlich zur
Kenntnis, die überdeutlich aufzeigen, dass eine immer
schneller voranschreitende, unreflektierte und zügellose
Digitalisierung schlussendlich ein Weg nach Nirgendwo
sein wird.

Sehr viel wichtiger, als eine nur allzu oft kritiklose
Propagierung einer zunehmenden Digitalisierung im

Bildungsbereich, wäre es, die ebenso unleugbaren wie teils höchst bedenklichen Konsequenzen zu beleuchten, die sich aus einer „neuen Pädagogik" ergeben, die diese Bezeichnung oftmals nicht mehr wirklich verdient.

Entscheidend wäre, konzentrierte sich der Hauptfokus pädagogischer Bemühungen entscheidend vor allem wieder darauf, Kindern und Jugendlichen den Weg zu dem zu eröffnen, was die Bezeichnung „Bildung" auch nachweislich verdient.

Dazu bedarf es primär weniger immer mehr Smartphones und sonstiger „digitaler Beglückungen" im schulischen Umfeld, sondern vor allem bedarf es genau solcher Lehrkräfte – ja, die gibt es zum Glück sehr wohl auch noch – die sich auf ihr Kerngeschäft konzentrieren, das darin begründet ist, Kinder und Jugendliche zu kritischen, zur Differenzierung fähigen und selbstbestimmten Mitgliedern unserer Gesellschaft zu machen, die dazu in der Lage sind, zu erkennen, dass zum Erwerb einer guten und breit angelegten Bildung sehr viel mehr vonnöten ist, als eine nur allzu oft vorschnell und kritiklos betriebene Digitalisierung im schulischen Umfeld.

Keineswegs geht es darum neue Technologien, die sich sprichwörtlich „natürlich weiterentwickeln" pauschal abzulehnen. Das wäre ebenso töricht wie unangemessen.

Sehr wohl aber sollte der Blick dafür geschärft werden, deutlich zu unterscheiden zwischen solchen Situationen, bei denen uns die Digitalisierung hilfreiche Dienste erweisen kann, und solchen, die uns mehr und mehr in ein höchst bedenkliches Fahrwasser bringen, das schlussendlich wohl kaum ein Mensch ernsthaft möchte.

Seit geraumer Zeit fällt auf, dass sowohl weite Teile der Politik, als auch der Wirtschaft verstärkt darauf drängen, dass unsere Schulen schnellstmöglich digitalisiert werden sollen.

Nicht selten werden solche Forderungen von geradezu euphorischen Erwartungshaltungen geprägt, die sich aus verständlichen Gründen so nicht bzw. kaum erfüllen lassen.

Es drängt sich der Eindruck auf, dass nicht wenige, der sprichwörtlich „entscheidenden" Leute bisher nicht ernsthaft genug über den sich hier anbahnenden Paradigmenwechsel nachdenken, der mit einer allzu vorschnell betriebenen Digitalisierung unserer Schulen verbunden sein wird. Symptomatisch in diesem Zusammenhang ist der Ausspruch des FDP-Chefs, Christian Lindner, der sinngemäß sagte: *„Digitalisierung first - Bedenken second."* Darin drückt sich eine sehr bedenkliche Geisteshaltung aus, die offenbar den Verlockungen einer ungezügelten und unkritischen Digitalisierung im Bildungsbereich Vorschub leistet.

Jedem, der mit wachem Verstand durch unsere Welt geht, müsste z. B. schon aufgefallen sein, dass sich immer mehr Menschen – zumeist unreflektiert – einem Digitalisierungswahn hingegeben haben, indem so allerlei Gerätschaften – sogar freiwillig - „ins Haus geholt werden", ohne auch nur mal ansatzweise ernsthaft darüber nachzudenken, welche teils gefährlichen Spione man sich damit „an Land zieht", die in der Konsequenz systematisch und schleichend dazu führen, dass sich unsere Gesellschaft mehr und mehr in einen totalitären Überwachungsstaat verwandeln wird, bzw. das in weiten Teilen bereits hat.

Exemplarisch sei hier nur das von Amazon vertriebene System mit dem harmlos klingenden Namen, ALEXA, genannt.

Jeder, der sich – noch dazu freiwillig – solche Systeme anschafft, sollte sich nicht wundern, mehr und mehr zum „Gläsernen Menschen" zu werden, für den es so etwas höchst Wertvolles wie eine geschützte Privatsphäre schon bald so nicht mehr geben wird.

Immanuel Kant drehte sich vermutlich „im Grabe um", wüsste er, dass unsere Gesellschaft – ohne Not – einen höchst bedenklichen und verhängnisvollen Weg eingeschlagen hat, bei dem immer mehr Menschen die durch die Aufklärung mühsam erarbeitete Autonomie Stück um Stück aufgeben.

Auch der leider im Jahr 2018 verstorbene Astrophysiker, Stephen Hawking, machte auf einen elementaren Zusammenhang aufmerksam, der wie folgt begründet wird: Einerseits verfügen wir Menschen infolge der rasanten Weiterentwicklung unserer Gehirne über grandiose Möglichkeiten, neue und zukunftsweisende Technologien entwickeln zu können. Zugleich ist aber in vielen Bereichen zu beobachten, dass bedenklicherweise die Weisheit im Umgang mit neuen Technologien nicht im gleichen Maße gewachsen ist. Somit leben wir als Menschheit zunehmend in einem sich zuspitzenden Spannungsfeld, das uns erkennbar immer mehr und immer größere Schwierigkeiten bereiten wird.

Beispiele dafür müssten für jeden nicht gänzlich unwissenden und ignoranten Menschen längst überdeutlich erkennbar sein. Aus der Fülle bedenklicher Beispiele sei hier nur mal das folgende genannt:

Obwohl eigentlich jeder informierte Mensch wissen sollte, dass auch und vor allem der immer weiter zunehmende Flugverkehr extrem schädlich für unsere Umwelt ist, scheint das nur vergleichsweise wenige Leute ernsthaft zu interessieren.

Wie sonst sollte man ernsthaft erklären, dass immer wieder unverhältnismäßig viele Leute – wie selbstverständlich – Flugreisen in Anspruch nehmen, bei denen doch klar ist, dass schon ein einziger Flug pro Person so viel Schadstoffe emittiert, wie dies z. B. während eines gesamten Jahres mit einem PKW der Fall ist.

Ja, es ist sicher beeindruckend und schön mit einem modernen Düsenjet unterwegs sein zu können, der schon längst mit so dermaßen viel Technik überfrachtet ist, dass den Piloten zunehmend nur noch eine mehr oder weniger zentrale Statistenrolle zukommt. Doch bleibt bei einer allzu vorschnellen Bewunderung eines vermeintlichen Fortschritts, der in unserer Zeit auch und vor allem durch eine wachsende Digitalisierung forciert wird, das wirklich Wesentliche auf der Strecke: die entscheidende Frage, brauchen wir das alles überhaupt bzw. wollen wir das alles so überhaupt, wie es uns die Digitalisierungspropheten zu suggerieren versuchen?

Übertragen auf den Bildungsbereich kann das nur bedeuten, dass es allerhöchste Zeit wird, dafür zu sorgen, dass wertvolle pädagogische Konzepte nicht in einem immer schnelleren Tempo auf dem „Altar des Digitalisierungswahns" geopfert werden.

Es wäre dringend notwendig, dass neu zu entwickelnde Lernprogramme nicht nahezu ausschließlich von IT-Spezialisten entwickelt werden, sondern entscheidend auch und vor allem unter tatkräftiger Mitarbeit und Beratung sachkundiger Pädagoginnen und Pädagogen, die weniger die technischen Raffinessen, als vielmehr wertvolle pädagogische Konzepte im Hinterkopf haben, die dann auch maßgeblich in die Implementierung neuer Lernsoftware integriert werden sollten.

Es liegt in der Natur der Sache begründet, dass sich die Art des Lernens signifikant verändern wird, sobald mehr und mehr neuartige Lernprogramme in das Unterrichtsgeschehen integriert werden. Daran ist zunächst einmal auch nichts falsch. Sehr wohl aber müsste deutlicher intensiver und konsequenter als bisher darauf geachtet werden, dass nicht primär IT-Spezialisten maßgebliche Lernprozesse steuern, sondern vielmehr dafür ausgebildete Pädagoginnen und Pädagogen.

Fundamental entscheidend ist auch der Gedanke, dass schulische Bildung maßgeblich dazu beitragen sollte, sich bewusst zu machen, dass Menschen autonom und aufgeklärt denken und handeln können sollten. Dann, und nur dann, wenn SchülerInnen lernen, wie all' die vermeintlichen „Segnungen des Digitalisierungswahns" im Kern wirken, können sie deren Folgen auch altersgemäß sachkundig einschätzen.

Die bloße Nutzung von Smartphones und weiteren elektronischen Gerätschaften befähigt SchülerInnen noch lange nicht dazu, ernsthaft einschätzen zu können, welche ebenso unbestreitbaren, wie zunehmend sichtbar werdenden negativen Konsequenzen ein oftmals unkritischer, zügelloser und nicht selten süchtig machender Gebrauch von Smartphones auf das Lernverhalten sowie auch auf die Persönlichkeitsentwicklung haben wird.

Dazu bedarf es vor allem einer immer wieder beschworenen „Medienkompetenz", die sich eben nicht – wie bisher – primär nur darauf fokussiert, zu wissen, wie elementare Funktionen eines Smartphones zu bedienen sind. Vielmehr sollten und müssen SchülerInnen gezielt darin unterrichtet werden, zu erkennen, welche teils manipulierenden Kräfte im Hintergrund tätig sind, um mehr und mehr Menschen zu willenlosen Digitalsklaven zu degradieren, die vielfach erst gar kein Gespür mehr dafür entwickeln, zu merken, dass sie schon längst jeder Autonomie beraubt worden sind.

LeserInnen, die sich intensiver mit dieser enorm wichtigen Thematik befassen möchten, seien u. a. auf das höchst lesenswerte, sehr kluge und sachkundige Buch von Prof. Richard David Precht mit dem Titel „Jäger, Hirten, Kritiker", verwiesen.

Es wird allerhöchste Zeit, dass deutlich mehr Menschen endlich erkennen, dass wir uns mitten in einer Kulturrevolution bisher ungeahnten Ausmaßes befinden, die vor allem durch eine sich immer schneller ausbreitende Digitalisierung – befeuert durch die rasante Entwicklung im Bereich der KI (Künstliche Intelligenz) – in nahezu alle Lebensbereiche vordringen wird.

Eine bisher mehrheitlich zu beobachtende, unwissende, euphorische und geradezu sträflich naive Begeisterung für den sich abzeichnenden Digitalisierungswahn, wird sich als höchst beängstigender Bumerang herausstellen, der sich schon bald nicht mehr wird aufhalten lassen.

Leute, es wird Zeit, dass Ihr endlich aufwacht!

Schulischer Erfolg hängt primär eben nicht davon ab, ob bzw. in welchem Ausmaß mehr und mehr Lernbereiche durch neue Konzepte einer zunehmenden Digitalisierung gesteuert werden, sondern vielmehr davon, ob bzw. inwieweit LehrerInnen auf der Grundlage ausgereifter und erprobter pädagogischer Konzepte dazu willens und in der Lage sind, SchülerInnen vor allem auch im Bereich der Persönlichkeitsentwicklung zu fördern. Dazu bedarf es vor allem persönlicher Vorbilder sowie auch immer wieder zu führender Gespräche, die keine noch so trickreich implementierte KI zu ersetzen in der Lage ist.

Diverse Studien haben klar belegt, dass es zwar sehr wohl einzelne Teilbereiche gibt – z. B. im Rahmen des Fremdsprachenunterrichts – bei denen neuartige Apps (Programme) nützliche und hilfreiche Unterstützung zu leisten vermögen. Anderseits ist es aber so, dass der weitaus überwiegende Teil anderer Lernbereiche, bei denen es vor allem und entscheidend auch auf das Erlernen selbstkritischer Reflexion ankommt, nicht durch neuartige Apps sachgerecht und angemessen unterstützt wird. Dazu bedarf es – noch immer – leibhaftiger LehrerInnen, die den Schülerinnen und Schülern zeigen, warum auch und gerade im Zeitalter fortschreitender Digitalisierung eigens, selbstkritisches Denken dringend notwendig ist, um nicht einem ebenso bedenklichen wie schleichenden Prozess subtiler Manipulation seitens „finsterer Kräfte" anheimzufallen.

Nur allzu oft hört und liest man heutzutage, dass der inzwischen inflationäre Gebrauch von Smartphones bei Kindern und Jugendlichen ein klarer Beweis dafür sei, dass solche elektronischen Geräte vor allem zur Wissensvermittlung verwendet würden. Jeder, der mit wachem Verstand sein Umfeld aufmerksam beobachtet, wird vielmehr feststellen, dass sich der weitaus größte Teil typischer Anwendungen weniger auf das Recherchieren relevanter Wissensgebiete bezieht, sondern vielmehr darauf, dass in einem erschreckend hohen Ausmaß nur Banalitäten sowie geistige Ausschussware kommuniziert werden.

Nicht zuletzt hat sich durch den inflationären Gebrauch von Smartphones auch das generelle Kommunikationsverhalten in einem höchst bedenklichen Ausmaß verändert. Nicht wenige Kinder, Jugendliche – ja, und auch Erwachsene – sind erkennbar kaum mehr dazu in der Lage, einige wenige, zusammenhängende Sätze zu formulieren, da sie im Zuge des Abkürzungswahns verlernt haben, eigene Gedanken klar und logisch zu formulieren, geschweige denn, diese dann in einigen zusammenhängenden Sätzen zum Ausdruck zu bringen.

Nicht wenige Kinder und Jugendliche fühlen sich schon sichtlich überfordert, wenn sie mitunter selbst einfachste Texte lesen bzw. verstehen sollen, die aus mehr als nur wenigen Satzfragmenten bestehen. Allerdings darf und sollte das nicht den bemitleidenswerten Kindern und Jugendlichen zum Vorwurf gemacht werden, sondern vielmehr genau solchen „Bildungs"-politikern, die im Zuge des Digitalisierungswahn offenbar gar nicht mehr merken, dass wir als Gesellschaft einen Weg eingeschlagen haben, bei dem zuvor als wertvoll erkannte Basisfähigkeiten systematisch degeneriert werden, indem schon Kinder in unverantwortlicher Art und Weise viel zu früh mit Kommunikationstechniken torpediert werden, zu deren sachgerechter und konstruktiver Nutzung ihnen aus naheliegenden Gründen die persönliche Reife fehlt. Auf der Strecke bleiben – wie sich auch und vor allem schon im

Grundschulbereich zeigt – elementare Techniken des Lesens und Schreibens.

Das, was hier führende BildungspolitikerInnen unseren Kindern und Jugendlichen antun, ist im höchsten Maße verantwortungslos und zudem äußerst dumm.

Anstatt schon kleine Kinder mit Smartphones und so allerlei anderen elektronischen „Beglückungen" zu traktieren, wäre es erheblich sinnvoller und notwendiger, würden Kinder in der Grundschule – wie in zurückliegenden Jahrzehnten – zunächst einmal dahingehend unterrichtet, altersgemäß ordentlich lesen und schreiben zu können.

Damit ist nicht gemeint, dass nicht auch schon Grundschulkinder sehr wohl etwas über den Umgang mit neueren Kulturtechniken lernen sollten; allerdings – und genau das ist *der* entscheidende Aspekt – es sollte einerseits altersgemäß geschehen, anderseits sollte es in einem zeitlich nur sehr moderaten Ausmaß praktiziert werden, so dass nicht wertvolle Lernzeit für die Basisfähigkeiten wie das Lesen und Schreiben an anderen Stellen fehlt.

Digitalisierung ist und darf kein Selbstzweck sein, von dem vor allem nur eine eher verschwindend kleine Gruppe der Globalplayer profitiert, die uns allen weismachen wollen, es sei unumgänglich, dass immer weitere Teile unserer Lebenswirklichkeit nur noch durch die „Segnungen" einer fortschreitenden Digitalisierung verbessert werden könnte.

Jeder, der kritisch auf dieses Thema schaut, müsste erkennen, dass wir uns als Gesellschaft gegen eine solche kollektive Verblendung zur Wehr setzen sollten!

18. Ungerechte Startbedingungen

In kaum einem anderen europäischen Land sind die Startbedingungen für eine schulische Laufbahn eines Kindes so signifikant von der Herkunft geprägt, wie in der Bundesrepublik Deutschland.

Kinder, die aus zumeist wohlbehüteten Akademikerhaushalten stammen, haben eine statistisch signifikant bessere Chance zum Besuch eines Gymnasiums; und somit die Möglichkeit, Abitur machen zu können, als das Kindern möglich ist, die aus Haushalten stammen, die nicht einem akademisch geprägten Milieu entspringen.

Dabei ist längst klar, dass Kinder aus Akademikerhaushalten nicht grundsätzlich als klüger oder begabter eingestuft werden können, als Kinder, die aus anderen gesellschaftlichen Schichten stammen.

Auffällig oft ist schon im Grundschulbereich festzustellen, dass auch und vor allem akademisch gebildete Eltern - koste es, was es wolle – unbedingt erzwingen möchten, dass das eigene Kind eine Empfehlung zum Besuch eines Gymnasiums erhält; auch dann, wenn sich zeigt, dass die gezeigten Leistungen eher nicht zum Besuch eines Gymnasiums geeignet erscheinen.

Nicht selten ist es so, dass akademisch gebildete Eltern die Möglichkeit zum Besuch eines vom Gymnasium abweichenden Schultyps für ihr eigenes Kind erst gar nicht in Betracht ziehen. Gründe dafür könnten vermutlich darin zu suchen sein, dass es solche Eltern womöglich als peinlich empfinden, dass die gezeigten Leistungen im Grundschulbereich objektiv nicht ausreichen, um eine seriöse Empfehlung zum Besuch eines Gymnasiums zu erhalten.

Anderseits könnte es daran liegen, dass akademisch gebildete Eltern insgeheim schon einen „Lebensplan" für das eigene Kind im Hinterkopf haben, derart, dass das leibliche Kind dem eigenen Karriereweg nacheifern soll, für den das Abitur ein unverzichtbares Muss darstellt.

Ein dritter Grund, der allerdings nicht spezifisch nur für akademisch gebildete Eltern vorliegen könnte, ist darin zu sehen, dass sich viele Zugangsvoraussetzungen für so manche klassische Berufe im Laufe der letzten ca. 10 – 15 Jahre sehr deutlich verändert haben. Im Klartext: Für viele Berufe, für die noch vor etwa 20 Jahren ein guter Realschulabschluss ausreichte (z. B. Bankkaufleute), wird längst nahezu ausnahmslos das Abitur vorausgesetzt.

Das mag man bedauern, stellt aber längst eine nicht mehr zu leugnende Realität dar. Von daher ist es bedingt durchaus verständlich, dass Eltern nach Möglichkeit das Abitur für eigene Kinder anstreben.

Eine Idee am Rande: Ein wesentlicher Grund dafür, dass längst für viele klassische Ausbildungsberufe zwingend das Abitur verlangt wird, obwohl sich die Leistungsanforderungen in vielen klassischen Ausbildungsberufen wohl kaum signifikant gegenüber früheren Jahrzehnten erhöht haben, dürfte nicht zuletzt darin begründet sein, dass das Leistungsniveau im schulischen Bereich – somit auch das Abitur betreffend – seit geraumer Zeit sichtlich abgesenkt wurde. Von daher sehen sich offenbar – nicht zu unrecht – viele Ausbildungsbetriebe geradezu dazu genötigt, vorwiegend nur noch Abiturientinnen und Abiturienten zuzulassen, da das tatsächliche Leistungsniveau so mancher SchulabgängerInnen mit Abitur zuweilen eher nur noch dem Niveau guter RealschülerInnen früherer Jahrzehnte entspricht.

Es ist klar, dass dieser in weiten Teilen unübersehbare Leistungsrückgang nicht den SchülerInnen angelastet werden darf, denn sie wurden und werden schließlich in schulische Strukturen gepresst, deren Leistungsprofile an anderer Stelle definiert werden.

Ein wesentlicher Kerngedanke, den sich offenbar viele Eltern, LehrerInnen und nicht zuletzt auch SchülerInnen erst gar nicht mehr stellen, bezieht sich auf die unbestreitbare Erkenntnis, dass es schließlich kein persönlicher Verdienst eines Kindes ist, in einem akademisch gebildeten Elternhaus aufwachsen zu dürfen, und somit schon zu einem sehr frühen Zeitpunkt unzählige Vorteile – wie selbstverständlich – in Anspruch nehmen zu können, die den meisten Kindern aus weniger gebildeten Haushalten verwehrt bleiben.

Von daher wird es allerhöchste Zeit, dass deutlich mehr konkret praktizierte Bildungsgerechtigkeit seitens „entscheidender" Stellen auf den Weg gebracht wird.

Wieso sollten Kinder aus Akademikerhaushalten erkennbar immer wieder gegenüber anderen Kindern so auffällig bevorzugt werden, wenn es darum geht, hochwertigere Bildungschancen wahrnehmen zu können?

Wieso wird es Kindern aus zumeist auch finanziell überdurchschnittlich begüterten Akademikerhaushalten oftmals so überaus einfach gemacht, sündhaft teure

Privatschulen besuchen zu können, bei denen nicht selten dann auch genau solche Kinder zum Abitur „geführt" werden, denen dazu zuweilen objektiv die fachlichen und leistungsmäßigen Grundlagen fehlen?

Schon klar, dass hier der Verdacht nahe liegt, dass Privatschulen ein konkretes Interesse daran haben, dass die Kinder gut zahlender Eltern dann „um jeden Preis" zum Abitur „geschleust" werden; getreu dem Motto:

„Es wäre töricht, würde man die „Hand absägen, die einen füttert...".

Dass solche Machenschaften nicht pauschal gelten, dürfte selbstredend klar sein. Ebenso klar ist aber, dass es „ein Geschmäckle hat...", wenn man aus neutraler Warte mitunter sieht, dass SchülerInnen auf so mancher Privatschule zum Abitur „geschleppt" worden sind, obwohl erkennbar ist, dass die typischen Leistungsanforderungen zum ehrlichen Bestehen des Abiturs mitunter nicht erfüllt werden.

Weder ein akademischer Hintergrund der Eltern, noch eine finanziell überdurchschnittlich üppig ausgestattete Basis des Elternhauses eines Kindes sollte darüber entscheiden, ob ein Kind eine faire Chance zum Besuch eines Gymnasiums erhält, sondern einzig und allein die tatsächlich gezeigten Leistungen.

Dass wir in unserem Land noch sehr weit von diesem ebenso wünschenswerten wie fairen Ideal entfernt sind, lässt sich in der täglichen Schulpraxis immer wieder beobachten.

Es ist an der Zeit, diese verkrusteten Strukturen entschieden und sehr grundsätzlich aufzubrechen, damit wir in unserem Land von einer echten Bildungsgerechtigkeit sprechen können, die sich eben nicht nur in schönen Sonntagsreden manifestiert, bei denen Menschen aus Nichtakademikerfamilien „vorgeführt" werden, die es z. B. auch „nur" mit einem Hauptschul- oder Realschulabschluss „geschafft haben...".

Ja, solche Fälle gibt es auf jeden Fall. Doch sie stellen eben nicht den Regelfall dar, als vielmehr eher seltene Ausnahmen, die nur zu gern genau von solchen Leuten zitiert werden, die den für sie bequemen Staus Quo weiter zementieren möchten.

Ein Schelm, der Böses denkt...

Eine Gesellschaft, die Kinder schon in einer so frühen Lebensphase vorselektiert, so nach dem Motto: „Kinder aus Akademikerhaushalten ins Gymnasium, der ganze Rest in die Haupt- & Realschulen", darf sich nicht ernsthaft darüber wundern, dass sich unsere Gesellschaft als Ganzes immer weiter in zwei grundsätzlich verschiedene Lager spalten wird, die immer weniger gemeinsame Schnittstellen miteinander teilen.

Das ist ein zunehmend bedenklicher Trend, dem sich alle noch verantwortungsbewusst agierenden Eltern, LehrerInnen und BildungspoltikerInnen entschieden entgegenstellen sollten. Jetzt!

19. Elementare Merkregeln

Wie die vorangehenden Kapitel in diesem Buch hoffentlich gezeigt haben, sind es oftmals vor allem die vermeintlich „kleinen Dinge", deren permanente Nichtbeachtung entscheidend mit dazu beiträgt, dass es dermaßen viele beklagenswerte Zustände im schulischen und im familiären Umfeld gibt.

Es sind keineswegs immer sogleich aufwendige und zuweilen kostspielige Maßnahmen vonnöten, um signifikante Verbesserungen im Verhalten unserer Kinder und Jugendlichen zu erreichen. Vielmehr brauchen wir Eltern und LehrerInnen, die wieder konsequent und nachhaltig darauf achten, dass Kinder möglichst früh mit hilfreichen Regeln in Kontakt gebracht werden, deren primäres Ziel darin besteht, ein gedeihliches Miteinander überhaupt erst zu ermöglichen. Dazu bedarf es in den meisten Fällen keiner „endlosen Diskussionen über Selbstverständlichkeiten", sondern es ist wichtig, dass Kinder und Jugendliche ihre Eltern und ihre LehrerInnen wieder als Respektspersonen erleben, die kraft einer – im Idealfall – natürlichen und guten Autorität, sinnvolle und perspektivisch hilfreiche Anleitungen für eine an sozialen und empathischen Werten ausgerichtete Teilnahme am gesellschaftlichen Leben, vermitteln.

Eltern oder LehrerInnen, die selbst über keine ausgeprägte natürliche Autorität verfügen, sind wenig dazu geeignet, Kinder und Jugendliche in einer konstruktiven Art und Weise zu erziehen. Ebenso, wie es auf Seiten der Eltern eine Verpflichtung zur Erlangung eines Elternführerscheins geben sollte, wird inzwischen – erfreulicherweise – auch ernsthaft darüber nachgedacht, zukünftige LehramtsanwärterInnen schon vor Aufnahme eines Lehramtsstudiums darauf hin zu überprüfen, ob diese über entsprechende Eignungen verfügen. So sehr solche Maßnahmen auf den ersten Blick als einengend empfunden werden können, so sehr sollte nicht vergessen werden, dass es schließlich entscheidend darum geht, Kinder und Jugendliche auf ein selbstbestimmtes und konstruktives Leben vorzubereiten; und dazu bedarf es ebenso starker Eltern, wie auch starker LehrerInnen, die nicht jedem modischen Zeitgeist oftmals viel zu schnell erliegen.

Nachfolgend eine kleine Auswahl elementarer und hilfreicher Regeln, die sich z. B. für einen Aushang im Klassenzimmer oder im Hausaufgabenraum eignen. Viele der folgenden Regeln werden absichtlich in der „Ich-Form" formuliert, damit die SchülerInnen sich persönlich angesprochen fühlen.

Praktische Erfahrungen im Umgang mit solchen Regeln haben gezeigt, dass sie – eine konsequente Beachtung vorausgesetzt – entscheidend dazu beitragen können, das Miteinander in der Schule deutlich zu verbessern. Nebenwirkungen, die in diesem Zusammenhang ausdrücklich gewollt sind, bestehen u. a. darin, dass SchülerInnen wieder respektvoller miteinander umzugehen lernen, dass sich das Lernklima spürbar verbessert und dass als oftmals „natürliche" Konsequenz auch die Noten besser werden.

An dieser Stelle nochmals der ebenso eindringliche wie klare Hinweis: Es ist definitiv nicht so, dass immer sogleich umfangreiche „Therapiekonzepte" angestrengt werden müssen (von denen übrigens viele Anbieter – teils zweifelhafter Seriosität – inzwischen gut leben können), sondern sehr häufig ist zu beobachten, dass es vor allem wiederholte und elementare Verletzungen wichtiger Erziehungsgrundsätze sind, die in der Folge geradezu zwangsläufig dazu führen, dass es derart viele und teils dramatische Missstände in weiten Teilen unserer Schulen sowie in manchen Familien gibt.

Es folgt nun eine kleine Liste hilfreicher Merkregeln, die z. B. auf kleinen Karteikärtchen in den Klassenräumen oder Hausaufgabenräumen aufgehängt werden könnten:

Merkregel	
1	**Wenn ich einen Klassenraum betrete, begrüße ich die anwesenden Menschen.**
2	**Wenn ich einen Klassenraum verlasse, stelle ich meinen Stuhl ordentlich auf den Tisch.**
3	**Wenn ich einen Klassenraum verlasse, verabschiede ich mich.**
4	**Im Klassenraum und im Hausaufgabenraum verhalte ich mich ruhig, damit ich andere Kinder nicht unnötig störe.**
5	**Während der Anfertigung meiner Hausaufgaben setze ich mich ordentlich auf meinen Stuhl.**
6	**Ich behandle andere MitschülerInnen mit Respekt.**
7	**Falls ich schon mal etwas länger auf meine(n) LehrerIn warten muss, warte ich geduldig, und schreie nicht herum.**
8	**Wenn ich etwas zum Unterricht beitragen möchte, melde ich mich. Ich spreche nicht einfach so dazwischen.**
9	**Während mein(e) LehrerIn spricht, verhalte ich mich ruhig. Ich störe nicht**

	durch Zwischenrufe.
10	Ich achte darauf, dass ich die Anweisungen meiner LehrerInnen jeweils sofort befolge, so dass ich nicht ermahnt werden muss.
11	Ich behandle meine LehrerInnen mit Respekt.
12	Ich achte darauf, dass ich meine Hausaufgabenhefte sauber und ordentlich führe.
13	Ich benutze die Pausen zum Essen und Trinken.
14	Ich achte darauf, dass ich jeweils meine vollständigen Schulmaterialien (z. B. Hefte, Stifte usw.) bei mir habe.
15	Ich hinterlasse keinen Müll (z. B. Papier, Getränke, Essen usw.) an meinem Platz.
16	Ich achte darauf, dass ich meine Schulhefte und Schulbücher sorgfältig behandle.
17	Zum Austoben benutze ich den Schulhof, nicht den Klassenraum oder Hausaufgabenraum.
18	Ich benutze keine Schimpfwörter und Beleidigungen.
19	Ich behandle die Einrichtungsgegenstände (z. B. Tische, Stühle usw.) mit Sorgfalt.
20	Ich konzentriere mich auf meine eigenen Aufgaben, und lasse mich nicht durch andere Dinge ablenken.
21	Ich verspotte andere Kinder nicht, falls diese Schwierigkeiten beim Lernen haben.
22	Ich darf andere Kinder niemals schlagen.

23	Ich weiß, dass ich bestraft werden kann, wenn ich mich nicht ordentlich benehme.
24	Ich bin dankbar dafür, dass es LehrerInnen gibt, die mir beim Lernen helfen.
25	Ich bin froh, dass ich viele interessante Dinge lernen darf.

Die intelligenteste Regel wird nur dann von Erfolg gekrönt sein, wenn es LehrerInnen gibt, die konsequent und nachdrücklich auf deren Einhaltung achten, und die den Mut haben, bei permanenter Nichtbeachtung derselben, sachgerechte und angemessene Sanktionen auszusprechen und durchzusetzen.

Entscheidend ist, dass allen Kinder und Jugendlichen vor der Einführung solcher o. ä. Regeln verständlich gemacht wird, dass solche Regeln niemals Selbstzweck sind, sondern ausschließlich dazu dienen, ein gedeihliches Miteinander zu organisieren. Kinder und Jugendliche, denen diese Sinnhaftigkeit glaubhaft vermittelt wird, werden – dass lehrt die Erfahrung – in den meisten Fällen solche Regeln akzeptieren und auch praktisch umsetzen. Häufig ist zu beobachten, dass sich schon bald nach einer Einführung solcher Merkregeln selbstregulative Prozesse derart einstellen, dass Kinder und Jugendliche untereinander die Beachtung der vereinbarten Regeln einfordern. Die LehrerInnen werden somit systematisch entlastet, und müssen dann nur noch in besonderen Situationen korrigierend eingreifen.

Jede/r LehrerIn, die (der) schon praktisch erlebt hat, mit welch' vergleichsweise einfachen Mitteln, Ordnung und Struktur in Unterrichtsabläufe gebracht werden kann, wird sich nur Kopf schüttelnd von solchen Pädagoginnen und Pädagogen – oder solche, die sich dafür halten – abwenden können, die offenbar noch immer nicht erkennen können, dass es vor allem die täglichen Missachtungen elementarster Erziehungs- und Anstandsregeln sind, die es zuweilen so überaus schwer machen, einen auch nur noch halbwegs konstruktiven Unterricht anbieten zu können. Es wird allerhöchste Zeit, dass es wieder mehr Eltern und LehrerInnen gibt, die sich nicht davor scheuen, auch „unbequeme Wahrheiten" laut und deutlich anzusprechen. Eine „Friede-Freude-Eierkuchen-Kuschelpädagogik", wie sie zuweilen anzutreffen ist, hilft unseren Kindern und Jugendlichen nicht, sondern sie schadet ihnen vielmehr empfindlich. Von daher muss klar gesagt werden, dass es eben nicht solche Eltern und LehrerInnen sind, die sich konstruktiv für Kinder und Jugendliche einsetzen, die fortwährend vor offensichtlichen Missständen kapitulieren, sondern vielmehr solche Eltern und LehrerInnen, die – auch gegen teils interne Widerstände – den Mut aufbringen, konsequent auf eine konstruktive Erziehung zu achten. Die aktuelle Situation sieht bedenklicherweise leider oftmals eher so aus, dass sich Eltern und LehrerInnen, die sich erkennbar um eine gute Erziehung bemühen, solchen Pädagoginnen und Pädagogen gegenüber auch noch rechtfertigen sollen, dass sie klare und verbindliche Erziehungsregeln anwenden. Eine ebenso absurde wie perspektivisch schädliche Situation für Kinder und Jugendliche.

Kurz: Die Zeit für einen Wandel ist überreif.

Buchinhalt

Kaum eine Woche geht ins Land, in der nicht über unser in weiten Teilen gestörtes Bildungssystem diskutiert wird, so dass die Zeit dafür überreif ist, nach möglichen Ursachen zu suchen sowie konstruktive Maßnahmen zu entscheidenden Verbesserungen, einzuleiten. Nicht selten chaotische Rahmenbedingungen in vielen Schulklassen, überforderte Eltern, demotivierte LehrerInnen, teils aberwitzige Schulgesetze, die nicht selten notorische Störenfriede besser schützen, als SchülerInnen, die eine Schule noch als einen Ort konstruktiven Lernens erleben möchten, schlampige Hausaufgabenkontrollen, ignorante Schulleitungen, die auch gröbste Verfehlungen penetrant ausblenden u. v. m., das alles gehört bedenklicherweise zum Schulalltag, der nicht selten ebenso sachlich falsch, wie auch gebetsmühlenartig als naturgegeben beschrieben wird. Dass dem mitnichten so sein muss, zeigt sich, wenn man sich – so wie der Autor – als „Externer Dienstleister" in diesen nicht selten unübersehbaren Sumpf aus Inkompetenz und Ignoranz begibt. Dieses aufrüttelnde Buch zeigt auf, dass es keineswegs die oftmals zitierten „kostspieligen Investitionen sein müssen", die entscheidend zu signifikanten Verbesserungen schulischer Rahmenbedingungen beitragen, sondern vielmehr eine ebenso konsequente wie zielsichere (Rück)-besinnung auf solche Werte und Eigenschaften, wie z. B. Zuverlässigkeit, Engagement, Empathie, ehrliches Interesse, Hilfsbereitschaft, pädagogische Kompetenz (nicht nur auf dem Papier!), Durchsetzungskraft gegenüber erkennbar inakzeptablen Missständen, kommunikative Kompetenz u. e. m.

Eltern, die ihre Kinder vernachlässigen, indem sie schulische Lernprozesse nicht zeitnah und empathisch begleiten, oder Eltern, deren „Fürsorge" tendenziell mehr darin besteht, schon Grundschulkinder mit den neuesten Handys, Computerspielen, MP3-Playern usw. zu überschütten, anstatt sich konsequent um eine gute Bildung zu kümmern, sollten sich nicht darüber wundern, dass derart verzogene Kinder perspektivisch kaum günstige Voraussetzungen für ihren weiteren Lebensweg bekommen.

Lehrer, die nicht selten nur noch einen „Dienst nach Vorschrift" absolvieren, die unübersehbare Missstände nur deshalb bewusst übersehen, um nicht – zugegeben – mitunter destruktive Gespräche mit solchen Eltern führen zu „dürfen", die sich aufgrund teils irrwitziger Schulgesetze auch bei klar erkennbaren Verfehlungen der eigenen Kinder, im Recht sehen, tragen ganz sicher nicht dazu bei, dass sich ein gutes Lernklima entwickeln kann.

Schaut man sich die Entwicklung unseres Bildungssystems über einen etwas längeren Zeitraum sorgsam an, fällt auf, dass vorwiegend „alter Wein in neuen Schläuchen" angeboten wird.

Längst bekannte und zudem höchst elementare Probleme, die bei genauerem Hinsehen weniger etwas mit fehlenden Finanzmitteln, als vielmehr mit fortgesetzt politisch motiviertem Unwillen zu tun habe, klar als auslösende Ursachen für sich zuspitzende Probleme ebenso klar und „ungeschminkt" zu benennen, um das Übel „an der Wurzel zu packen", sind es, die im Kern noch immer unübersehbar dazu führen, dass sich die Gesamtsituation in unterschiedlichsten Bereichen unseres Bildungswesens weiter signifikant verschlechtert.

Diverse Probleme höchst grundsätzlicher Art, die schon vor mehr als zehn Jahren in unterschiedlichen Publikationen zu diesem Thema beschrieben worden waren, bestehen – wenngleich auch in teils „neuen Gewändern" - mehr oder weniger unverändert fort.

Daran ändert auch und schon erst recht nicht eine zunehmend inflationär grassierende „Digitalisierung" etwas zum Positiven. Eher das Gegenteil ist vielfach schon zu beobachten bzw. im weiteren Verlauf zu befürchten. Vielmehr zeichnet sich schon jetzt am „Bildungshimmel" ab, dass wesentliche, bisher ungelöste Kernprobleme, die konstruktive Lernprozesse empfindlich behindern, durch eine nicht selten allzu kritiklose Verherrlichung einer fortschreitenden Digitalisierung im Bildungswesen diese nur noch weiter verschärfen. Insofern wirkt schon jetzt eine sich wie ein unheilvolles Krebsgeschwür ausbreitende „Digitalisierungsgläubigkeit" oftmals eher wie ein „Brandbeschleuniger", der längst bekannte Probleme nicht löst, sondern diese vielmehr sogar mit wachsender Geschwindigkeit beschleunigt.

Mit einem Wort: Wahnsinn!

Aribert Böhme, Freiberufler seit 1988, bietet Dienstleistungen in folgenden Bereichen:

- Psychologische Beratung (Lernpsychologie, Familienpsychologie, Lebensberatung)
- Lerncoaching (Fernlehrgänge z. B.: SGD, ILS in den Fachbereichen Psychologische Beratung, Psychotherapie für Heilpraktiker usw.)
- Implementierung von Texten für Sachbücher in den Bereichen: Lernpsychologie, Psychologie, Pädagogik, EDV, Gesellschaft, Lebensweisheiten
- Coaching für Seniorinnen & Senioren (z. B. Gedächtnistraining)

Im Rahmen seiner freiberuflichen Dozententätigkeit hat der Autor bis dato (2019) ca. 9000 TeilnehmerInnen im Fachbereich EDV bei diversen, namhaften Instituten unterrichtet.

In seiner Funktion als Psychologischer Berater (SGD-Dipl.) bietet der Autor regelmäßig Klientensitzungen vor Ort für hilfesuchende Menschen in den Bereichen: Lebensberatung, Konfliktberatung, Familienpsychologie, Schulpsychologie sowie Lernpsychologie, an.

Bis dato (2019) hat der Autor 25 Titel im thematischen Umfeld von EDV, Lernpsychologie, Pädagogik, Gesellschaftskritik, Lebensweisheiten sowie drei Romane unter Pseudonym publiziert (inkl. einiger Auslandslizenzen für Frankreich, Polen und Russland). Zudem erfolgten Veröffentlichungen in namhaften Tageszeitungen (FAZ, Süddeutsche Zeitung, Rheinische Post usw.).

Seminare und Vorträge zu den Themen Motivationscoaching, Lernpsychologie, Lerntechniken, bietet der Autor sowohl als Firmenschulungen, wie auch als Privatseminare vor Ort an. Anfragen bitte grundsätzlich per E-Mail an:

Psychologische_Beratung_Boehme@gmx.de

Im Rahmen der Implementierung des vom Autor entwickelten NEURONET 2.0 im Umfeld der Neuroinformatik, mit dessen Hilfe Prognosen für Sportwetten erstellt werden können, erfolgte in den Jahren 2001 und 2002 eine ehrenvolle Aufnahme in die Who-is-Who-Lexika, Deutschland & Europa.

Düsseldorf, im Frühjahr 2019

Notizen

Notizen

Buchempfehlungen

IQ-Training für Kinder
Altersklasse: 8 – 12 Jahre
Aribert Böhme
ISBN: 9783749422692

Denkanstöße 2018
Aribert Böhme
ISBN: 9783746027579

Lernpsychologie kompakt
Aribert Böhme
ISBN: 9783743196117

Gedichte & Interpretationen in Symbiose
Aribert Böhme & Raimundo Germandi
ISBN: 9783752832143